Hoffnungs-Gründe

Christian Ellwein

Hoffnungs-Gründe

Begründet hoffen lernen in herausfordernden Zeiten

Christian Ellwein
Schwäbisch Hall, Deutschland

ISBN 978-3-662-72047-9   ISBN 978-3-662-72048-6   (eBook)
https://doi.org/10.1007/978-3-662-72048-6

Die Deutsche Nationalbibliothek verzeichnet diese Publikation in der Deutschen Nationalbibliografie; detaillierte bibliografische Daten sind im Internet über https://portal.dnb.de abrufbar.

© Der/die Herausgeber bzw. der/die Autor(en), exklusiv lizenziert an Springer-Verlag GmbH, DE, ein Teil von Springer Nature 2025

Das Werk einschließlich aller seiner Teile ist urheberrechtlich geschützt. Jede Verwertung, die nicht ausdrücklich vom Urheberrechtsgesetz zugelassen ist, bedarf der vorherigen Zustimmung des Verlags. Das gilt insbesondere für Vervielfältigungen, Bearbeitungen, Übersetzungen, Mikroverfilmungen und die Einspeicherung und Verarbeitung in elektronischen Systemen.
Die Wiedergabe von allgemein beschreibenden Bezeichnungen, Marken, Unternehmensnamen etc. in diesem Werk bedeutet nicht, dass diese frei durch jede Person benutzt werden dürfen. Die Berechtigung zur Benutzung unterliegt, auch ohne gesonderten Hinweis hierzu, den Regeln des Markenrechts. Die Rechte des/der jeweiligen Zeicheninhaber*in sind zu beachten.
Der Verlag, die Autor*innen und die Herausgeber*innen gehen davon aus, dass die Angaben und Informationen in diesem Werk zum Zeitpunkt der Veröffentlichung vollständig und korrekt sind. Weder der Verlag noch die Autor*innen oder die Herausgeber*innen übernehmen, ausdrücklich oder implizit, Gewähr für den Inhalt des Werkes, etwaige Fehler oder Äußerungen. Der Verlag bleibt im Hinblick auf geografische Zuordnungen und Gebietsbezeichnungen in veröffentlichten Karten und Institutionsadressen neutral.

Planung/Lektorat: Marion Krämer
Springer ist ein Imprint der eingetragenen Gesellschaft Springer-Verlag GmbH, DE und ist ein Teil von Springer Nature.
Die Anschrift der Gesellschaft ist: Heidelberger Platz 3, 14197 Berlin, Germany

Wenn Sie dieses Produkt entsorgen, geben Sie das Papier bitte zum Recycling.

Interessenkonflikte Der/die Autor*in hat keine für den Inhalt dieses Manuskripts relevanten Interessenkonflikte.

Ethik-Genehmigung Der/die Autor*in erklärt, dass sein/ihr Manuskript keine Ergebnisse aus Primärforschung mit menschlichen Studienteilnehmenden enthält.

Geleitwort

In den letzten Jahren hat das Phänomen der Hoffnung im alltäglichen Leben der Menschen und damit auch in den Medien sowie in den Wissenschaften kontinuierlich an Aktualität und Bedeutung gewonnen. Je stärker sich Menschen mit Krisen wie der weltweiten Pandemie, den Kriegen und den Folgen von Umweltkatastrophen konfrontiert sehen, desto wichtiger wird für sie die Hoffnung auf eine bessere Zukunft.

Allerdings hat der Begriff der Hoffnung einen zwiespältigen Ruf. Besonders im deutschsprachigen Raum herrschte teilweise eine falsche Vorstellung darüber, was Hoffnung bedeutet, wie Hoffnung funktioniert und welche Bedeutung Hoffnung für das Leben und die Entwicklung der Menschen hat. Häufig wurde Hoffnung mit Ohnmacht, Hilfs- und Antriebslosigkeit, Fatalismus oder Niedergeschlagenheit verbunden. Wenn nichts mehr getan werden kann und alles verloren zu sein scheint, bleibt nichts anderes übrig, als zu hoffen. Dabei ist Hoffnung genau das Gegenteil von Kapitulation. Hilfs- und Antriebslosigkeit sind kein Zeichen von Hoffnung, sondern von Hoffnungslosigkeit. Vielmehr ist Hoffnung die Voraussetzung für jede Art von Handlung. Sobald wir die Hoffnung aufgeben, hören wir auf, uns für eine Sache zu engagieren.

Damit ein Mensch angesichts bestehender und zukünftiger Schwierigkeiten und Rückschläge überhaupt hoffen kann, braucht es vor allem den Glauben daran, dass ein guter Ausgang möglich, aber nicht unbedingt wahrscheinlich ist. Dieser Glaube kann sich auf bisherige Erfahrungen, auf positive Welt- und Menschenbilder oder auch auf eine höhere Macht beziehen. Viele Wünsche lassen sich nicht von heute auf morgen verwirklichen. Damit wir den Glauben an die Realisierbarkeit unserer Wünsche nicht aufgeben und trotz Enttäuschungen, Rückschlägen und Niederlagen an unseren Wünschen festhalten und weiterhin hoffen können, braucht es noch eine dritte Komponente: Das Vertrauen in uns selbst sowie in die Unterstützung anderer Menschen. In manchen Situationen ist sogar ein gewisses Urvertrauen in das Glück, den Zufall oder göttlicher Beistand notwendig.

Neben den individuellen Hoffnungen gibt es auch kollektive Hoffnungen, d.h. Hoffnungen, die in gewissen Zeiten von der gesamten Gesellschaft beherzigt werden. Kollektive Hoffnungen bestehen aus dem gemeinsamen Wunsch nach einer besseren Zukunft nicht nur für sich selbst, sondern für die gesamte Gesellschaft, dem Glauben daran, dass eine bessere Zukunft für alle möglich, aber nicht unbedingt garantiert oder gar wahrscheinlich ist, und dem Vertrauen in die menschliche Fähigkeit, durch gemeinsames Handeln trotz der aktuellen Widrigkeiten und Herausforderungen eine bessere Welt zu schaffen. Auch wenn wir diese Fähigkeiten noch nicht besitzen, können wir weiterhin daran glauben und darauf vertrauen, dass es uns in Zukunft gelingen kann, unseren gemeinsamen Wunsch nach einer besseren Welt zu erfüllen.

Die aktuellen gesellschaftlichen, wirtschaftlichen, politischen und ökologischen Entwicklungen stellen allerdings große Herausforderungen für uns dar. Menschen werden auf ein besseres Leben hoffen können, wenn sie Bilder einer wünschenswerten Zukunft entwickeln und daran glauben, dass diese nicht lediglich Wunschdenken darstellen, sondern auch erreicht werden können. Ohne diese würden sich weder der Einzelne noch die Menschheit als Ganzes die sinnerfüllenden Ziele und Aufgaben vornehmen, für die es sich zu engagieren lohnt.

Wenn wir über die großen Sehnsüchte, Wünsche und Hoffnungen der Menschen und deren Erfüllung nachdenken, lohnt es sich, einen Blick auf die Geschichte zu werfen. Die Menschheit hat immer wieder vor großen Herausforderungen und Transformationen gestanden, die viel Kraft, Mut, Geduld und Ausdauer verlangten. Wie langsam, turbulent, aber auch unaufhaltsam die großen Entwicklungen sind, zeigen uns die Ereignisse der letzten 500 Jahre. Jedes Jahrhundert scheint von bestimmten übergreifenden Hoffnungen gekennzeichnet zu sein. Selbstverständlich finden in verschiedenen Weltregionen unterschiedliche Entwicklungen statt und die großen Hoffnungen werden von vielen individuellen Hoffnungen begleitet oder überlagert. Nichtsdestoweniger lassen sich im Verlauf der letzten Jahrhunderte, zumindest in den westlichen Ländern, gewisse Muster eines sich wandelnden Zeitgeistes und einer positiven Entwicklung erkennen.

Was können wir von den Hoffnungen der Vergangenheit lernen? Im 17. Jahrhundert spornte die Hoffnung auf Wissen und Erkenntnis die Wissenschaft und Forschung an. Die Entdeckungen großer Wissenschaftler wie Johannes Keppler, Galileo Galilei, Isaac Newton und Blaise

Pascal revolutionierten das Denken und die Weltbilder jener Zeit. Dank des neuen Wissens war das 18. Jahrhundert von der großen Hoffnung auf Freiheit gekennzeichnet. Die Menschen wollten frei sein von den erdrückenden sozialen Verhältnissen einer absolutistischen Kirche und eines despotischen Adels. Bezeichnend für diese Zeit waren die humanistischen Entwicklungen an den Universitäten sowie die Französische Revolution und die Amerikanische Unabhängigkeitserklärung. Im 19. Jahrhundert hatten viele Menschen die Freiheit erlangt, litten aber an Hunger und Krankheiten. In diesem Jahrhundert richtete sich die große Hoffnung der Menschen auf den materiellen Wohlstand. Es ist das Jahrhundert der Industrialisierung, des Merkantilismus und des Aufbaus städtischer Infrastrukturen. Ein bis dahin nie da gewesener Wohlstand wurde dadurch möglich. Allerdings war der Wohlstand noch sehr ungleich verteilt. Für das 20. Jahrhundert stand nun die Hoffnung auf Gerechtigkeit und Gleichbehandlung auf der Tagesordnung. Die russische und chinesische Revolution waren eine Folge davon. Schließlich war dies aber das Jahrhundert der sozialen Marktwirtschaft, der Menschenrechte, der Frauenbewegung, der Rassengleichstellung, der Vereinten Nationen und Ähnliches mehr. Vieles konnte erreicht werden und die Welt (nicht nur die westliche) erlangte mehr Demokratie und Gleichberechtigung. Im Verlauf der Zeit konnten die großen Hoffnungen der Menschheit zwar nicht vollkommen erfüllt, aber mit viel Kraft und Mühe Schritt für Schritt verwirklicht werden: mehr Wissen, Freiheit, Wohlstand und Gerechtigkeit.

Nun stellt sich die Frage, was die großen Hoffnungen des 21. Jahrhunderts sind. Wissen, Freiheit, Wohlstand und Gerechtigkeit bleiben nach wie vor wichtige Ziele, für die wir uns Tag für Tag einsetzen müssen. Die Errungenschaften der vorangehenden Epochen stellen die Bedingungen für die Bewältigung kommender Herausforderungen dar. Die großen Aufgaben des 21. Jahrhunderts, für die Wissen, Freiheit, Wohlstand und Gerechtigkeit als Voraussetzung dienen, sind Friede, Harmonie, Nachhaltigkeit und Wohlergehen. Eine große Mehrheit der Bevölkerung wünschte sich heute eine grünere, harmonischere Gesellschaft, in der der Schwerpunkt auf Zusammenarbeit, Gemeinschaft, Familie und Friede liegt.

Nun kann zu Recht gesagt werden, dass wir zurzeit genau das Gegenteil erleben. Ja, das ist so. Aber gerade aus diesem Grund sind diese Hoffnungen so bedeutsam. Angesichts der düsteren Entwicklungen und Prognosen stellt sich die Frage, ob das erwünschte Zukunftsbild lediglich ein Wunschdenken ist oder ob wir an die Möglichkeit (wenn auch nicht Selbstverständlichkeit) einer solchen Zukunft glauben können und uns dementsprechend auch dafür einsetzen wollen. Wir sind erst am Anfang des 21. Jahrhunderts. Denken wir nochmals an das 20. Jahrhundert zurück und vergleichen die Zustände im Jahr 1925 mit denen im Jahr 1995. Zwischen dem Anfang und dem Ende des 20. Jahrhunderts liegen Welten. Kaum jemand konnte sich zu Beginn des 20. Jahrhunderts vorstellen, in welchem Wohlstand und Reichtum wir am Ende des Jahrhunderts leben würden. Ebenso kann sich heute kaum jemand vorstellen, wie nachhaltig, friedlich und aufblühend die Welt in fünfzig oder siebzig Jahren sein kann. Diese Erfahrungen lassen uns wieder an die vor uns stehenden Möglichkeiten glauben und vertrauen, dass wir auch die Hoffnungen des 21. Jahrhunderts Schritt für Schritt verwirklichen werden können. Es wird nicht einfach sein und das Risiko zu scheitern ist groß. Wenn wir aber die Hoffnung auf eine nachhaltige Welt in Harmonie und Frieden aufgeben, dann ist das Scheitern nicht wahrscheinlich, sondern sicher. Solange wir aber unsere Hoffnung hochhalten, werden wir etwas dafür unternehmen und die Erfüllung unserer sehnlichsten Wünsche wieder möglich erscheinen lassen. Das vorliegende Buch von Christian Ellwein zeigt uns eine Vielzahl von Gründen auf, warum wir besonders in schwierigen Zeiten weiterhin hoffen können.

Andreas M. Krafft

Danksagung

Viele Menschen haben beigetragen, dass dieses Buch entstanden ist. Das hat zum einen mit fachlicher Unterstützung während des Schreibens zu tun. Zum anderen, und noch wichtiger, sind es Menschen, die mich hoffen lassen. Dafür herzlichen Dank. An erster Stelle sind hier Doris, Anna und Lilli zu nennen – meine Familie, die mich (fast) jeden Tag hoffnungsvoll aufstehen lässt. Danken möchte ich auch Claudia Fürst und Johannes Fayner von Andy Duke in Stuttgart für die gute Zusammenarbeit. Ein besonderer Dank geht an meine Lektorin bei Springer Nature, Marion Krämer, und ihr ganzes Team für die tolle Begleitung während des Schreibens und an Bernd Hansemann, meinen Lektor beim VDE-Verlag, für das erste Lesen des Manuskripts und die ermutigende Rückmeldung und alle Unterstützung. Danke auch an Daniel Stihler, der als guter Freund und Diplom-Archivar den geschichtlichen Teil des Buchs gegengelesen hat.

Inhaltsverzeichnis

1	**Einleitung**	1
1.1	Motivation – warum es dieses Buch gibt	1
1.2	Ziel des Buches	7
	Literatur	8
2	**Was bedeutet „hoffen"?**	9
2.1	Unternehmerisch hoffen	11
2.2	Politisch hoffen	14
2.3	Kinder geben Hoffnung	15
2.4	Geschichte der Hoffnung	17
2.5	Was verstärkt unsere Hoffnung?	26
2.6	Exkurs in die Systemtheorie: Extrapolation von Zeitreihen	28
2.7	Zusammenfassung	35
	Literatur	36
3	**Historische Gründe für Hoffnung**	39
3.1	Rückschau kann Hoffnung geben	39

3.2	Hoffnungs-Grund: Wir sind erstaunlicherweise moralisch	42
3.3	Hoffnungs-Grund: Überwindung irrationaler Ängste	44
3.4	Hoffnungs-Grund: Abschaffung der Sklaverei	49
3.5	Hoffnungs-Grund: Hunger in Deutschland	52
3.6	Hoffnungs-Grund: Wiederaufbau in Deutschland nach dem 2. Weltkrieg	54
3.7	Hoffnungs-Grund: Wir haben den Kalten Krieg überlebt	57
3.8	Hoffnungs-Grund: die deutsche Wiedervereinigung	66
3.9	Hoffnungs-Grund: Republikaner, Lichterketten, 1990er-Jahre	71
3.10	Hoffnungs-Grund: Wahlen, die Mut machen	73
3.11	Verklärte Vergangenheit	76
3.12	Zusammenfassung	78
	Literatur	79
4	**Hoffnungsvolle Entwicklungen**	**83**
4.1	Langfristige Trends geben Hoffnung, keinen Optimismus	83
4.2	Hoffnungs-Grund: Gesundheit	84
4.3	Hoffnungs-Grund: Bildung und Bekämpfung der Armut	87
4.4	Hoffnungs-Grund: die EU – viel gescholten und doch wunderschön	92
4.5	Hoffnungs-Grund: Umweltschutz – auch erfolgreich	96

4.6	Hoffnungs-Grund: Große Zyklen gab es schon immer	107
4.7	Zusammenfassung	110
Literatur		110

5 Hoffnungs-Menschen 113
- 5.1 Hoffnungs-Menschen als Inspiration 113
- 5.2 Hoffnungs-Mensch: Mahatma Gandhi (1869–1948) 114
- 5.3 Hoffnungs-Mensch: Deng Xiaoping (1904–1997) 116
- 5.4 Hoffnungs-Mensch: Viktor E. Frankl (1905–1997) 118
- 5.5 Hoffnungs-Mensch: Mutter Teresa (1910–1997) 120
- 5.6 Hoffnungs-Mensch: Richard Nixon (1913–1994) 121
- 5.7 Hoffnungs-Mensch: 466-64 (1918–2013) 125
- 5.8 Hoffnungs-Mensch: Sophie Scholl (1921–1943) 128
- 5.9 Hoffnungs-Mensch: Martin Luther King (1929–1968) 131
- 5.10 Zusammenfassung 134
- Literatur 135

6 Hoffnungs-Verstärker 137
- 6.1 Was stärkt die Hoffnung? 137
- 6.2 Hoffnungs-Verstärker: sich nicht als Opfer fühlen, sondern handeln 137
- 6.3 Hoffnungs-Verstärker: Liste des Lächelns 140
- 6.4 Hoffnungs-Verstärker: strukturierte Dankbarkeit 144

6.5	Hoffnungs-Verstärker: Zwischentöne schätzen lernen	152
6.6	Hoffnungs-Verstärker: Glaube und Spiritualität	155
6.7	Hoffnungs-Verstärker: Hoffnung als Kompromiss der kleinen Schritte	159
6.8	Hoffnungs-Verstärker: die richtige Balance finden	161
6.9	Hoffnungs-Verstärker: Ziele setzen und positive Zukunft imaginieren	164
6.10	Hoffnungs-Verstärker: gute soziale Beziehungen	170
6.11	Zusammenfassung	171
Literatur		171

7 Hoffnungs-Handlungen — 175
7.1	Handeln stärkt Hoffnung	175
7.2	Hoffnungs-Handlung: Sport – nicht die Bestzeiten zählen	176
7.3	Hoffnungs-Handlung: Musik	180
	7.3.1 Musik hören	181
	7.3.2 Selbst musizieren	182
7.4	Hoffnungs-Handlung: Ernährung und Alkohol	184
7.5	Hoffnungs-Handlung: Solidarität und Barmherzigkeit	186
7.6	Zusammenfassung	190
Literatur		191

8 Hoffnung in der deutschen Wirtschaft — 193
8.1	Zusammenfassung	197

9 Probleme, größer als alle Hoffnung? — 199
9.1	Zusammenfassung	207
Literatur		208

10 Hoffnungs-Räuber 209
- 10.1 Was kann Hoffnung rauben? 209
- 10.2 Hoffnungs-Räuber: Verletzungen 210
- 10.3 Hoffnungs-Räuber: Medienkonsum 211
- 10.4 Hoffnungs-Räuber: Tatenlosigkeit 212
- 10.5 Umgang mit Hoffnungs-Räubern 212
  - 10.5.1 Atemübungen 213
  - 10.5.2 Gefühle zulassen 213
  - 10.5.3 Die Situation einordnen 213
  - 10.5.4 Mit unlösbaren Problemen leben lernen 214
  - 10.5.5 Probleme teilen 215
  - 10.5.6 Vergeben 215
  - 10.5.7 Immer wieder neu üben 216
  - 10.5.8 Selbstwirksamkeit bewusst machen 216
- 10.6 Zusammenfassung 217
- Literatur 218

11 Ein persönlicher, hoffnungsvoller Ausblick 219
- 11.1 Wie darf man hoffen? 219
- 11.2 Wie könnte es denn gehen? 233
- 11.3 Epilog 243
- Literatur 244

Stichwortverzeichnis 247

1

Einleitung

1.1 Motivation – warum es dieses Buch gibt

Hoffnung ist einer der wichtigsten Werte in unserer Zeit. Vermutlich war sie das schon immer, aber wir leben heute – und genau im Hier und Jetzt ist Hoffnung wichtig. Die beginnenden 20er-Jahre des 21. Jahrhunderts haben vielen Menschen einiges abverlangt: Wir hatten die Coronapandemie, Inflationsraten, wie wir sie schon lange nicht mehr gesehen haben, in vielen Ländern ein politisches Umfeld, das Angst um die Demokratie machen kann, Kriege und den Klimawandel. Und dazu kommen dann jeweils noch individuell die persönlichen Schicksalsschläge und Probleme. Eltern, Kinder, Freunde, Gesundheit, der Arbeitsplatz oder finanzielle Sorgen können ein Leben ganz schön durcheinanderwirbeln. In dieser Zeit ist es wichtig, nicht nur auf die Sorgen und Probleme zu schauen, sondern aktiv an der persönlichen Hoffnung zu arbeiten.

In der Zeitung WirtschaftsWoche, Ausgabe 01/2025, interviewt Max Haerder die Meinungsforscherin Janina Mütze, den Ökonom Moritz Schularick und den Psychologen Stephan Grünewald in einem Gespräch zum Thema „Wie ist die Lage der Nation?".[1] Darin sagte Grünewald auf die Frage, warum nur 23 % der Bundesbürger noch hoffnungsvoll nach vorne blicken, wenn es um die allgemeinen Aussichten unserer Gesellschaft geht, aber zu 87 % in Bezug auf ihre persönliche Zukunft optimistisch sind: „Die Menschen spalten ihre Wirklichkeit auf, in eine private Eigenwelt und eine bedrohte Außenwelt. Daheim im Schneckenhaus machen sie es sich gemütlich und können die Dinge noch regeln. Vor die Welt da draußen mit ihren scheinbar unwandelbaren Dauerkrisen spannen sie einen Verdrängungsvorhang. Anders ausgedrückt: Wir maximieren unser Wohlbefinden, indem wir unseren Gesichtskreis minimieren" (Haerder, 2025, S. 24–29). Dieses Buch will den Blick weiten, dass wir auch als Gesellschaft in schwierigen Situationen handlungsfähig waren. Teilweise romantisieren und verklären wir die Vergangenheit. Die damaligen Probleme der damaligen Gegenwart erscheinen im Rückblick und im Vergleich zu den heutigen Schwierigkeiten klein und einfach. Das waren sie vielfach aber nicht. In diesem Buch soll der Rückblick in die Vergangenheit immer wieder dazu führen, in der Gegenwart daraus Mut und Hoffnung zu schöpfen. Wenn es uns gelungen ist, frühere und damals auch bedrohliche Probleme erfolgreich anzugehen, dann gibt das Hoffnung auch für das Heute: Wir können auch heute an unserer Zukunft und Hoffnung erfolgreich arbeiten.

---

[1] Haerder, Max (2025): Wie geht's, Deutschland?; WirtschaftsWoche 01/2025 vom 04.01.2025; S. 24–29; Düsseldorf: Handelsblatt GmbH; https://www.wiwo.de/politik/deutschland/standort-debatte-wie-gehts-deutschland/30149176.html

1 Einleitung

Dieses Buch ist ein persönliches Buch, und ich meine den letzten Satz genau so, wie ich ihn geschrieben habe: Aktiv an der persönlichen Hoffnung *arbeiten*. Ich beschreibe in diesem Buch sowohl die objektiven gesellschaftlichen Erfolge der Vergangenheit als auch subjektiv, persönlich, was meine Hoffnungs-Gründe für die Zukunft sind. Es geht darum, dass Hoffnung und Zuversicht im Leben nicht einfach Gefühle sind, die der eine hat und die andere nicht. Man kann und muss sich Hoffnung immer wieder erarbeiten, sich aktiv für Zuversicht entscheiden. Meine Erfahrung ist aber auch, dass das möglich ist. Ich muss auch noch vorausschicken, dass ich kein Psychologe oder Philosoph bin. Dieses Buch ist keine unpersönliche wissenschaftliche Analyse von Forschungsergebnissen und Studien. Es ist nicht im wissenschaftlichen Umfeld einer Universität entstanden, sondern von meinen Erfahrungen als Geschäftsführer einer mittelständischen Unternehmensgruppe geprägt. Deswegen beinhaltet es immer wieder auch Beispiele aus dem wirtschaftlichen Umfeld. Beides, sowohl umfangreiche Literaturrecherche als auch persönliche Erfahrungen, prägt dieses Buch.

In diesem Buch gibt Kap. 2 eine Einführung in die Etymologie des Begriffs Hoffnung, in Kap. 5 werden Gründe für Hoffnung aus der (politischen) Geschichte vorgestellt und Kap. 6 beschreibt langfristige Trends, die Hoffnung machen. In Kap. 7 werden Kurzbiografien von Menschen vorgestellt, deren Leben zur Zuversicht inspirieren kann, weil sie überzeugend ein hoffnungsvolles Leben geführt haben. Die objektiven Hoffnungs-Gründe aus den Kap. 5 und 6 sind Fakten und Tatsachen zu Ereignissen der Vergangenheit, die gut ausgegangen sind, die sich nicht zum Schlimmsten hin entwickelt haben und die beschreiben, wie diese Welt auch eine gute Entwicklung nehmen kann. Vorbilder und gute Beispiele helfen dabei. Man kann etwas lernen, sich inspirieren lassen, wenn man sich mit

Biografien von Personen beschäftigt, deren Leben von Hoffnung und Zuversicht geprägt war.

Einerseits klingt die Idee mit den objektiven Hoffnungs-Gründen, also den Ereignissen in der Vergangenheit, die gut ausgegangen sind, zunächst einmal attraktiv und einladend. Andererseits kam mir während des Schreibens die Frage, ob das eigentlich so richtig ist. Stimmt meine persönliche, immer wieder optimistische und positive Sicht auf die Welt denn überhaupt? Ist es denn wirklich so, dass wir als Menschen auch Erfolge erzielt haben und Probleme lösen konnten? Oder belüge ich mich hier selbst und rede mir nur etwas Positives ein, wo in Wirklichkeit das Negative überwiegt? Das ist eine existenziell wichtige Frage, die zu beantworten sich lohnt. Es ging also darum, wie ich meine positive Weltsicht objektivieren kann und damit mich selbst, aber auch Leserinnen und Leser, bestärken und ermutigen kann. Sich nur mit schönen Fantasien in eine Traumwelt zu begeben und die raue Wirklichkeit zu verdrängen, hilft ja nicht wirklich weiter. Deswegen sind die Hoffnungs-Gründe in diesem Buch an einer historischen Zeitleiste mit den jeweiligen Literaturquellen orientiert. Wenn es gelingt herauszufinden, was Menschen in der Vergangenheit in Ängste und Sorgen versetzt hat, und dann zu analysieren, wie sich diese Situationen bis heute entwickelt haben, kann das zu einer Systematik und Objektivierung der Hoffnungs-Gründe beitragen. Um diese Analyse von historischen Ängsten und Sorgen durchzuführen, haben zum einen Fachbücher über bestimmte Themen geholfen. Zum anderen wurden auch die Titelseiten der Wochenzeitung DIE ZEIT seit ihrer Erstauflage 1946 analysiert. Deren Titelseiten wurden von Theo Sommer im Zeitverlag als Buch[2] herausgegeben und

---

[2] Sommer, Theo (2014): Die erste Seite; Hamburg: Zeitverlag Gerd Bucerius GmbH & Co. KG

sie sind ein lesenswerter Gang durch die deutsche Nachkriegsgeschichte (vgl. 2014). Durch die historischen Zitate aus den Quellen lassen sich vermeintliche und reale Ängste und Sorgen der Menschen aufgreifen, um dann zu analysieren, wie sich die Dinge entwickelten. Manche Ängste haben sich im Lauf der Zeit als unnötig und irrational herausgestellt. Andere dagegen waren reale Gefahren und konnten durch Tatkraft und Kreativität gelöst oder zumindest abgemildert werden. Beide Entwicklungen können im Rückblick Mut geben, auch zuversichtlich für die aktuellen Probleme der Gegenwart zu sein.

Wichtig: Die abgedruckten historischen Zitate wurden ausgewählt, weil sie einen Einblick in die Emotionen und die allgemeine Stimmungslage der damaligen Zeit geben können. Sie sind somit als historische Quelle zu betrachten. Sie wurden dazu völlig unverändert aus den jeweiligen Publikationen übernommen. Dabei entsprechen Rechtschreibung und teilweise auch Wortwahl oder Formulierungen nicht mehr unbedingt den heutigen Standards und stellen weder zwingend die Meinung des Springer-Verlags noch des Autors dieses Buchs dar. Diese Quellen drücken die damaligen Emotionen, Sorgen und Ängste aus und ermöglichen es, sich in die damalige Gegenwart zurückzuversetzen. Sie werden dann jeweils in diesem Buch bewertet, und es wird aufgezeigt, dass unsere Maßnahmen und Aktivitäten in vielen Fällen zu einer Verbesserung der Situation geführt haben. Die Einordnung der historischen Textpassagen in unsere Gegenwart bzw. in einen größeren Kontext und die Reflexion der gesellschaftlich erzielten Verbesserungen lehren und fördern begründet Hoffnung und Zuversicht.

Kap. 8 (Hoffnungs-Verstärker) gibt Anregungen, wie die eigene Zuversicht gefördert werden kann, und das Kap. 9 (Hoffnungs-Handlungen) beschreibt Aktivitäten, die Wohlbefinden und die eigene Hoffnung fördern können. In Kap. 10 (Hoffnung in der deutschen Wirtschaft) wird ein Exkurs in Hoffnungen und Krisen der deutschen Wirtschaft in den Jahren 2015 bis 2025 gegeben.

Im Kap. 11 (Probleme, größer als alle Hoffnung?) wird es dann nochmals um die großen Themen der Gegenwart gehen: Klimawandel, Artensterben, potenzielle Risiken durch Künstliche Intelligenz (KI), ein drohender Atomkrieg, aber auch persönliche Schicksalsschläge, zum Beispiel unheilbare Krankheiten – all das kann uns die Hoffnung rauben und ist nicht einfach zu verarbeiten. Wie gehen wir mit Problemen um, die außerhalb unseres individuellen Einflussbereichs liegen? Wie stellen wir uns Themen, die sich durch unsere Aktivität nicht nennenswert beeinflussen lassen? Gibt es auch hier Hoffnung für den einzelnen Menschen? Diese Bedrohungen können durch negative Einflüsse, die hier im Buch Hoffnungs-Räuber genannt werden, individuell verstärkt werden. Solche destruktiven Muster werden in Kap. 12 beschrieben.

Das Buch schließt mit einer Synthese, nachdem zunächst der Fokus auf dem Positiven, auf dem Mach- und Gestaltbaren liegt (These). Dagegen wird die Antithese mit den großen und vom Einzelnen kaum beeinflussbaren Gefahren und die individuellen Hoffnungs-Räuber gestellt. Die große Frage „Wie darf man hoffen?" versucht schließlich in Kap. 13 beides zusammenzubinden. Zum Ende des Buches stelle ich meine persönliche Imagination der Zukunft dar, die mir persönlich Hoffnung gibt. Wie könnte es vielleicht laufen, wenn es denn gut geht und nicht alles sich dystrophisch zum Schlechten hin entwickelt?

1.2 Ziel des Buches

Hoffnung und Zuversicht machen das Leben schöner und sind ein wichtiger Pfeiler eines glücklichen und gelingenden Lebens. Das allein macht sie schon interessant und kann Motivation sein, sich mit dieser Lebenseinstellung zu beschäftigen. Sie sind aber noch aus einem weiteren Grund wichtig: Es geht nicht nur um uns persönlich und um unser Lebensglück. Es ist in dieser Welt und für unsere Gesellschaft wichtig, dass Menschen Verantwortung übernehmen und versuchen, diese Welt ein kleines bisschen besser zu machen – in Politik und Wirtschaft, in unseren Familien und unserer Nachbarschaft, im Ehrenamt oder im Broterwerb. Das kann aus dem Gefühl heraus entstehen, man müsse etwas Schlimmes verhindern und Schaden abwenden. Pflichtgefühl kann auch Auslöser für das Tragen von Verantwortung sein und wird beispielsweise bei Kant stark betont. Vielleicht am besten ist es aber, wenn hoffnungsvolle Männer und Frauen, die ein Ziel erreichen wollen, gestalten und Verantwortung übernehmen. Für unsere kleineren und größeren Gemeinschaften, ob das Familien, Unternehmen oder das Land sind, etwas zum Besseren wenden, Gutes schaffen und uns gemeinsam weiterbringen – das sind Hoffnungs-Ziele, die jede Anstrengung wert sind. Manchmal erscheint uns unsere Welt heute unübersichtlich und kaum gestaltbar. Die Nachrichten sind voll von deprimierenden Themen und Meldungen. Darüber aber nicht den Kopf in den Sand zu stecken, sondern sich der Hoffnungs-Gründe bewusst zu sein und mutig zu gestalten, ist für unsere Gesellschaft von existenzieller Bedeutung. Auch deswegen habe ich dieses Buch geschrieben: um zu ermutigen, anzupacken, Freude am Gestalten zu wecken und gemeinsam Ziele zu verfolgen.

Literatur

Haerder, M. (2025). Wie geht's, Deutschland? WirtschaftsWoche 01/2025; 04.01.2025, S. 24 – 29. Handelsblatt GmbH. https://www.wiwo.de/politik/deutschland/standort-debatte-wie-gehts-deutschland/30149176.html.

Sommer, T. (2014). *Die erste Seite*. Zeitverlag Gerd Bucerius GmbH & Co. KG.

2

Was bedeutet „hoffen"?

Der sprachliche Hintergrund des Wortes *Hoffnung* liegt erstaunlicherweise nicht in den Themenfeldern *Denken* oder *Fühlen,* wie man leicht meinen könnte. Ursprünge liegen im Mittelniederdeutschen, also der Sprache, die seit dem 13. Jahrhundert im Norden Deutschlands schriftlich belegt ist und die bis ins 17. Jahrhundert gesprochen wurde. Dort gab es das Wort *hopen,* das hüpfen, zappeln oder vor freudiger Erwartung springen bedeutet. Das Mittelniederdeutsche war auch die Verkehrssprache der Hanse, der Vereinigung von norddeutschen Kaufleuten im Nord- und Ostseeraum. Damit war das Mittelniederdeutsche die Sprache von Handel, Diplomatie, Recht und Literatur. *Hopen* oder *Hoffnung* ist also keinesfalls ein passives Warten auf den glücklichen Zufall, der eintrifft oder eben auch nicht. Es geht nicht um lethargisches Abwarten, sondern um aktives Erwarten, man könnte vom sprachlichen Hintergrund fast sagen, es geht um tätiges Erwarten. Das führt dazu, dass Hoffnung gestaltet und somit zur

Self-Fulfilling Prophecy werden kann. Durch das aktive Tun mitten im Warten gestalten hoffende Menschen diese Welt. Das war nicht immer so positiv belegt: Im Altgriechischen bedeutet das Wort ελπις (elpis) nicht nur unsere positiv belegte Hoffnung, sondern Erwartungen jeder Art für die Zukunft. Das können positive Erwartungen (Hoffnung), aber auch negative Erwartungen (Furcht) sein. So erwähnt Lothar Coenen, dass der römische Dichter, Philosoph und Naturforscher Seneca im ersten Jahrhundert nach Christus die Hoffnung „ein unsicheres Gut" nennt (Coenen et al., 1979, S. 722).[1]

Auch heute können beide Sichtweisen bezüglich der Zukunft das Denken bestimmen. Insbesondere im deutschsprachigen Europa liegt in den vergangenen Jahren der Schwerpunkt der öffentlichen Diskussion sehr stark auf der Auseinandersetzung mit Risiken, Krisen und dem Vermeiden von Fehlern, obwohl es die Aufgabe von Wirtschaft und Politik ist, Chancen und Möglichkeiten zu erkennen sowie neue Wege und Entwicklungen einzuleiten[2] (vgl. Krafft & Walker, 2018, S. 176). Diese Fokussierung in der öffentlichen Diskussion und den Medien auf Risiken und (Technik-)Folgenabschätzung hat manchen nachvollziehbaren und guten Hintergrund. Es ist aber wichtig, dass erst durch das von Hoffnung auf eine bessere Zukunft getragene Gestalten auch eine Lösung unserer Herausforderungen entstehen kann. Der belgische Philosoph Jean-Pierre Wils von der Universität Nijmegen sagt in diesem Zusammenhang: „Die Hoffnung ist eine tätige Haltung. Jemand, der hofft, setzt auf einen Zustand der Welt, der

---

[1] Coenen, Lothar et al. (1979) Theologisches Begriffslexikon zum neuen Testament; 5. Auflage der Gesamtausgabe; S. 722; Wuppertal: Theologischer Verlag R. Brockhaus

[2] Krafft, Andreas M.; Walker, Andreas M. (2018) Positive Psychologie der Hoffnung; S. 176; Berlin: Springer Verlag.

nicht nur verbesserungswürdig ist, sondern der auch zu verbessern ist. Er nimmt einen moralischen Vorgriff auf die Zukunft und sagt, ich möchte, dass die Welt, in der ich lebe, eine bessere wird und ich tue etwas dafür, dass das auch geschieht. Ich hoffe auf die Realisierung dieses Besseren und ich kann das nur tun, wenn ich selbst aktiv werde. Hoffnung ist eine Praxiskategorie, eine Handlungskategorie und nicht eine Kategorie des Abwartens"[3] (Wils, 2024). Dazu folgen hier ein paar Beispiele aus unterschiedlichen Lebensbereichen.

2.1 Unternehmerisch hoffen

Ein Unternehmen zu gründen oder zu führen, ist immer auch ein mutiger Schritt. Da die Zukunft unbekannt ist und Risiken auf dem Weg warten, ist Scheitern nicht auszuschließen. Der Blick ins Insolvenzregister oder die Geschichte so manches Start-ups kann das verdeutlichen. In der wichtigen Industrienorm ISO9001, nach der viele Industriebetriebe zertifiziert sind, wurde 2015 das Risikomanagement als zentrale Neuerung eingeführt. Gute und erfolgreiche Unternehmer und Unternehmerinnen haben sich schon immer mit Risiken beschäftigt, nicht weil eine Norm es fordert, sondern weil es für das Überleben ihres Unternehmens entscheidend ist. Nützlich ist das aber nur, wenn der Analyse von Risiken auch der gestaltende Teil folgt und Maßnahmen ergriffen werden, mit denen diese Risiken minimiert werden.

---

[3] Wils, Jean-Pierre (2024): Wie lässt sich neue Hoffnung schöpfen? In: Podcast WDR5 Das philosophische Radio vom 15. Juni 2024; Download unter: https://wdrmedien-a.akamaihd.net/medp/podcast/weltweit/fsk0/313/3133039/3133039_58760496.mp3; abgerufen am 15.3.25.

Trotz aller Risiken wagen immer wieder Männer und Frauen, unternehmerisch tätig zu sein. Sie tun das, weil sie Chancen und Risiken miteinander abwägen und zu dem Schluss kommen, dass in ihrem Fall, mit ihrem Geschäftsmodell und ihrem Engagement eine gute Chance besteht, dass es nicht nur gerade so gut gehen wird, sondern dass sie Erfolg haben werden. Wer unternehmerisch tätig ist, sieht sich (normalerweise) nicht als (Glücks-)Spieler. Glück braucht man zwar im Leben und als Unternehmerin und Unternehmer. Der Erfolg wird sich aber vor allem dort einstellen, wo gute Arbeit die Grundlage legt. Dazu braucht es einen Blick in die Zukunft, der das, was heute noch nicht existiert, schon voraussieht und alles daransetzt, diese Idee oder dieses Geschäftsmodell dann auch umzusetzen. Das ist ein wichtiger Aspekt von Hoffnung: einen Plan haben, ein Ziel sehen und das dann aktiv anzugehen und sich dafür einzusetzen. Dabei muss man sich der Risiken bewusst sein, damit das eigene Handeln nicht zum Glücksspiel wird.

Während heute in Deutschland vielfach der Mut, unternehmerisch tätig zu sein, zu fehlen scheint, gab es bei uns zum Beispiel Mitte des 19. Jahrhunderts eine große Aufbruchswelle in der Wirtschaft, die sogenannte Gründerzeit. Joachim Mohr und Eva-Maria Schnurr beschreiben in ihrem Buch *Die Gründerzeit* etliche Beispiele von Unternehmen, die in dieser Zeit entstanden. Mut gehörte eigentlich immer dazu. Trotzdem nahm Margarete Steiff auch in dieser Zeit schon eine besondere Rolle ein: Durch Kinderlähmung schwer eingeschränkt schaffte sie es, aus einfachen Anfängen mit einer Nähmaschine und einer kleinen Damenschneiderei im Elternhaus einen wichtigen Hersteller von Spielzeug mit heute rund 1000

Mitarbeitenden aufzubauen. In *Die Gründerzeit* wird Joachim Steiff, der Urgroßneffe von Margarete Steiff, zitiert: „Wenn die Margarete nicht gelähmt gewesen wäre, hätte es die Firma wahrscheinlich nie gegeben"[4] (Mohr & Schnurr, 2019, S. 103). Das zeigt deutlich, welche Widerstände und Schwierigkeiten bei der Gründung und dem Aufbau dieses Unternehmens zu überwinden waren. Nur der unbesiegbare Wille und die große Hoffnung auf Gelingen und Erfolg ermöglichten Margarete Steiff diesen Weg. Viele andere Beispiele aus der Gründerzeit, aber insbesondere auch aus der Nachkriegszeit belegen, zu welchen außergewöhnlichen Taten Männer und Frauen in der Lage waren, wenn sie Hoffnung mit Tatkraft und guten Ideen verbinden konnten. Hoffnung, die tätig und aktiv wird, ist wesentlicher Teil von unternehmerischem Handeln und auch heute für die wirtschaftliche Entwicklung unseres Landes von größter Bedeutung. Das betont auch die Meinungsforscherin Janina Mütze im Interview mit Max Haerder: „Interessanterweise rücken die Unternehmen, die Arbeitgeber in den Fokus. Das Vertrauen in sie ist sehr hoch. Die meisten Arbeitnehmer glauben, dass ihre Firma die Transformation schafft, dass die Zukunft gelingen kann. Nach dem Motto: Wir wandeln uns, wir schaffen das. Da erleben viele noch Selbstwirksamkeit"[5] (Haerder, 2025, S. 24–29).

---

[4] Mohr, Joachim; Schnurr, Eva-Maria (2019): Die Gründerzeit; München: Deutsche Verlags-Anstalt.
[5] Haerder, Max (2025): Wie geht's, Deutschland?; Wirtschaftswoche 01/2025; 04.01.2025; S. 24–29; Düsseldorf: Handelsblatt GmbH; https://www.wiwo.de/politik/deutschland/standort-debatte-wie-gehts-deutschland/30149176.html.

2.2 Politisch hoffen

Gute Politik machen ist das Gestalten einer Gesellschaft zum Besseren hin: Probleme erkennen, Zukunft gestalten und ein Gemeinwesen in eine gute Zukunft zu führen. Gerade im 20. Jahrhundert haben wir Menschen an verschiedenen Stellen erlebt, dass es schnell ins Unmenschliche führen kann, wenn die Grenzen des Möglichen überschritten und Utopien zum Leitmotiv des eigenen Handelns werden. Dass Politik *die Kunst des Möglichen bzw. Machbaren ist,* wurde daher von vielen Politikern und Politikerinnen von Otto von Bismarck bis Angela Merkel (vgl. Merkel, 2009) oder Wolfgang Schäuble (vgl. Schäuble, 2015) immer wieder zitiert. Die Kunst des Möglichen ist dabei aber kein Resignieren, sondern kann voller Hoffnung und auch Tatkraft das angehen, was erreichbar ist, bei dem die Menschen mitgenommen werden können. Eine Überforderung der Mehrheit, ein Agieren gegen die Gesellschaft mag zwar als Utopie verlockend sein, es hat im 20. Jahrhundert aber auch zu unsäglich viel Leid und Verlust geführt. Hoffnung hat also auch etwas mit dem Machbaren, dem Umsetzbaren zu tun. Utopische Hoffnung hat kaum die Chance auf Realisierung und Umsetzung. Hoffnung und Zuversicht sind aber tätig, um ein reales Ziel zu erreichen. Insofern ist sich das politische Hoffen ähnlich dem unternehmerischen Hoffen der Risiken bewusst und durch das Machbare begrenzt. In diesem Handlungsrahmen entfaltet die Hoffnung dann aber unter Umständen ungeahnte Kräfte und kann die Welt verändern und gestalten. In den verschiedenen Beispielen aus der Wochenzeitung DIE ZEIT, die auf den folgenden Seiten immer wieder zitiert werden, wird das deutlich. Politikerinnen und Politiker haben immer wieder Probleme erkannt und Lösungen erarbeitet.

Wolfgang Schäuble, einer der prägendsten deutschen Politiker der Nachkriegszeit, steht für ein Leben, das von Hoffnung und Durchhaltevermögen geprägt ist. Trotz eines Attentats am 12.10.1990, das ihn querschnittsgelähmt zurückließ, blieb Schäuble aktiv in der Politik und zeigte außergewöhnliche Resilienz. Als Architekt der deutschen Einheit setzte er große Hoffnungen in ein geeintes Deutschland und arbeitete unermüdlich an der Integration Ost- und Westdeutschlands. Später, als Finanzminister, führte er Europa durch die Finanzkrise von 2008 und hoffte stets auf die Kraft solidarischer Zusammenarbeit, um Stabilität in der Europäischen Union (EU) zu sichern (vgl. Schäuble, 2024).

Schäuble lebte vor, dass Hoffnung nicht passiv ist, sondern mit harter Arbeit und Verantwortung einhergeht. Sein Glaube an die Zukunft Europas und die Fähigkeit der Menschen, Herausforderungen gemeinsam zu bewältigen, prägten viele seiner Entscheidungen. Auch in schwierigen Momenten, wie in der Flüchtlingskrise 2015, zeigte Schäuble Vertrauen in die Stärke demokratischer Werte. Sein unermüdlicher Einsatz für ein stabiles und geeintes Europa macht ihn zu einem Symbol für Hoffnung durch Engagement und Überzeugung.

2.3 Kinder geben Hoffnung

Kaum etwas ist so in der Lage, uns Menschen emotional berührend Hoffnung auf die Zukunft zu machen, wie kleine Kinder. Martin Luther wird das Zitat „Wenn du ein Kind siehst, begegnest du Gott auf frischer Tat" zugeschrieben. Rationaler und kühler beschreibt die Evolutionsbiologie, dass die Lebewesen, die Mut und Hoffnung für Nachkommen hatten, genetisch erfolgreicher waren und sich durchgesetzt haben. Die positiven Emotionen, das Glück beim Erleben von Kindern, führen zu einem evolutionären Vorteil.

Zwei scheinbar konträre Blickwinkel auf ein Thema werden deutlich: Emotional, begeistert und voller Freude spricht Luther von den Kindern. Sein Gottvertrauen lässt ihn mutig und hoffnungsvoll in die Zukunft sehen und zusammen mit seiner Frau Katharina von Bora insgesamt sechs Kinder haben. Ein ehemaliger Mönch und eine ehemalige Nonne durchbrechen die strengen Regeln der damaligen Zeit und gründen eine Familie und begründen mit der Reformation die Evangelische Kirche und wichtige Denkansätze der Neuzeit. Auf der anderen Seite steht mathematisch berechnend, abwägend und kalkulierend die Evolutionsbiologie mit der Bewertung von Vorteilen. Beides scheint konträr und ist doch auch miteinander verbunden: Hoffnung ist nie nur rein rational messbar und kalkulierbar. Sie betrifft uns emotional und existenziell. Sie ist aber gleichzeitig auch kein Luftschloss, das sich in haltlosen Fantasien erschöpft. Hoffnung im Leben schafft reale Vorteile und kann positive Wendungen bringen. In kaum einem anderen Beispiel wird das so schön deutlich wie bei Kindern.

Sprachlich wird dieser Zusammenhang zwischen Hoffnung und Kindern auch in der heute etwas altertümlichen Redewendung „guter Hoffnung sein" für eine Schwangerschaft deutlich. Gerade in früheren Zeiten, als eine Schwangerschaft ein noch deutlich höheres Risiko für Leben und Gesundheit von Mutter und Kind bedeutete, drückte diese Redewendung das Risiko der Schwangerschaft, aber auch die Erwartung, die Hoffnung auf eine glückliche Geburt aus.

2.4 Geschichte der Hoffnung

Dieses positive und gestaltende Bild von Hoffnung war nicht immer so vorhanden. Es lohnt sich, in die Geschichte zurückzuschauen und die Entwicklung des Begriffs *Hoffnung* kurz zu betrachten. Wir sind in Europa und Nordamerika im Wesentlichen von drei großen Denkschulen geprägt: zum einen spielen die altgriechischen Denker und ihre Konzepte unserer Welt auch für uns heute eine prägende Rolle. Die alten griechischen Sagen und Mythen zusammen mit den Philosophen, insbesondere Platon, Sokrates und Aristoteles, sind heute immer noch in vielen Bereichen unseres Lebens entscheidende Grundlage für unsere Denkstrukturen und unsere Weltbilder. Vielfach sind diese Einflüsse auch so tief bis in unser modernes Denken hinein verankert, dass sie auch Menschen prägen und beeinflussen, die sich nie tiefer mit Philosophie beschäftigt haben. Ein Beispiel dafür ist unser Verständnis von Heldentum. Die Helden der griechischen Mythen, wie Herakles, Odysseus oder Perseus, verkörpern nicht nur Mut und Klugheit, sondern auch Hoffnung. Ihre Geschichten zeigen, dass selbst in scheinbar ausweglosen Situationen ein Licht am Ende des Tunnels existiert. Odysseus zum Beispiel klammert sich während seiner langen Heimreise nach Ithaka an die Hoffnung, seine Familie wiederzusehen und seine Heimat zurückzugewinnen. Dieses Element der Hoffnung – dass sich Geduld, Beharrlichkeit und Glaube an ein besseres Morgen auszahlen – hat die Heldenreise zu einem universellen Narrativ gemacht. Moderne Geschichten, die auf diesem Muster basieren, vermitteln dieselbe Botschaft: Hoffnung ist der Antrieb, der uns weitermachen lässt, selbst in den dunkelsten Zeiten. Diese Archetypen des Helden prägen bis heute unsere Literatur, Filme und Medien. Figuren wie Batman oder

Harry Potter folgen einem ähnlichen Muster: ein außergewöhnlicher Protagonist, der durch Prüfungen und Herausforderungen wächst und letztlich triumphiert. Diese narrative Struktur, oft als „Heldenreise" bezeichnet, hat ihren Ursprung in den griechischen Mythen und beeinflusst unsere Vorstellung davon, was es bedeutet, ein „Held" zu sein, selbst wenn wir die ursprünglichen Geschichten nicht kennen.

Eine weitere zentrale Quelle unserer Weltsicht ist der jüdisch-christliche Kontext. Durch die Schriften und Erzählungen der Bibel, des Alten und Neuen Testaments, und deren Auslegung wurde unsere Welt maßgeblich geprägt: Lebenskonzepte wie Barmherzigkeit, Vergebung und Nächstenliebe, die Hoffnung auf Auferstehung und ein Leben nach dem Tod oder die Individualität und der Wert des einzelnen Menschen sind untrennbar mit dem jüdisch-christlichen Kontext verwoben. Wir können rückblickend den positiven Einfluss des jüdisch-christlichen Denkens auf diese Welt kaum überschätzen. Die Großreiche der Antike im Vorderen Orient bis hin zum römischen Imperium erinnern wir heute vor allem wegen ihrer monumentalen Bauwerke wie den Pyramiden oder Tempeln, die wir auch heute noch in ihrer einstigen Schönheit erahnen können. Ebenso wissen wir um den Einfluss von Herrscherwechseln und Machtstrukturen. Was schnell übersehen wird, ist die Situation der einfachen Menschen, die nicht zu Priestern oder Adel gehörten, und damit von rund 90 % der Bevölkerung. Das Leben dieser Menschen, insbesondere von Frauen, Sklaven und Kindern, war durch weitgehende Rechtlosigkeit und Fremdbestimmung gekennzeichnet. Menschenrechte und individuelle Freiheiten, wie wir sie heute kennen, waren für große Teile der Menschen unbekannt und unerreichbar. Schrittweise finden wir im jüdisch-christlichen Denken Neuerungen. Es gibt zunehmend gleichmäßiger verteilte – auch einklagbare – Rechtsgüter für größere

Teile der Bevölkerung. Ausgehend von dem Gottesbild, dass der Gott der Bibel sich jedem einzelnen Menschen persönlich zuwendet, entstehen das Menschenbild und die Hoffnung, dass jeder einzelne Mensch einen individuellen Wert hat.

Die dritte wichtige Denkschule, die insbesondere uns im sogenannten Westen prägt, ist die Aufklärung im 17. und 18. Jahrhundert. Die Freiheit, eigenständig zu denken, auch Autoritäten zu kritisieren und durch Innovation Neues in Theorie und Praxis zu schaffen, prägt Europa und Nordamerika bis heute wesentlich. In der Aufklärung wurden insbesondere Missstände in Kirche und Adel adressiert, die wieder zu einer Unterdrückung der Massen geführt haben. Ebenso wurden Denkverbote, besonders von kirchlicher Seite, die die Naturwissenschaften eingeschränkt haben, hinterfragt und schließlich aufgehoben. In der Aufklärung wurde der Wert des Menschen als Individuum noch einmal neu herausgearbeitet und auch institutionalisiert. In den allgemeinen Menschenrechten, der Beendigung der Sklaverei oder der Frauenbewegung werden diese Errungenschaften deutlich. Hoffnung entstand bei denen, die unter den festgelegten Strukturen des Absolutismus keine Freiheit hatten – Hoffnung, dass es Freiheit geben kann, das zu glauben, zu denken oder zu arbeiten, wofür man sich als eigenständige, individuelle Person entscheidet.

Spannend ist nun, wie in diesen Kontexten jeweils *Hoffnung* interpretiert und gelebt wurde. Da uns alle drei Umfelder bis heute prägen, ist es wichtig, auf diese Hintergründe kurz einzugehen. Es wird im Einzelfall eines Individuums kaum möglich sein, die jeweiligen Einflüsse zu separieren und zu isolieren. Das ist aber auch nicht notwendig. Unsere Ursprünge zu wissen und ihre Einflüsse einschätzen zu können, kann bei der Gestaltung der Gegenwart schon hilfreich sein.

Während wir heute den Begriff *Hoffnung* weitgehend positiv belegen und als etwas Erstrebenswertes ansehen, war das in der Antike in Griechenland durchaus anders. Die Menschen erlebten viele Naturgewalten ohne große Möglichkeiten, etwas zu gestalten oder zu beeinflussen. Der griechische (und später römische) Götterpantheon bildete diese Kräfte ab, die auf den Menschen einwirken und Menschen in Gutes oder Böses hineinführen: Meere und Flüsse, Fruchtbarkeit und Ernte, Krieg, Tod etc. wurden als Götter personifiziert, waren miteinander in List, Streit und wechselnden Koalitionen verbunden und beeinflussten das Leben der Menschen, ließen sich ihrerseits aber nur sehr bedingt bewegen. Der Mensch sah sich den Mächten weitgehend ausgeliefert. Gleichzeitig war die Antike primär vergangenheitsbezogen: Was gewesen war, war bekannt und wurde so ähnlich auch wieder für die Zukunft erwartet. Große Veränderungen und Innovationen waren nicht zu erwarten oder zu erleben. Natürlich haben die Namen der Herrscher immer wieder gewechselt und die individuellen Umstände, geprägt durch Hunger oder gute Versorgung, Krankheit oder Gesundheit etc., konnten sich wandeln – letztlich verlief das Leben aber in immer ähnlichen Bahnen. Hoffnung war in vorsokratischer Zeit daher „eher eine trügerische Annahme über die Zukunft, fast mit Torheit zu vergleichen"[6] (Krafft & Walker, 2018, S. 45). Mit Sokrates und Platon änderte sich der Fokus etwas: Ein gutes, glückliches Leben hat der, der sich selbst erkennt und darin Erfüllung findet. Insbesondere war die Hoffnung in der Antike sehr limitiert, weil sich alles Nachdenken darüber und überhaupt auch nur die Option, etwas zu gestalten oder zu entscheiden, nur

---

[6] Krafft, Andreas M.; Walker, Andreas M. (2018) Positive Psychologie der Hoffnung; Berlin: Springer-Verlag.

auf einen kleinen elitären Kreis von relativ wenigen Männern bezog. Frauen, Sklaven und der arbeitenden Bevölkerung standen solche Möglichkeiten der Muße und der Entscheidung über den eigenen Lebensweg nicht einmal ansatzweise offen. Hoffnung als Begriff und als Option war also nur wenigen vergönnt und innerhalb dieser elitären Gruppe war immer wieder eine eher pessimistische Sicht prägend. Ein Text, der das gut widerspiegelt, ist die Geschichte der Büchse der Pandora.

> **„Der Pandora-Mythos nach Hesiod**
> Nachdem Prometheus das Feuer vom Olymp gestohlen hatte, um es den Menschen zu geben, wurde Zeus sehr zornig und sann darüber nach, wie er die Menschen dafür bestrafen könne. Diese ursprüngliche Sünde sollte auf eine verlockende, aber heimtückische Art und Weise vergolten werden. Zeus schickte die reizvolle Pandora auf die Erde, um sie dort zu vermählen. Während diese erste Frau äußerlich von entzückender Schönheit war, war sie innerlich voll verräterischer Natur voller Lüge und Falschheit. Für ihre Hochzeit hatten alle Götter ihr Geschenke mitgegeben, so auch Zeus. Er gab ihr eine geheimnisvolle Truhe mit. Als sich Epimetheus von Pandora verführen ließ, öffnete sie die mitgebrachte Truhe. Sie enthielt die ganze Fülle an Übeln, die seither über die Menschheit gekommen sind: Krankheit, Sorge, Hunger, Kummer und vieles mehr flogen heraus und verstreuten sich über die Menschheit. Als Zeus schließlich den Deckel wieder verschloss, blieb noch etwas in der Truhe

> zurück und konnte nicht herausfliegen: Das war die Hoffnung"[7] (aus Krafft 2018, S. 42, mit freundlicher Genehmigung von © Springer-Verlag GmbH Deutschland 2018. All Rights Reserved).

Man kann diesen Text auf zwei Arten interpretieren: Entweder zählt man die Hoffnung auch zu den Übeln, analog zu Krankheit und Sorgen, oder man sieht die Hoffnung grundsätzlich positiv, dann wäre sie den Menschen aber von Zeus bösartig vorenthalten worden. So oder so – die Hoffnung wäre damit nach Hesiod ca. 750 v. u. Z. nichts, was den Menschen zu einem besseren Leben führt und durch Not hindurch in eine bessere Zukunft hineinhilft. Vielmehr gingen viele antiken Philosophen davon aus, „dass die ganze Hoffnung ein Elendsverlängerer"[8] ist, wie Thorsten Dietz erklärt (2023).

Im jüdisch-christlichen Kontext ist für das Judentum die Exodusgeschichte identitätsstiftend, die im Exodusbuch im Alten Testament den Auszug der Israeliten aus der Sklaverei unter dem Pharao in Ägypten beschreibt. Diese Erzählung berichtet von Gott als Befreier, der die Unterdrückten in eine neue, freie Zukunft führt. Dieser radikale Bruch mit den existierenden Verhältnissen, das Gestalten der Zukunft, die substanzielle Veränderung der Lebensumstände zum Besseren hin drücken eine ungewöhnlich starke Hoffnung aus. Kern der Geschichte ist die Befreiung aus schrecklichen Umständen. Anders als bei den Denkern im alten Griechenland sehen sich die Menschen hier nicht unberechenbaren Göttern gegenüber, die sie in ein oft böses Schicksal werfen, sondern einem dem

---

[7] Krafft, Andreas M.; Walker, Andreas M. (2018) Positive Psychologie der Hoffnung; Berlin: Springer-Verlag.
[8] Dietz, Thorsten (2023): Hoffnung; Vortrag am 26. Mai 2023 im Rahmen von Worthaus 11 in Tübingen; https://worthaus.org/mediathek/hoffnung-13-4-1/.

Menschen zugewandten Gott, der sie aus der Not befreit und den Menschen hilft, in Eigenverantwortung und mit Gottes Hilfe positives Neues zu gestalten. Das führt zu einem Hoffnungs-Begriff, der „grundsätzlich eine gute Zukunft erwartet"[9] (Prechtl et al., 2008, S. 244). In der Exoduserzählung wird immer wieder deutlich, wie die Schreiber der Texte Gottes Eingreifen in die Lebensumstände der Menschen mit der Aufforderung zur tätigen Eigenverantwortung bei der Befreiung der Israeliten verbunden haben.

Im Neuen Testament der Bibel findet sich in Kap. 13 des 1. Korintherbriefs das sogenannte *Hohelied der Liebe*, in dem der Apostel Paulus euphorisch von der Liebe schreibt. Am Ende dieses Texts werden die drei Tugenden Glaube, Liebe und Hoffnung zusammen genannt: „Nun aber bleiben Glaube, Hoffnung, Liebe, diese drei; aber die Liebe ist die größte unter ihnen." Hier wird der Kern des christlichen Glaubens deutlich, der, ausgehend von der Gottesbeziehung und dem Vertrauen auf einen Gott als Gegenüber, dem Menschen Kraft zum Lieben und zur Hoffnung mitten in dieser Welt gibt. Diese Interpretation der Liebe als Handlung, als Tätigkeit entspricht auch der modernen Psychologie: der Single- und Paarberater Christian Thiel betont beispielsweise, dass Liebe aus dem besteht, was wir tun, aus unseren Handlungen (vgl. 2025). Damit sind Hoffnung und Liebe Tätigkeiten, Aktivitäten: tätig hoffen und lieben (vgl. dazu auch Abschn. 7.9). Es ist eine radikale Veränderung des Hoffnungs-Begriffs, der durch die Verbreitung des Christentums die Welt geprägt hat: von einer eher negativen Sichtweise in der paganen Antike, insbesondere bei den griechischen Philosophen,

---

[9] Prechtl, Peter et al. (2008): Metzler Lexikon Philosophie; Heidelberg: Springer-Verlag GmbH.

hin zu einer positiven Erwartung der Zukunft im Christentum. Dabei unterscheidet die Theologie zwei Ebenen: zum einen die Hoffnung auf Auferstehung und ein Leben nach dem Tod. Dieser Ausblick entstand zögerlich in den späten Schriften des Alten Testaments und prägt dann den Glauben der ersten Christen nach der Auferstehung Jesu zu Ostern. Bis heute feiern die christlichen Kirchen nach Karfreitag das Osterfest und erinnern sich an die feste Zuversicht, dass der Tod nicht das letzte Wort hat. Das ist ein bedeutender Unterschied zur griechischen Mythologie und zum frühen Judentum, in denen das Totenreich für die allermeisten Menschen eher als Schattenreich ohne echte persönliche Zukunft für Individuen gesehen wurde. Parallel und gleichzeitig zu dieser transzendenten Hoffnung begründen die vier Evangelien im Neuen Testament, aber auch schon beispielsweise die Propheten des Alten Testaments, die große Verantwortung der Menschen für diese Welt. Immer wieder ist davon die Rede, dass „das Reich Gottes zu den Menschen gekommen ist". Die christliche Hoffnung erwartet also schon mitten im Diesseits positive Veränderung und ist nicht nur eine Vertröstung auf das Jenseits. Dieser Wandel von der eher negativen Sichtweise der griechischen Philosophen hin zur positiven Erwartungshaltung der ersten Christen ist in seiner Auswirkung auf diese Welt kaum zu überschätzen.

Die dritte wichtige Säule unseres westlichen Denkens ist die Aufklärung im 17. und 18. Jahrhundert. Nachdem die Naturwissenschaft in den Jahrzehnten vorher begonnen hatte, wichtige Erkenntnisse, insbesondere über Astronomie und Physik, aufzubauen und sich gegen tradierte Überlieferungen durchzusetzen, wurde die Vernunft zur zentralen Instanz für die Deutung unserer Welt. Bildung, Bürger- und Menschenrechte oder der moderne Staat sind Errungenschaften dieser Epoche, die teilweise schon z. B. in der Reformation und Renaissance angelegt, jetzt aber weiter ausgebaut wurden. Das wird beispielsweise bei Karl Popper deutlich: Im 20. Jahrhundert war der Österreicher Karl Popper vermutlich einer der prägendsten Philosophen für Politiker im deutschsprachigen Raum. Angela Merkel zitiert ihn in ihrem Grußwort zum 70. Geburtstag von Roman Herzog bei der Konrad-Adenauer-Stiftung wie folgt: „‚Optimismus ist Pflicht' – mit diesem Leitsatz betonte der weltberühmte Philosoph Karl Popper einst, dass Zukunft nicht vorprogrammiert, sondern offen ist. Jeder kann über sie mitbestimmen durch das, was er tut – oder unterlässt. Die Gestaltung der Zukunft wird zur Aufgabe aller, und man soll sich ihr mit Zuversicht nähern"[10] (Merkel, 2004). Karl Popper hat ausgehend von seinen Erfahrungen mit den Schrecken des Marxismus und der Diktatur der Nationalsozialisten immer wieder betont, dass es zentral für eine offene Gesellschaft ist, die Regierenden ohne Blutvergießen abwählen und auswechseln zu können (vgl. 1980, S. 174). Kritik, auch und gerade an den Institutionen, an den Mächtigen und Regierenden, an Wissenschaft und Wirtschaft, war ein zentrales Thema für ihn. Daraus folgt bei ihm aber nicht die destruktive Kritik, die Ideen oder Vorschläge einfach verwirft, sondern die Suche nach dem Besseren. Eine Theorie in der Wissenschaft ist nur so lange gut und brauchbar, bis sie durch eine bessere ersetzt wird. Das öffnet aber auch die Tür für jede und jeden, sich an der Suche nach besseren Lösungen zu beteiligen. Die Vernunft der Aufklärung kann und soll also zur tätigen Verantwortung für die Gesellschaft werden.

---

[10] Merkel, Angela (2004): Integrationsfigur mit Intellekt und Ironie; Pressemitteilung 413/2004 der Konrad-Adenauer-Stiftung; https://www.kas.de/documents/252038/253252/7_dokument_dok_pdf_4469_1.pdf/11bce6cb-9c9f-fe87-b713-1cdcb765bd20.

2.5 Was verstärkt unsere Hoffnung?

Neben den Hoffnungs-Gründen soll es in diesem Buch auch um Hoffnungs-Verstärker gehen. Darunter werden Konstellationen in unserem Leben verstanden, die es leichter machen, sich von den beschriebenen Hoffnungs-Gründen inspirieren zu lassen und in schwierigen Situationen die Hoffnung nicht zu verlieren, sondern, im Gegenteil, neue Hoffnung zu gewinnen. Hier geht es also nicht um Fakten, die uns Mut machen können, sondern um Verhaltensweisen, die Hoffnung verstärken. Es ist sehr hilfreich im Leben, die Wahrnehmung zu haben, den äußeren Umständen nicht hilflos und wehrlos ausgeliefert zu sein, sondern das Leben – zumindest teilweise – aktiv gestalten zu können. Häufig wird hierfür der Begriff *Selbstwirksamkeit* bzw. *Selbstwirksamkeitserwartung* verwendet. Damit ist das Vertrauen eines Menschen gemeint, dass er oder sie auch schwierige Situationen erfolgreich bewältigen kann. Insbesondere der kanadische Psychologe Albert Bandura hat in den 1970er-Jahren viel zu diesem Begriff geforscht und ihn geprägt. Zeitlich ähnlich arbeitete die Entwicklungspsychologin Emmy Werner an einer Langzeitstudie auf der hawaiianischen Insel Kauai, in der sie 698 Kinder von der Geburt bis ins Erwachsenenalter begleitete. Dabei wurde untersucht, wie sich Kinder, die unter schwierigen sozialen und wirtschaftlichen Bedingungen aufwuchsen, entwickelten. Als wichtiges Ergebnis zeigte sich, dass etwa ein Drittel der Kinder trotz widriger Umstände eine positive Entwicklung nahm und die Herausforderungen des Lebens erfolgreich bewältigte. Diese Kinder nannte sie *resilient*. Der damit geprägte Begriff *Resilienz* ist eng mit der Selbstwirksamkeit verbunden. Man kann sagen, Selbstwirksamkeit stärkt Resilienz: Wenn eine Person darauf vertraut, schwierige Situationen bewältigen zu können, ist sie widerstandsfähiger gegenüber Stress und Rückschlägen. Resilienz fördert aber auch Selbstwirksamkeit, erfolgreiche Bewältigung von Krisen erhöht das Vertrauen in die eigenen Fähigkeiten. Beide Konzepte sind essenziell für die persönliche Entwicklung und ein gesundes psychisches Wohlbefinden. Es ist also möglich, die eigene Hoffnung auf eine gute Zukunft zu stärken und weiterzuentwickeln.

Hoffnung ist das Vertrauen, dass die Zukunft nicht nur dunkel und gefährlich ist, sondern dass sie auch Gutes bereithält. Hoffnung ist dabei aber kein passives Abwarten, sondern ein Mitgestalten. Menschen haben nie alle Parameter ihres Lebens in der Hand. Vieles bricht ohne ihr Zutun über sie herein, ereignet sich und geschieht. Andere Menschen treffen Entscheidungen, die sie und ihre Zukunft mit beeinflussen. Äußere Umstände, Naturgeschehen wie Hochwasser oder Dürren geschehen und beeinflussen das Leben. Im wirtschaftlichen Umfeld verändern sich Märkte und Produkte oder Unternehmen wachsen oder verschwinden vom Markt. All das kann erheblichen Einfluss auf das eigene Leben haben und ist für viele Menschen nur bedingt oder nicht beeinflussbar. Trotzdem gibt es viele Aspekte des Lebens, die zumindest teilweise mitgestaltet werden können. Wenn diese Chancen genutzt werden, erleben Menschen Selbstwirksamkeit. Sie erfahren, dass einzelne Punkte des Lebens in ihrem eigenen Handlungsraum liegen und von ihnen beeinflusst werden können.

Von besonderer Bedeutung bei den Hoffnungs-Verstärkern ist es, auch auf solche Menschen zu schauen, die ein schwieriges Schicksal erlitten und trotzdem Hoffnung und Vertrauen nicht verloren haben. Diese Hoffnungs-Menschen sind sicher außergewöhnlich und in vielen Aspekten nicht einfach „kopierbar". Trotzdem kann es wertvoll sein, sich von solchen Lebensgeschichten inspirieren zu lassen und sich als Vorbilder mit ihnen zu beschäftigen.

In diesem Buch werden Hoffnungs-Menschen wie Viktor E. Franckl oder Sophie Scholl kurz vorgestellt, die jeweils trotz unterschiedlicher schwerer Lebenswege ihre Hoffnung nicht aufgegeben haben.

2.6 Exkurs in die Systemtheorie: Extrapolation von Zeitreihen

Dieses Buch soll begründet Hoffnung wecken: Hoffnung also nicht nur als „angenehmes Gefühl", womöglich sogar als Verdrängung der harten Realität, sondern als rational begründete Entscheidung, die Zukunft zuversichtlich und aktiv tätig zu sehen. Deswegen werden die Hoffnungs-Menschen und die Hoffnungs-Gründe aus der Geschichte vorgestellt. Der Grundgedanke dabei ist, aus der Vergangenheit Hoffnung für die Gegenwart und die Zukunft zu schöpfen. Wenn aus vergangenen Daten auf zukünftige Zustände geschlossen wird, nennt man das Vorgehen in der Mathematik *Extrapolation*. Aus dem naturwissenschaftlichen Vorgehen lassen sich auch einige wichtige Erkenntnisse auf den persönlichen Umgang mit der Hoffnung lernen und ableiten. Wem dieses Kapitel aber zu technisch oder mathematisch ist, kann es auch ohne Probleme für das weitere Lesen des Buchs überspringen. Es wird aber keine Formeln, sondern nur einige Grafiken geben, um die Zusammenhänge zu illustrieren.

Wichtig: Bei dem Grundgedanken dieses Buches, sich von in der Gesellschaft historisch erreichten Erfolgen ermutigen zu lassen und daraus Hoffnung für die Probleme der Gegenwart zu ziehen, handelt es sich ausdrücklich nicht um eine naive kontrafaktische Geschichtsschreibung. In dieser wird an Hand von im Gedankenexperiment geänderten historischen Fakten ein alternativer Verlauf der

Geschichte im Sinne von „Wie wäre die Geschichte verlaufen, wenn Adolf Hitler als Kind gestorben wäre?" simuliert. Diese Gedankenexperimente mögen interessant sein, sind aber Spekulation. In diesem Buch werden dagegen gesellschaftlich tatsächlich erreiche Erfolge beschrieben und diese können als Nachweis der Selbstwirksamkeit in der Vergangenheit Resilienz und Hoffnung in der Gegenwart stärken. Die historischen Fakten können somit zu einer psychologischen Ressource in der Gegenwart werden. Der jetzt folgende Exkurs in die Systemtheorie soll nicht dazu verleiten, die Vergangenheit naiv linear zu extrapolieren. Vielmehr soll er die Sensibilität zur Erkennung von Strukturen und Mustern schärfen, die sich durchaus in der Betrachtung der historischen Fakten finden lassen.

In Abb. 2.1 sind Daten mit verschiedenen zeitlichen Verläufen gezeigt. Die einzelnen Datenpunkte (runde Punkte) können physikalische Messwerte, soziologische oder psychologische Zustände oder anderes sein. Sie sind in dieser Darstellung in ein Koordinatensystem eingetragen, das auf der horizontalen Achse (Abszisse) die Zeit darstellt und auf der vertikalen Achse (Ordinate) einen Parameter P zeigt. P kann zum Beispiel die Erderwärmung, das Wirtschaftswachstum, die Beziehung von Ländern zueinander (Krieg oder Frieden) oder die durchschnittliche Lebenserwartung der Bevölkerung eines Landes sein, um nur einige der vielfältigen Möglichkeiten aufzuzeigen. Um aus den bekannten Datenpunkten (Vergangenheit) auf die zukünftigen Werte zu schließen, ist es wichtig, die Grundstruktur der dahinterstehenden Prozesse zu verstehen. Das echte Leben, in dem Menschen Hoffnung brauchen, ist natürlich viel komplexer als einfache technische oder mathematische Vorgänge. Trotzdem kann man aus der vereinfachten Darstellung manches für das „echte Leben" ableiten. In allen Grafiken sind runde Punkte dargestellt, die einzelne Messwerte repräsentieren, und eine darun-

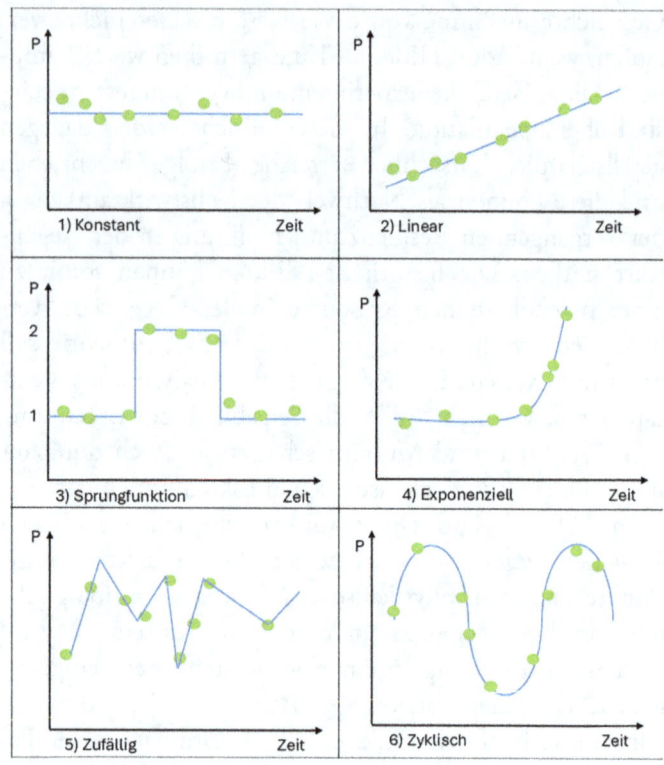

Abb. 2.1 Extrapolation von Zeitreihen

terliegende blaue Linie, die den Trend der Datenpunkte verdeutlicht. Diese Darstellung wurde gewählt, weil in diesem Buch auch auf einzelne historische Personen oder Ereignisse Bezug genommen wird, die man in gewisser Weise mit einzelnen Messwerten vergleichen kann. Die runden Punkte als Messwerte oder Ereignisse liegen dabei nicht ganz präzise auf der blauen Trendlinie, sondern sie streuen um den Trend herum. In der Physik sind das unvermeidliche Messfehler oder probabilistische Einflüsse auf den Prozess, im persönlichen Leben sind das Ereignisse, die nie genau gleich, aber doch teilweise mit einer gewissen Struktur geschehen. Das ist der Grund, warum in der Soziologie oder Psychologie, in der Medizin oder Philosophie allgemeine Regeln und Zusammenhänge abgeleitet werden können, die im Einzelfall nicht zu 100 % genau, aber doch mit großer Ähnlichkeit gelten.

Oben links in Abb. 2.1 ist ein konstanter Wert für den Parameter P gezeigt. Das bedeutet, so ähnlich wie der Wert in der Vergangenheit war, wird er auch in der Zukunft sein. Das, was in der Vergangenheit richtig war, wird so ähnlich auch zukünftig gelten. Technisch gesehen könnte das die Gravitation auf der Erde sein. Sie ist etwas von der Höhe des Orts abhängig, an dem die Messung durchgeführt wird, sie ist aber – nach allem, was wir wissen – konstant. In Bezug auf unser Thema, die Hoffnung, könnte das erste Diagramm eine Aussage wie „Es ist möglich, Freundschaften zu schließen und hilfreiche Kooperationen einzugehen" sein. Vermutlich galt diese Aussage zu allen Zeiten der Menschheitsgeschichte. Kooperation, Vertrauen und Freundschaft zwischen Individuen sind im Leben sehr hilfreich. Schon immer waren die Menschen keine reinen Einzelgänger, sondern haben zusammengearbeitet. Kooperation scheint eine Grundkonstante des Menschseins zu sein (vgl. dazu auch Abschn. 5.2). Das kann also begründet Hoffnung machen: Weil Freundschaft, Vertrauen und Kooperation im Menschsein verankert sind, sollte es auch in einer individuellen Situation im Heute möglich sein, Kontakte zu stärken. Diese Hoffnung ist also rational begründet. Das schließt nicht aus, dass es im Einzelfall harte Arbeit sein kann, das eigene Verhalten so zu ändern, dass es Beziehungen stärkt und nicht belastet. Aber die Hoffnung darauf ist grundsätzlich begründet.

Im zweiten Diagramm rechts oben ist ein linearer Zusammenhang gezeigt. Ein Beispiel dafür ist die Entfernung, die beim Gehen mit konstanter Geschwindigkeit zurückgelegt wird. Sie nimmt linear mit der Zeit zu. Ein Beispiel, das Hoffnung machen kann, ist die durchschnittliche Lebenserwartung in den meisten Industrieländern in den vergangenen Jahrzehnten: Mit kleinen Schwankungen ist sie mehr oder weniger linear angestiegen. Bei dem Blick auf den einzelnen Menschen spielen der individuelle Lebensstil und die genetische Disposition eine wichtige Rolle – der Trend spiegelt die Entwicklung einer großen Zahl an Individuen wider.

Das dritte Diagramm zeigt eine sogenannte Sprungfunktion. Sie wechselt zwischen zwei Zuständen hin und her. Im Alltag kennen wir so etwas von einem Lichtschalter, der das Licht ein- oder ausschaltet. Im übertragenen Sinn kann man die Beziehung zwischen Nationen in Bezug auf Krieg und Frieden so darstellen. Auch wenn die Politikerin Marie-Agnes Strack-Zimmermann am 03.02.2025 in der WirtschaftsWoche im Interview mit Daniel Goffart in Bezug auf Russland sagte: „Wir sind noch nicht im Krieg, aber auch nicht mehr im Frieden"[11] (Strack-Zimmermann, 2025), sind Krieg und Frieden meistens doch relativ klar voneinander getrennt. Hoffnung macht in diesem Zusammenhang, dass aus Krieg auch wieder Frieden und sogar Freundschaft werden kann. Die Beziehung zwischen Frankreich und Deutschland ist dafür ein gutes Beispiel. Dazu später mehr.

Die bisherigen Zusammenhänge lassen sich für Menschen recht gut erfassen. Wir können solche linearen Beziehungen zwischen Ereignissen und Messwerten gut

---

[11] Strack-Zimmermann, Marie-Agnes (2025): Wir sind noch nicht im Krieg, aber auch nicht mehr im Frieden https://www.strackzimmermann.de/interview-strack-zimmermann-wir-sind-noch-nicht-im-krieg-aber-auch-nicht-mehr-im-frieden abgerufen am 16.02.2025 erschienen bei WirtschaftsWoche online, 03.02.2025 6:06 Uhr https://www.wiwo.de/politik/deutschland/verteidigung-europas-wir-sind-noch-nicht-im-krieg-aber-auch-nicht-mehr-im-frieden/30194604.html.

denken und extrapolieren.[12] Bei anderen Prozessen ist das schwieriger und führt oft zu Fehleinschätzungen (Dobelli, 2011, S. 141 ff.). Bei exponentiellem Wachstum vervielfacht sich ein Wert jeweils nach einem festen Zeitintervall um einen festen Faktor. Der Zinseszinseffekt beim Sparen ist ein Beispiel für so einen Zusammenhang. In Bezug auf die Hoffnung müssen diese Situationen mit einer gewissen Vorsicht betrachtet werden, weil sich die gefühlte Auswirkung ab einem bestimmten Punkt dramatisch ändern kann: Bis zu einem Zeitpunkt erscheint alles ganz harmlos und dann werden die Auswirkungen sehr groß. Man kann sich diese Zusammenhänge leicht anhand der Inflationsraten in Deutschland klar machen: Von 2007 bis 2021 lag die Inflation sehr niedrig in der Größenordnung von rund 1 % und darunter. Dann, 2022, erhöhte sich die Inflation sehr drastisch und konnte aber durch Maßnahmen der Europäischen Zentralbank (EZB) 2024 wieder in moderate Bereiche zurückgeführt werden. Es war ein schneller Anstieg und auch ein zügiger Rückgang. Gefahr und Hoffnung auf Besserung liegen manchmal eng zusammen.

Das nächste Diagramm zeigt eine zufällige Verteilung der Datenpunkte. Aus einem oder mehreren Werten lassen sich keine Schlüsse auf die Zukunft ableiten. Würfeln, Lotto oder Roulette sind bekannte Vertreter dieser Prozesse. In Bezug auf das Thema *Hoffnung* bzw. Gefahren, die die Hoffnung rauben wollen, sind hier Krankheiten relevant. Das Risiko, beispielsweise an Krebs zu erkranken oder einen Herzinfarkt zu bekommen, ist abhängig von bestimmten Verhaltensweisen: Rauchen, Bewegungsmangel, falsche Ernährung oder Übergewicht sind gut erforschte Risikofaktoren. Trotzdem kann für den einzelnen Menschen letztlich keine Aussage getroffen werden.

---

[12] Dobelli, Rolf (2011): Die Kunst des klaren Denkens; München: Carl Hanser Verlag.

Es geht immer nur um Wahrscheinlichkeiten. Aber neben den Risikofaktoren trifft das auch auf die Heilungschancen einer Therapie zu. Die Hoffnung, nicht zu erkranken oder aber geheilt zu werden, basiert also nicht auf Sicherheiten, sondern auf Wahrscheinlichkeiten. Für eine große Zahl an Individuen lassen sich dadurch Aussagen treffen, der Einzelfall kann aber nicht mit Gewissheit vorausberechnet werden.

Im letzten Diagramm sind zyklische oder periodische Zusammenhänge dargestellt. So etwas ist aus dem Wechsel von Tag und Nacht oder den Jahreszeiten bekannt. Wiederkehrende Zusammenhänge sind auch die später beschriebenen Kondratjew-Zyklen. In Bezug auf die Hoffnung ist es hier wichtig zu sehen, dass gewisse Zusammenhänge oder Verläufe nicht zum ersten Mal geschehen, sondern sich in ähnlicher Weise schon früher ereignet haben. Man kann daraus lernen und die Hoffnung für sinnvolle Entscheidungen schöpfen.

Eine weitere Differenzierung bei Prozessen liegt in reversiblen und irreversiblen Vorgängen. Ohne in die Tiefen der Thermodynamik einzusteigen, kann man für unseren Kontext sagen, dass reversible Prozesse umkehrbar sind und irreversible Prozesse eine Wiederherstellung des ursprünglichen Zustands unmöglich machen. Reversibel ist in vielen Fällen eine leichte Erkrankung oder ein vorübergehender Streit zwischen Menschen. Hier kann oft weitgehende Heilung und Versöhnung eintreten. Selbst Feindschaft zwischen Völkern muss, wie das Beispiel Deutschland und Frankreich beweist, nicht unumkehrbar sein. Krieg kann wieder zu Frieden werden. Gleichzeitig hat ein Krieg immer auch irreversible Folgen: Die Toten auf den Schlachtfeldern werden auch nach einem Friedensschluss nicht wieder lebendig. Irreversibel ist auch das Artensterben, eine der großen Bedrohungen für uns heute. Jede Art, die ausgestorben ist, lässt sich nicht wieder zurückholen, selbst wenn ihre Lebensräume wieder hergestellt werden.

Dieser Ausflug in die Systemtheorie soll während des weiteren Verlaufs dieses Buchs immer wieder Hilfestellung geben, Hoffnung richtig einzuordnen und trügerische Hoffnung zu vermeiden. Es wäre zum Beispiel trügerisch, wenn bei einem statistischen Prozess auf eine linear ansteigende Verbesserung mit absoluter Gewissheit gesetzt wird. Die Wirkung eines Medikaments oder einer Behandlungsmethode ist ein bewährtes Verfahren in der Medizin, das mit hoher Wahrscheinlichkeit, aber nicht mit absoluter Sicherheit zum Erfolg führt. Im Falle einer Krankheit also auf garantierten Erfolg zu hoffen, kann trügerisch sein. Hoffnung ist immer auch realistisch und weiß um die Möglichkeit von Rückschlägen. Deswegen ist es wichtig, sich unterschiedliche Prozesse und Strukturen vor Augen zu führen, um begründet hoffen zu können.

2.7 Zusammenfassung

Hoffen ist nicht primär Gefühl und Empfindung, sondern Tätigkeit. In verschiedenen Bereichen des Lebens können sich Menschen immer wieder entscheiden, die Zukunft aktiv zu gestalten und im Rahmen ihrer Möglichkeiten zu beeinflussen. Dieses Erleben von Selbstwirksamkeit fördert die Resilienz, die Fähigkeit, gut mit Krisen im Leben umzugehen. Hoffnung wurde in der Geschichte nicht immer so positiv gesehen. Insbesondere durch die Erzählungen des Judentums und des Christentums kam dieser positive Blickwinkel in die Welt. Durch die Aufklärung wurde der rationale Fokus gestärkt und die Verantwortung für unsere Welt betont. Der Rückblick auf gut verlaufene Krisen der Vergangenheit kann Mut für die Gegenwart und Zukunft machen und so die Hoffnung verstärken.

Literatur

Coenen, L., et al. (1979). *Theologisches Begriffslexikon zum neuen Testament* (5. Aufl. der Gesamtausgabe). Theologischer Verlag R. Brockhaus

Dietz, Thorsten (2023): Hoffnung; Vortrag am 26. Mai 2023 im Rahmen von Worthaus 11 in Tübingen; https://worthaus.org/mediathek/hoffnung-13-4-1/

Dobelli, R. (2011). *Die Kunst des klaren Denkens*. Hanser.

Haerder, Max (2025): Wie geht's, Deutschland?; Wirtschafts-Woche 01/2025; 04.01.2025; S. 24 – 29; Düsseldorf: Handelsblatt GmbH; https://www.wiwo.de/politik/deutschland/standort-debatte-wie-gehts-deutschland/30149176.html

Krafft, A. M., & Walker, A. M. (2018). *Positive Psychologie der Hoffnung*. Springer.

Merkel, Angela (2004): Integrationsfigur mit Intellekt und Ironie; Pressemitteilung 413/2004 der Konrad-Adenauer-Stiftung; https://www.kas.de/documents/252038/253252/7_dokument_dok_pdf_4469_1.pdf/11bce6cb-9c9f-fe87-b713-1cdcb765bd20.

Merkel, A. (2009). Rede von Bundeskanzlerin Dr. Angela Merkel beim Empfang der Mitglieder des Wissenschaftsrats am 29. Januar 2009 in Berlin; Bulletin 14–2; https://www.bundesregierung.de/breg-de/service/newsletter-und-abos/bulletin/rede-von-bundeskanzlerin-dr-angela-merkel-799382.

Mohr, J., & Schnurr, E.-M. (2019). *Die Gründerzeit*. Deutsche Verlags-Anstalt.

Popper, K. (1980). *Die offene Gesellschaft und ihre Feinde I*. A. Francke Verlag GmbH.

Prechtl, P., et al. (2008). *Metzler Lexikon Philosophie*. Springer.

Schäulble, W. (2015). Politik ist die Lehre vom Möglichen; Frankfurter Allgemeine Zeitung vom 07.04.2015. Frankfurter Allgemeine Zeitung GmbH; https://www.faz.net/aktuell/politik/inland/wolfgang-schaeuble-fuer-die-faz-deutsche-politik-13524130.html?archiv=13ea5.3524130&bamsg=t.

Schäuble, W. (2024). *Erinnerungen – Mein Leben in der Politik*. J. G. Cotta'sche Buchhandlung Nachfolger GmbH.

Strack-Zimmermann, Marie-Agnes (2025): Wir sind noch nicht im Krieg, aber auch nicht mehr im Frieden https://www.strackzimmermann.de/interview-strack-zimmermann-wir-sind-noch-nicht-im-krieg-aber-auch-nicht-mehr-im-frieden abgerufen am 16.02.2025 erschienen bei WirtschaftsWoche online, 03.02.2025 6:06 Uhr https://www.wiwo.de/politik/deutschland/verteidigung-europas-wir-sind-noch-nicht-im-krieg-aber-auch-nicht-mehr-im-frieden/30194604.html.

Thiel, C. (2025). Das solltet ihr über Liebe und Beziehungen wissen; SWR1 Leute Podcast vom 11.04.2025. https://www.ardaudiothek.de/episode/swr1-leute/das-solltet-ihr-ueber-liebe-und-beziehungen-wissen/swr1/14413347/. Zugegriffen: 10. Juni 2025.

Wils, J.-P. (2024). Wie lässt sich neue Hoffnung schöpfen? In: Podcast WDR5 Das philosophische Radio vom 15. Juni 2024. https://wdrmedien-a.akamaihd.net/medp/podcast/weltweit/fsk0/313/3133039/3133039_58760496.mp3. Zugegriffen: 15. März 2025.

3

Historische Gründe für Hoffnung

3.1 Rückschau kann Hoffnung geben

Wir leben in der Gegenwart, im Hier und Heute, und müssen mit den aktuellen Problemen und Gefahren umgehen. Das betrifft sowohl das private Leben als auch die politische und gesellschaftliche Gesamtlage. Dabei liegt es in der Natur der Sache, dass die Zukunft ungewiss und ihr Ausgang nicht bekannt ist. In diesem Kapitel wird anhand von Beispielen aus der Vergangenheit herausgearbeitet, warum man auch hoffnungsvoll in die Zukunft sehen kann. Die Beispiele der Geschichte zeigen dabei, dass Menschen über Ressourcen und Fähigkeiten zur Problemlösung verfügen und dass die vergangenen Probleme eine Ähnlichkeit zu den heutigen Herausforderungen haben. Es lässt sich also – mit einer gewissen Vorsicht – extrapolieren und die Zuversicht gewinnen, dass auch heute, wenn wir als Gesellschaft aktiv und tätig sind, Probleme lösen können. Zu beachten ist dabei die in Kap. 4

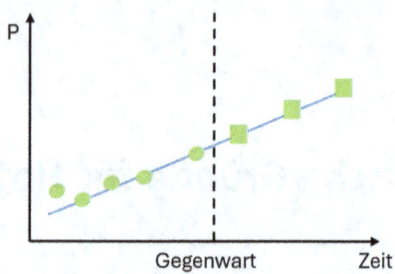

Abb. 3.1 Extrapolation eines Trends in die Zukunft

erläuterte wichtige Abgrenzung zur kontrafaktischen Geschichtsschreibung.

In Abb. 3.1 ist das stark vereinfacht dargestellt: In der linken Hälfte des Diagramms sind Messwerte, Erfahrungen oder Ereignisse der Vergangenheit dargestellt, symbolisiert als runde Punkte. In der Mitte teilt die gestrichelte Linie den zeitlichen Raum durch die Gegenwart in Vergangenheit (links) und Zukunft (rechts) auf. In der Zukunft (rechts) wurde der lineare Trend der Vergangenheit dann extrapoliert und durch die Quadrate symbolisiert.

Ein so einfacher Zusammenhang gilt nur in sehr einfachen Systemen, und es ist völlig klar, dass unser reales Leben ungleich komplexer und komplizierter ist (zur Abgrenzung *kompliziert* und *komplex:* siehe Abschn. 8.3). Trotzdem kann man sich von diesem einfachen Beispiel auch für das Thema Hoffnung inspirieren lassen: Man kann aus dem Blick in die Vergangenheit durchaus Zuversicht gewinnen, dass wir als Individuen und Gesellschaften Probleme verringern oder lösen können. Die heutigen Herausforderungen der Gegenwart sind nicht die ersten Krisen, denen wir und unsere Gesellschaft uns stellen müssen. Es geht sogar so weit, dass manche Krisen der Gegenwart eine gewisse Ähnlichkeit zu den Herausforderungen der Vergangenheit haben. Rechtsradikale Gewalt und eine Migrationskrise gab es auch Anfang der 1990er-Jahre in Deutschland (Abschn. 5.9). Die Angst vor dem Waldsterben in den 1980er-Jahren hatte technisch gesehen zwar andere Hintergründe als die Sorgen vor Klimawandel und Artensterben heute in den 2020er-Jahren. Trotzdem haben sich die Ängste ähnlich angefühlt (Abschn. 6.5). Die Rückschau auf bereits Erreichtes ist keinerlei Garantie, dass wir auch heute in der Lage sein werden, die Probleme zu lösen oder zumindest abzumildern. Wird heute nicht aktiv und tätig an Lösungen gearbeitet, ist Scheitern eine ganz reale Option. Die Rückschau kann aber Hoffnung und Tatkraft wecken, um heute aktiv an der Lösung zu arbeiten. Es geht hier also nicht um eine naive Sichtweise, dass Geschichte sich wiederhole, sondern um das Sichtbarmachen von Ressourcen, die wir uns in der Vergangenheit erarbeitet haben und die im Heute hoffen lassen. Viele Menschen lassen sich ihr Bild der Vergangenheit durch katastrophale Ereignisse prägen, die es natürlich neben den erfolgreichen und guten Momenten auch gegeben hat: der Untergang des Römischen Reichs, die jahrhundertelangen Feindschaften und Kriege zwischen den europäischen Staaten oder die Machtergreifung Hitlers und die Schreckensherrschaft der Nationalsozialisten in Deutschland. All diese fürchterlichen Ereignisse und Entwicklungen gab es und sie haben großes Leid über Menschen gebracht. Den Blick aber ausschließlich auf diese Ereignisse zu richten und sie in den Mittelpunkt des Denkens zu stellen, kann Hoffnung rauben. Neben diesen Katastrophen und Untergängen gab es immer wieder auch die guten und positiven Entwicklungen. Es ist das Anliegen dieses Buchs, den Fokus bewusst auch auf die Stärken und das Gute zu richten, das Menschen auch erreicht haben, ohne dabei aber aus den Augen zu verlieren, dass es auch die anderen Entwicklungen in der Geschichte gab und es unsere Verantwortung im Heute ist, den weiteren Verlauf der Geschichte im privaten Leben und in der Gesellschaft mitzuprägen.

3.2 Hoffnungs-Grund: Wir sind erstaunlicherweise moralisch

Hanno Sauer hat ein lesenswertes Buch mit dem Titel *Moral – Die Erfindung von Gut und Böse*[1] (vgl. 2023) geschrieben, in dem er die historische Entwicklung der menschlichen Moral und Kooperation beschreibt. „Welche Rolle spielen Strafen und Sanktionen zu welcher Zeit der Menschheitsgeschichte?" und „Wie wirken sich die großen Denkschulen der Philosophie oder Volkswirtschaftslehre auf unser Zusammenleben aus?" sind Fragen, denen der Autor nachgeht. Einen der spannendsten Aspekte wirft er aber schon gleich am Anfang des Buchs auf: Er beschäftigt sich mit der Unwahrscheinlichkeit der Kooperation. Am Beispiel des Gefangenendilemmas aus der Spieltheorie, aber auch an Hand von Praxisbeispielen wie dem Nutzen und Schaden von persönlichem Waffenbesitz oder der Frage nach dem Pro und Kontra von Impfungen zeigt er auf, dass in vielen Fällen unseres Zusammenlebens der Nutzen von Kooperation für die Gemeinschaft zwar da ist, für das einzelne Individuum es aber am besten wäre, wenn alle anderen kooperieren und man selbst sich nicht an der Kooperation beteiligt. Der Politikwissenschaftler Herfried Münkler beschreibt in *Die Welt in Aufruhr,* dass die regelbasierte Ordnung einen Hüter braucht und dass die Regelbrecher gewinnen, wenn es diesen Hüter nicht gibt (vgl. 2023, S. 48). Die Kooperativen, die Moralischen und die Altruistischen sind somit im Nachteil und dürften sich

---

[1] Sauer, H. (2023). *Moral*. Piper Verlag GmbH.

eigentlich nie durchgesetzt haben. Es ist erstaunlich und nicht bis ins Letzte erklärbar, warum der Mensch trotzdem ein hochkooperatives Wesen ist, das in der Lage ist, in sehr großen Gruppen zusammenzuleben und zu arbeiten und zu außergewöhnlichen Taten der Nächstenliebe und der Barmherzigkeit fähig ist. Dieser erste und fundamentale Hoffnungs-Grund wird sich als gemeinsame Basis durch die anderen Hoffnungs-Gründe ziehen und bildet so etwas wie eine Grundlage der Hoffnung: Erstaunlicherweise sind wir Menschen zu Kooperation und moralischem Handeln in der Lage und häufig auch willens. Es ist immer eine Frage des Blickwinkels, ob man sich primär von den negativen Meldungen der Tagespolitik oder von einem grundlegend positiven Bild leiten lässt. Viele Menschen lassen sich von schlechten Nachrichten über Nicht-Kooperation prägen, weil diese Nachrichten Entwicklungen und Prozesse beschreiben, die zu katastrophalen Szenarien für unsere Welt führen können: Der Klimawandel und das Artensterben können nur bei geeigneter Kooperation der Menschen überwunden werden. Kriege enden erst, wenn die Kriegsparteien kooperieren und einen Waffenstillstand und Frieden vereinbaren. Nachrichten über die Nicht-Kooperation wühlen auf und nehmen die Hoffnung. Dabei wird leicht übersehen, dass Menschen tagtäglich zu Millionen kooperieren, sich moralisch verhalten und altruistisch sind. In den Städten leben Millionen Menschen zusammen, befolgen dabei die geschriebenen und auch viele unausgesprochene Regeln relativ gut, gehen teilweise über das „Normale" hinaus und helfen uneigennützig. In den Unternehmen basiert ein großer Teil des Erfolges darauf, dass sich Menschen gegenseitig vertrauen und gelernt haben, dass dieses Vertrauen meistens nicht enttäuscht wird. Wir erleben also persönlich jeden Tag, dass Menschen auch moralische Wesen sind. In vielen hochkomplexen Umgebungen sind Menschen in der Lage zu kooperieren. Diese grundsätzliche Fähigkeit kann auch die Zuversicht stärken, dass sich die aktuellen Fälle der offensichtlichen Nicht-Kooperation vielleicht doch noch verbessern lassen. Die Ressourcen wären auf jeden Fall vorhanden.

3.3 Hoffnungs-Grund: Überwindung irrationaler Ängste

Trotz dieser grundsätzlich positiven Ausgangslage gab und gibt es immer wieder dunkle Zeiten, in denen diese optimistische Tatsache kaum wahrnehmbar war bzw. ist. Ängste können jede Hoffnung rauben, und wenn es nicht nur individuelle Ängste einer einzelnen Person, sondern kollektive Ängste einer ganzen Gesellschaft sind, können sie auch das Zusammenleben beeinträchtigen, starke Auswirkungen auf Gesellschaften haben und Schicksale von Menschen prägen. Sie können lähmen oder aber in verzweifelte Handlungen führen. Eine solche Angst erlebten die Menschen in Europa und insbesondere in Deutschland in den Jahren 1550 bis 1650. Die Menschen erlebten aufgrund schlechter Witterung, Krieg und anderer Ursachen Hunger, Krankheit und Not. In diesem Umfeld gedieh die Angst vor Hexen, die Unglück über Nachbarn, Freunde und Familien brächten. Die australische Historikerin Lyndal Roper beschreibt in ihrem Buch *Hexenwahn* eindrücklich, wie diese Ängste um sich griffen und zur fürchterlichen Verfolgung und Ermordung von rund 50.000 Menschen, vorwiegend Frauen und auch einigen Männern, in Europa führten: „Obwohl der Hexenwahn eine europaweite Erscheinung war, konnte er nur um sich greifen, weil Menschen zu der Überzeugung gelangten, die apokalyptische Schlacht zwischen Gott und Satan, Mensch und Teufel finde mitten in ihrem Dorf statt, und weil sie glaubten, Hexen tanzten in den Wäldern, in denen sie ihr Feuerholz auflasen, kämen auf Bergkuppen zum Hexensabbat zusammen oder versammelten sich auf den Straßen ihrer Stadt"[2] (Roper, 2007, S. 37). Erst im Laufe der Jahre und Jahrzehnte ebbten diese Wahnvorstellung und tiefgehende Angst und das daraus resultierende schreckliche Unrecht ab. „Viele Gründe trugen dazu bei, dass der Hexenwahn schließlich endete. Die Menschen begannen, an Geständnissen zu zweifeln, die unter fortwährender Folter zustande gekommen waren, und sie waren entsetzt über die Mittel, die Henker und Richter anwendeten, um die Beschuldigten zum Geständnis zu bringen. Neue wissenschaftliche und vernünftig begründete Vorstellungen begannen, den Glauben an die Obrigkeit und die Offenbarung zu untergraben, und säten Zweifel an magischen und übernatürlichen Erscheinungen, obwohl immer noch Anstrengungen unternommen wurden, Geister und Dämonen mit der neuen Philosophie zu vereinbaren" (Roper, 2007, S. 27).

Obwohl irrational und im Rückblick völlig falsch, hatten diese Ängste vor Hexen doch das Leben vieler Menschen geprägt. Zum einen haben sie das Leben der unschuldig Angeklagten und Verurteilten zerstört, zum anderen haben diese Ängste aber auch weite Teile der Bevölkerung in reale Angst gestürzt und auch ihr Leben negativ beeinflusst. Heute schauen wir mit einem leichten Gruseln, aber doch aus der sicheren Distanz – zumindest in Europa – auf diese Zeit zurück. Dass wir zurückblicken können, ist somit auch ein Hoffnungs-Grund: Nach langen dunklen Jahren ist es den Menschen gelungen, diese Wahnvorstellung und brutale Handlungsstruktur zu überwinden. In Abb. 3.2 ist diese Entwicklung vereinfacht

---

[2] Roper, L. (2007). *Hexenwahn*. C. H. Beck.

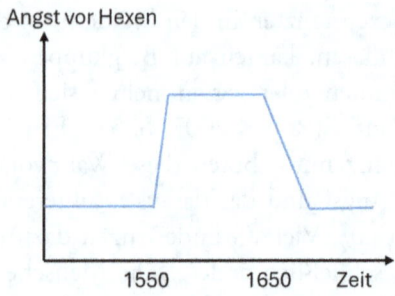

Abb. 3.2 Historische Entwicklung der Angst vor Hexen (vereinfachte Darstellung)

grafisch dargestellt: Nach einem steilen Anstieg der Angst vor Hexen um das Jahr 1550 behielt der Hexenwahn für etliche Jahrzehnte seinen schrecklichen Einfluss auf die Menschen, bis er dann, rund 100 Jahre nach seinem Entstehen, schrittweise abebbte. Dieses Muster kann uns auch heute Mut machen: Wir sind als Menschen nicht darin gefangen, dieselben Fehler immer und immer wieder zu begehen, sondern wir können uns weiterentwickeln, aus der Vergangenheit lernen und Fehler überwinden. Es gibt nicht nur die Ungerechtigkeiten und die Brutalität der Gegenwart, sondern es gibt auch eine Vielzahl von überwundenen Fehlern. Viele der Themen, die Menschen heute im 21. Jahrhundert beunruhigen und die Hoffnung rauben wollen, sind nicht irrational, sondern wirklich. Klimawandel, Artensterben, eine überbordende Bürokratie, die die Wirtschaft lähmt, Kriege oder Angriffe auf die Demokratie sind Wirklichkeit und nicht nur eingebildet, wie die Angst, dass eine Nachbarin eine Hexe sei und das Vieh verhexe. Trotzdem gibt es auch heute Ängste und Sorgen, die die Zuversicht und vielleicht auch den Schlaf rauben, die nicht primär naturwissenschaftlich begründet und statistisch belegt sind. Teilweise fällt es auch schwer abzuschätzen, wie sich die Ursachen der Ängste in der Zukunft entwickeln werden. Gerade in der Technikfolgenabschätzung, wenn noch nicht viel über innovative Technologien bekannt ist, ist es nicht möglich, schon fundierte Aussagen zu machen. Trotzdem und vielleicht auch gerade deswegen machen sich schon die Ängste breit: Wie werden sich KI, Quantencomputer oder Gentechnologie auf uns in der Zukunft auswirken? Manches wird sich als eine reale Gefahr herausstellen und muss durch kluge Regeln und Gesetze in einen guten Rahmen eingebunden werden. Manche Ängste werden sich aber auch als irrational und falsch erweisen. Da tut es gut, zu sehen, dass auch in der Vergangenheit solche irrationalen Ängste von den Menschen überwunden wurden. Auch wenn es wie im Fall der Hexenverfolgungen erschreckend lange gedauert hat. Genauso können im individuellen Leben irrationale Ängste auftreten, wenn sich Menschen negative Szenarien der Zukunft ausmalen und katastrophisieren (siehe dazu auch Abschn. 8.4 und 8.9). Das Gedankenkarussell im Kopf kann insbesondere in schlaflosen Nächten potenzielle Schrecken in den Gedanken maximieren. Auch hier kann es die Zuversicht stärken, sich bewusst zu machen, dass Menschen auch früher Ängste hatten und diese überwinden konnten.

Bestimmte Formen der Angst können einen Gegensatz zum Begriff *Hoffnung* bilden. Grundsätzlich sind Ängste sehr vielschichtig und können eine große Zahl unterschiedlicher Ursachen und Ausprägungen aufweisen. Wenn es aber um Zukunftsängste geht, um Ängste bezüglich der eigenen Fähigkeit, Dinge zum Guten zu beeinflussen und das Morgen zu gestalten, kann *Angst* ein Gegenpol zu *Hoffnung* sein und schließlich bis in die Verzweiflung übergehen. Frank Biess hat in seinem Buch *Republik der Angst – eine andere Geschichte der Bundesrepublik Deutschland* (vgl. 2019) seinen Fokus auf die Nachkriegszeit in

Deutschland unter dem Blickwinkel der vorherrschenden Ängste gelegt. Nicht Politiker, ihre Reden und Entscheidungen oder geopolitische Konflikte stehen in dieser Geschichte Westdeutschlands im Mittelpunkt. Vielmehr geht es in diesem Buch um die Ängste der Deutschen und deren zeitliche Veränderungen. Die Retrospektive ist interessant, weil sich hier erkennen lässt, welche Ängste begründet waren und welche Ängste eher einem kollektiven Irrationalismus entsprungen sind. Ein interessantes Beispiel dafür ist die große Angst in den ersten Nachkriegsjahren, dass junge deutsche Männer für und in die französische Fremdenlegion entführt und zwangsverpflichtet würden. Biess zeigt auf, dass diese Angst vor der Zwangsrekrutierung in eine fremde Armee auch eng mit der Angst vor Homosexualität verknüpft war. Beides ist heute, 2025, in Deutschland anders: Wir leben in einem liberaleren Land, die Ängste haben sich gewandelt. Wieder erscheint mir hier der Blick in die Vergangenheit aber wichtig: Weder die Fremdenlegion noch die Homosexualität haben Deutschland geschadet. Vieles, was Menschen Angst gemacht und Hoffnung genommen hat, war im Wesentlichen eine Frage der Einstellung, der Interpretation und der Sichtweise. Das wiederum eröffnet auch im Heute die Möglichkeit, genau hinzuschauen: Wo gibt es Ängste, die unsere Hoffnung einengen oder nehmen können und die keine reale Gefahr sind? Bei diesen Ängsten lohnt es sich, daran zu arbeiten, sie anders einzuordnen. Vielleicht werden sie nicht völlig vergehen. Vielleicht bleibt ein gewisses Unbehagen. Es lohnt sich aber sicher, die Ängste so rational wie möglich zu betrachten und zu bewerten. Wenn sie nur als dumpfes Gefühl im Bauch sitzen und unser Kopfkino bestimmen, sind sie meistens nicht besonders hilfreich, sondern nehmen die Hoffnung und den Mut zur Tat. Wenn sie sich bei rationaler Betrachtung aber als nicht wirklich bedrohlich herausstellen, kann man sich ihnen schrittweise nähern und sie durch Nachdenken, Bewerten und gute therapeutische Schritte eingrenzen.

3.4 Hoffnungs-Grund: Abschaffung der Sklaverei

Menschen zu versklaven, als eigenen Besitz zu betrachten und auszubeuten, durchzieht die Menschheitsgeschichte seit Jahrtausenden und ist in nahezu allen Kulturen und Regionen zu finden. Obwohl diese schlimmste persönliche Unfreiheit das Leben von Millionen Menschen entsetzlich geprägt hat, wurde die Sklaverei über Jahrtausende hinweg als „normal" und „richtig" angesehen. Sie prägte die Gesellschaften. Erst spät, im 18. und 19. Jahrhundert, begann ein konsequentes Hinterfragen der Rechtmäßigkeit der Versklavung von Menschen. Erste Anfänge dieser *Abolitionismus* genannten Bewegung entstanden schon im 17. Jahrhundert in den neuen Siedlungen der heutigen USA. Egon Flaig schreibt: „Die Träger dieses Kampfes sind nicht in der aufklärerischen Philosophie zu suchen, man wird fündig im geistigen Raum protestantischer Minoritäten. In den englischen Kolonien Nordamerikas gedieh eine Vielfalt evangelikaler Sekten; keine kirchliche Hierarchie verhinderte hier antisklavistische Propaganda"[3] (Flaig, 2018, S. 199 f.). Er beschreibt dann detailliert weiter, wie der Kampf um die Abschaffung der Sklaverei in kleinen Schritten fortschritt: Es gab sowohl in Europa als auch in Amerika große Diskrepanzen zwischen Befürwortern und Gegnern der Sklaverei. Im Jahr 1833 beschloss das Parlament in England, die Sklaverei im gesamten Empire abzuschaffen. In den USA gab es wegen dieser Frage

---

[3] Flaig, E. (2018). *Weltgeschichte der Sklaverei*. C. H. Beck oHG.

zunehmende Spannungen zwischen den Nord- und den Südstaaten. „Das Oberste Gericht gab dabei regelmäßig den Einzelstaaten Recht gegen die Legislative des Bundes" (Flaig, 2018, S. 209 f.) und bremste so die Abschaffung der Sklaverei. Im April 1861 begann der Amerikanische Bürgerkrieg, der wesentliche Hintergrund dieser blutigen Auseinandersetzung war genau diese Frage um die Rechtmäßigkeit der Versklavung. Abraham Lincoln erklärte 1863 schließlich die Befreiung aller Sklaven. In oft erschreckend kleinen und langsamen Schritten hat sich die Welt so immer mehr dahin verändert, dass Sklaverei zumindest offiziell verboten ist. Trotzdem werden auch heute noch in vielen Regionen der Welt, auch und gerade in den USA, Menschen aufgrund ihrer Hautfarbe oder Herkunft diskriminiert. In erschreckend vielen Fällen wird auch noch Sklaverei praktiziert. Nichtregierungsorganisationen (NGOs) wie die International Justice Mission (IJM) arbeiten heute mit juristischen Mitteln, um geltendes Recht vor Ort durchzusetzen und Menschen auch heute aus Versklavung zu befreien.

Ist das jetzt ein Hoffnungs-Grund? Ist das nicht vielmehr ein Grund, die Hoffnung zu verlieren? Über so viele Jahrtausende war Sklaverei „normal", und auch Jahrhunderte, nachdem ihr Unrecht erkannt wurde, sind heute immer noch nicht alle Menschen frei und gleich. Ja, so kann man es sicher sehen. Es gibt aber auch das Hoffnungsvolle in dieser Entwicklung: Das, was Jahrtausende „normal" und „richtig" war, muss nicht so bleiben. Engagierte Menschen können einen Unterschied machen. Es ist nicht egal, ob jemand im 20. oder 21. Jahrhundert geboren ist oder in den dunkeln Zeiten vor dem Abolitionismus. Es sind nur kleine Schritte, in denen sich die Situation verbessert hat. Sie sind nicht vollständig und es gab Rückschritte. Noch heute müssen Juristen darum kämpfen, Recht durchzusetzen und Gewalt einzugrenzen.

Aber es geschieht. Es ist möglich. Auf der Webseite von IJM Deutschland sind Geschichten vorgestellt, die Mut machen (https://ijm-deutschland.de/). Vielfach ist das so: Es geht um Verbesserungen, um einzelne Schritte, weil die perfekte Lösung oft (noch) nicht umsetzbar ist. Hoffnung bedeutet aber auch, diese einzelnen Schritte der Lösung eines Problems wahrzunehmen. Jede Verbesserung hat für Menschen Auswirkungen. Jede Veränderung zum Guten hin macht das Leben von Menschen besser – auch wenn es noch nicht ideal ist, auch wenn es lange dauert. Trotzdem wäre es entsetzlich gewesen, wenn die Menschen im 17. und 18. Jahrhundert den Kampf gegen die Sklaverei aufgegeben hätten, weil sie das Ziel nicht schnell erreichen konnten. Das Elend wäre unverändert weitergegangen. Jedes einzelne Schicksal, das durch diese Veränderung verbessert wurde, und jeder einzelne Mensch, der nie versklavt wurde, machen Hoffnung. Dieser Zusammenhang ist in Abb. 3.3 vereinfacht dargestellt.

Sklaverei gab es schon seit Jahrtausenden. Michael Zeuske geht in seinem Buch *Sklaverei – Eine Menschheitsgeschichte von der Steinzeit bis heute* davon aus, dass möglicherweise schon die Cro-Magnon-Menschen um 18.000 v. u. Z. Sklaven hielten. Auf jeden Fall entstand die

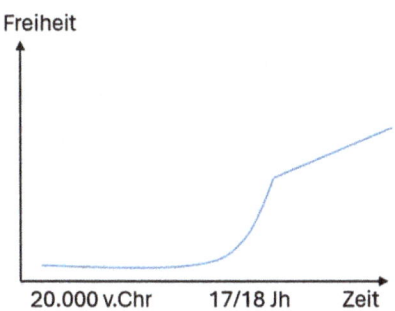

Abb. 3.3 Historische Entwicklung von Sklaverei und Freiheit (vereinfachte Darstellung)

Sklaverei aber mit der Landwirtschaft vor rund 10.000 Jahren und blieb dann in den meisten Kulturen, Religionen und Regionen bis zum Abolitionismus im 17./18. Jahrhundert (vgl. Zeuske, 2018, S. 41 ff.). Dann begann in England und den amerikanischen Kolonien das Hinterfragen der Sklaverei und – weltgeschichtlich gesehen relativ schnell – ihre Ächtung. Bis heute ist die Freiheit aber nicht für alle Menschen gegeben, und es bedarf laufender Verbesserungen und Engagement, um weiter Menschen in Freiheit zu bringen. Die Dynamik der Freiheit ist also unterschiedlich. Eine grafische Darstellung wie in Abb. 3.3 ist stark vereinfachend. Es hilft aber, sich auch in der persönlichen Hoffnung immer wieder Gedanken über einen möglichen Verlauf des Erhofften zu machen: Ist es vorstellbar, dass eine vollständige Erfüllung der Hoffnung eintreten kann? Wie schnell kann das geschehen? Gibt es unterschiedliche Abschnitte? Anders als naturwissenschaftliche Zusammenhänge ist so etwas im „echten Leben" nie exakt. Das Nachdenken über diese Zusammenhänge kann aber vor Enttäuschungen bewahren.

3.5 Hoffnungs-Grund: Hunger in Deutschland

Am 21. März 1946 schrieb Gerd Bucerius in der Wochenzeitung DIE ZEIT im Artikel „Plan Murmeltier" über die Zeit nach dem 2. Weltkrieg: „Jetzt müssen wir mit Erschrecken sehen, daß die aufgewühlten Gewalten noch keineswegs beruhigt sind. Wetterkatastrophen, die trotz ihrer Ausmaße früher nur zu einer mäßigen Steigerung der internationalen Getreidepreise geführt hätten, bedrohen heute das Leben von Millionen. Indien, dicht bevölkert, war immer ein Sorgenkind. Deutschland ohne Außenhandel und ohne Handelsflotte leidet besonders unter der Abtretung des landwirtschaftlichen Ostens, wo uns zugleich mit dem Siedlungsgebiet für acht Millionen erhebliche Überschüsse an Kartoffeln und Getreide für die verbliebenen deutschen Gebiete verlorengegangen sind"[4] (Bucerius, 1946, S. 1). Die Hungerwinter im Nachkriegsdeutschland sind den später Geborenen nur noch aus Erzählungen bekannt. Ich habe aber noch gut im Ohr, wie meine Oma davon erzählte und von ihren Sorgen, meine Mutter und meine beiden Onkel in diesem Winter ernähren zu können. Nun sind heute in der Landwirtschaft in Deutschland sicher nicht alle Probleme gelöst. Es gibt Diskussionen um Bio- versus traditionelle Landwirtschaft, um Subventionen oder Natur- und Tierschutz. Auch der Hunger ist weltweit immer noch eine tägliche Not für Millionen Menschen, die keinen Zugang zu sauberem Wasser und ausreichender Ernährung haben, genauso wie Armut in Deutschland auch heute viele Menschen betrifft. Dieser Hoffnung s-Grund „Hunger in Deutschland" ist aber ein gutes Beispiel für ganz reale Nöte und Gefahren, die zumindest lokal verbessert wurden, wenn sie auch nicht global gelöst sind. Ernährung und die Erzeugung von Nahrungsmitteln ist auch in Deutschland noch ein Thema. In vielen Ländern dieser Erde ist Hunger tägliche und tödliche Realität. Auch die Frage nach der Rolle von konventioneller Landwirtschaft und Bioproduktion bleibt ein Spannungsfeld, ebenso wie Naturschutz, artgerechte Tierhaltung und andere Herausforderungen. Und doch, bei allem, was noch nicht gut ist, wo noch Arbeit vor uns liegt – ich bin dankbar, selbst nie Hunger wie meine

---

[4] Bucerius, G. (1946). Plan Murmeltier; „DIE ZEIT" Nr. 5 / 1. Jahrgang vom 21. März 1946, S. 1. Zeitverlag Gerd Bucerius GmbH & Co. KG. https://www.zeit.de/1946/05/plan-murmeltier.

Großeltern in und nach dem Krieg erlebt zu haben. Es macht Hoffnung, dass zumindest eine lokale Verbesserung erreicht wurde. Es macht Hoffnung, das so selbst erlebt zu haben und aufgrund vieler Verbesserungen, viel Engagement von Landwirten, Politikern und anderen über die Jahrzehnte hinweg selbst *keinen* Hunger gehabt zu haben. Auch wenn immer noch Aufgaben in diesem Gebiet offen sind, es ist einiges erreicht, und das sollte ermutigen, auch die heutigen Aufgaben und Probleme wiederum anzugehen.

3.6 Hoffnungs-Grund: Wiederaufbau in Deutschland nach dem 2. Weltkrieg

Unmittelbare Not und Hungerwinter prägen das Ende des 2. Weltkriegs in Deutschland und die ersten Jahre nach Kriegsende. Neben der Sorge um die Ernährungslage ging es auch um den Wiederaufbau des zerstörten Landes. Städte lagen in Schutt und Asche und die Menschen hatten unbeschreibliches Elend im Krieg erlebt. Viele hatten sich mitschuldig an den Verbrechen der Nationalsozialisten gemacht. Trotzdem erstarrte das Land nicht in Resignation, sondern begann zu hoffen, tätig zu hoffen: Schuttberge wurden weggeräumt und Neues aufgebaut. Ernst Samhaber, der erste Chefredakteur der ZEIT, schreibt am 2. Mai 1946 in der Wochenzeitung DIE ZEIT auf der Titelseite den langen Artikel „Erwachen aus dem Chaos". Darin beschreibt er das unsägliche Leid, insbesondere in den letzten Kriegsmonaten, Zerstörung und Not seit dem Ende des Kriegs. Neben dem äußeren Mangel an Nahrung, Werkzeugen und Wohnraum thematisiert er auch die innere Leere nach dem Zusammenbruch der

Naziherrschaft: „Zwölf Jahre hat uns dieser Mut gefehlt, die ‚Zivilcourage', wie Bismarck es genannt hat. Unverständlich für den Außenstehenden ist dieser Gegensatz zwischen Heldentum auf dem Schlachtfeld und der verantwortungslosen Unterwerfung unter eine Autorität, die auf äußeren Gegebenheiten, nicht auf inneren Werten beruht. Auf Befehl zu gehorchen, waren wir erzogen, nicht aus Verantwortung heraus das Rechte, das Unabdingliche zu tun. Wenn in den kritischen Tagen Anfang Mai endlich Schluß gemacht wurde, so war das nur zum Teil Einsicht und mutiger Entschluß, allen äußeren Widerständen zum Trotz der Stimme des Gewissens zu folgen. Entscheidend war die Tatsache, daß alles zu Ende war, daß der letzte Widerstand sinnlos verpuffte, daß nur noch schlecht ausgerüstete Knaben und Greise einige Schüsse aus irgendeinem Gewehr abgaben, das kaum mehr gebrauchsfähig war, um sich dann weiter nach rückwärts abzusetzen"[5] (Samhaber, 1946, S. 1). Nach dieser Beschreibung des Zusammenbruchs und des Endes des Krieges beschreibt Samhaber in dem Artikel weiter: „Aus dem Dunkel der Nacht, aus den Kellern und Bunkern sind wir herausgestiegen ans Licht, aus dem Nichts haben wir einen Anfang versucht. Wie wenig haben wir geschafft, wenn wir von dem ausgehen, was noch zu leisten ist, und dennoch wieviel, wenn wir zum Maßstab das nehmen, womit wir anfangen mußten. Wie eine stumme und doch unendlich beredte Anklage liegen die Trümmer unserer Städte vor uns. Aber wo sind die Menschen, kräftig und gut genährt, die aufbauen könnten? Wo die Werkzeuge, um zu schaffen? Wir wollen nicht von den Maschinen sprechen, den Baggern und

---

[5] Samhaber, E. (1946). Erwachen aus dem Chaos; „DIE ZEIT" Nr. 11 / 1. Jahrgang vom 2. Mai 1946, Seite 1; Hamburg: Zeitverlag Gerd Bucerius GmbH & Co. KG. https://www.zeit.de/1946/11/erwachen-aus-dem-chaos.

Lastkraftwagen. Uns fehlen selbst die Spaten und Picken. Wo sind die Rohstoffe zum Aufbau? Wir wollen nicht wieder von den hochwertigen Metallen sprechen, sondern von der Kohle, an denen der deutsche Boden so reich ist und die uns wegen der Zerstörungen in ganz Europa fehlen müssen." Und er kommt dann schließlich zur zentralen Frage: „Dürfen wir hoffen? Dürfen wir unserer Kraft vertrauen? Nur wer im innersten Herzen vom unendlichen Glauben an geistige und sittliche Werte erfüllt ist, wird diese Frage bejahen können."

Wenn man auf die Jahrzehnte der Nachkriegszeit aus dem Heute zurückblickt, waren da natürlich viele Krisen und viele Herausforderungen. Aber sowohl materiell als auch vom Wertegerüst her hat sich Deutschland zu einem wichtigen und stabilen Teil Europas entwickelt. Aus den Trümmern des Krieges entstand das Wirtschaftswunder. Und ja, genau wenn diese Zeilen entstehen, befindet sich Deutschland wieder in einer Wirtschaftskrise und einem Strukturwandel. Automobil-, Stahl- und Chemieindustrie sind von kaum gekannten Herausforderungen betroffen. Aber verglichen mit 1946, als der obige Artikel geschrieben wurde, ist unsere Situation stark und wir können gestalten. Und ja, mit der Alternative für Deutschland (AfD) und dem Bündnis Sahra Wagenknecht (BSW) sind an den Rändern des politischen Spektrums radikale Parteien entstanden, die die Demokratie herausfordern und bedrohen. Aber verglichen mit der Situation unter der Naziherrschaft ist es gut, dass Menschen aufstehen und für die Demokratie und Menschenrechte demonstrieren und ihre Stimme erheben. Es ist nicht alles gut heute. Es gibt Probleme und Herausforderungen. Aber ein guter Teil der Hoffnung, die Ernst Samhaber (1946) ganz vorsichtig und noch mit vielen Fragezeichen geäußert hat, hat sich erfüllt und wir leben heute in einem viel besseren Land und Umfeld als in den 40er-Jahren des 20. Jahrhunderts. Das lässt die Probleme heute auf einmal auch lösbarer aussehen. Der Rückblick auf den Wiederaufbau nach dem 2. Weltkrieg und die damals geleistete Anstrengung lässt auch die Frage nach der zerbröckelnden Infrastruktur in Deutschland in einem anderen Licht erscheinen: Ja, viele Brücken müssen dringend saniert werden. Ja, das Netz der Bahn ist in die Jahre gekommen und vielfach marode. Und ja, die Bundeswehr wurde in den vergangenen 30 Jahren kaputtgespart. Das ist alles richtig. Aber was würden wohl die Frauen und Männer sagen, die Ernst Samhaber (1946) vor Augen hatte, wenn sie uns heute sähen? Was würden sie von den Trümmerbergen, von den gesprengten Brücken und zerbombten Bahnlinien erzählen, wenn sie Deutschland heute reden und handeln (oder auch nicht handeln) sähen und hörten?

3.7 Hoffnungs-Grund: Wir haben den Kalten Krieg überlebt

Ein weiterer Hoffnungs-Grund ist der Kalte Krieg, den die Menschheit überlebt hat. Schon am 19. Juni 1947 titelt DIE ZEIT mit dem Artikel „Krieg – oder nicht"[6] von Richard Tüngel, in dem er warnt: „Gibt es Krieg, oder kann er vermieden werden? Das ist eine Frage, die heute viele Menschen sich täglich stellen. Wir wollen nicht verhehlen, daß die Zahl derer erheblich ist, welche glauben, daß nur ein Krieg die heute bestehenden Spannungen in der Welt beseitigen könne. Die politische Hysterie ist überall groß, und es ist bezeichnend, daß bedeutende Staatsmänner wie Bevin oder der amerikanische Hauptdelegierte bei

---

[6]Tüngel, R. (1947). Krieg – oder nicht?; „DIE ZEIT" Nr. 25 / 2. Jahrgang vom 19. Juni 1947, Seite 1; Hamburg: Zeitverlag Gerd Bucerius GmbH & Co. KG. https://www.zeit.de/1947/25/krieg-oder-nicht.

der UNO, Warren Austin, es für nötig gehalten haben, öffentlich vor der Behauptung zu warnen, daß ein dritter Weltkrieg unvermeidlich sei" (Tüngel, 1947, S. 1). Dabei handelt es sich nicht um einen isolierten Text: Am 2. März 1950 mahnt Richard Tüngel im Artikel „Krieg und Kriegsgeschrei"[7]: „Es geht wieder eine Welle der Kriegsfurcht durch die Welt. Ursache ist die Besorgnis, es müßten sich zwangsläufig die Spannungen des Kalten Krieges in einem militärischen Zusammenstoß entladen. [...] Welche Absichten oder welche Ereignisse könnten überhaupt zu einem solchen neuen Weltkrieg führen? Bewußte Angriffslust aus ideologischen oder imperialistischen Motiven könnte jederzeit einen Konflikt vom Zaune brechen. Angst vor einer wachsenden Stärke des Gegners, dem man eine nicht einzudämmende zukünftige Angriffslust zutraut, könnte eine der großen Mächte zu einem Präventivkrieg verführen. Und endlich ist es auch denkbar, daß irgendeine der am Konflikt beteiligten Regierungen bei irgendeiner Gelegenheit die Nerven verliert oder den Widerstandswillen des Gegners an einer bestimmten Stelle unterschätzt, woraus ein Zwischenfall entstehen müßte, der so unfehlbar zum Kriege führt, wie seinerzeit die Ermordung des österreichischen Thronfolgers: man sollte nicht übersehen, daß Prestige und Empfindlichkeit auch in der großen Politik heute immer noch einer Rolle spielen" (Tüngel 1950a, S. 1).

Ich selbst bin 1972 geboren, also in der zweiten Hälfte des Kalten Kriegs aufgewachsen. Heute ist immer wieder zu lesen, dass die Zeit der Blockbildung zwischen Ost und West, zwischen der Sowjetunion und dem Warschauer

---

[7]Tüngel, R. (1950a). Krieg und Kriegsgeschrei; „DIE ZEIT" Nr. 9 / 5. Jahrgang vom 2. März 1950, Seite 1; Hamburg: Zeitverlag Gerd Bucerius GmbH & Co. KG. https://www.zeit.de/1950/09/krieg-und-kriegsgeschrei.

Pakt auf der einen Seite und USA und die North Atlantic Treaty Organization (NATO) auf der anderen Seite so viel einfacher und letztlich sicherer als unsere multipolare und unübersichtliche Welt heute gewesen sei. Jeder verantwortliche Politiker sei sich bewusst gewesen, dass eine Eskalation zur vollständigen nuklearen Vernichtung unserer Welt geführt hätte. Heute sei das mit den vielen unübersichtlichen Konfliktlinien anders und gefährlicher. Das mag durchaus so sein. Das aber immer wieder zu lesen und zu hören, kann zur Einschätzung führen, dass früher alles einfach war und heute ist es schwer. Das nimmt natürlich Hoffnung und Zuversicht und bewirkt, dass viele Menschen heute die Zukunft düster sehen. Wenn ich mich an die 1980er-Jahre zurückerinnere, war das aber anders. Wir haben als Schüler durchaus mit einiger Sorge auf die Bedrohungen geschaut. Damals wusste niemand, dass 1989 der Eiserne Vorhang fallen würde und sich Jahre der Entspannung und Abrüstung anschließen würden. Ich weiß noch gut, wie ich im Alter von vielleicht zehn oder zwölf Jahren bei uns im Garten stand, in den Himmel geschaut und mich gefragt habe, ob ich anfliegende Atomraketen wohl, wie die Flugzeuge am Himmel, vor dem Einschlag sehen würde oder ob sie so klein sind, dass man sie nicht erkennen kann. Genau wie heute standen wir auch damals in der damaligen Gegenwart an der Grenze zur Zukunft. Die Zeit ist ein gleichmäßig dahinfließender Parameter, der ständig die Gegenwart in Vergangenheit umwandelt und Scheibe für Scheibe aus der Zukunft abschneidet um – mit dem kurzen Schritt durch die Gegenwart – immer weiter Vergangenheit aufzuhäufen (alle Physiker mögen mir diese Beschreibung verzeihen). Wir können nur in der jeweiligen Gegenwart leben, fühlen und handeln und in die Vergangenheit zurückschauen. Die Zukunft liegt naturgemäß im Nebel und selbst das Zurückschauen in die Vergangenheit ist mit Vorsicht zu genießen: Erinnerungen spielen Menschen regelmäßig einen Streich, und das Gehirn schafft sich seine eigene individuelle Vergangenheit, in der sich Realität und Wunsch vermischen (vgl. Fayner, 2022, S. 12–16). Wir standen also auch in den 1980er-Jahren als Schüler in der damaligen Gegenwart, wussten noch nichts von 1989 und davon, wie andere ein paar Jahrzehnte später diese Zeit als halbwegs sicher einstufen würden. Wir hatten damals unsere eigenen 80er-Jahre-Gegenwartsängste. Wenn diese Ängste damals real waren, dann ist auch der Hoffnungs-Grund real. Es war wie ein Wunder, wie ein Traum, als während des Sommers 1989 immer mehr Menschen aus der DDR über Ungarn und Österreich in die Bundesrepublik Deutschland gekommen sind. Ich bin im Großraum Passau an der Grenze zu Österreich aufgewachsen, und es wurde in diesen Wochen nahezu täglich in den Nachrichten und in der Lokalzeitung davon berichtet, wie viele Menschen wieder in der BRD in den Auffanglagern angekommen waren. Es lag eine große Hoffnung in der Luft, und man konnte spüren, dass da etwas Großes geschieht. Da waren natürlich auch die Fragen, ob Gorbatschow und die Sowjetunion dabei zuschauen würden und wie das Ganze ausgehen würde. Heute können wir in Dankbarkeit zurückschauen, wie gut und menschenfreundlich der Fall des Eisernen Vorgangs vonstattengegangen ist. Die Sorgen und Ängste der 1980er-Jahre haben sich nicht manifestiert. Die Krisensituationen des Kalten Kriegs, zum Beispiel die Kubakrise im Oktober 1962 oder das NATO-Manöver Able Archer vom 7. bis 11. November 1983, das im Ostblock fast als Vorbereitung zum Angriff auf den Warschauer Pakt missverstanden wurde, haben nicht zum Atomkrieg geführt. Das NATO-Manöver Able Archer 1983 war eine groß angelegte, realistisch gestaltete Übung, die den Ablauf eines Atomkriegs simulierte. Diese Übung war außergewöhnlich detailliert, einschließlich verschlüsselter Kommunikationskanäle mit neuen technischen Verschlüsselungsmethoden und realitätsnaher Kriegsszenarien, was sie von früheren Manövern unterschied. Für den Warschauer Pakt, insbesondere die Sowjetunion, wirkte Able Archer verdächtig, da sie befürchteten, es könne ein Deckmantel für einen tatsächlichen Erstschlag der NATO sein.

Der Kontext des Kalten Krieges war entscheidend: Die Spannungen zwischen Ost und West hatten durch die Stationierung von SS-20 Mittelstreckenraketen in Europa und die harte Rhetorik von US-Präsident Ronald Reagan („Reich des Bösen") einen Höhepunkt erreicht. Die Sowjets hatten zudem durch das Komitee-für-Staatssicherheits-Programm (KGB-Programm) „RYaN" (Raketno Yadernoye Napadenie, dt. nuklearer Raketenangriff) Informationen gesammelt, um Anzeichen eines bevorstehenden westlichen Angriffs zu erkennen. Als die NATO in der Übung atomare Eskalationsstufen simulierte, schien für einige Führer im Ostblock der „Tag X" gekommen zu sein.

Besonders beunruhigend war die Tatsache, dass die Sowjetunion ihre strategischen Nuklearstreitkräfte in erhöhte Alarmbereitschaft versetzte. In Ostdeutschland und Polen wurden Luftstreitkräfte mobilisiert und in der Sowjetunion wurden Interkontinentalraketen vorbereitet. Die Lage war so angespannt, dass ein einziger Fehlalarm oder Missverständnis möglicherweise einen tatsächlichen nuklearen Konflikt hätte auslösen können.

Während des Manövers erkannte die NATO nicht die volle Tragweite der sowjetischen Befürchtungen, was die Eskalationsgefahr weiter erhöhte. Trotzdem endete Able Archer glücklicherweise ohne Zwischenfälle. Erst Jahre später wurde durch freigegebene Dokumente klar, wie nah die Welt 1983 an einem unbeabsichtigten Atomkrieg war. Able Archer gilt heute als eine der gefährlichsten Episoden des Kalten Krieges, ein mahnendes Beispiel für die Risiken von Fehleinschätzungen und Eskalation in angespannten geopolitischen Zeiten.

Die Ängste der Friedensbewegung in den 1980er-Jahren, die einen realen Hintergrund hatten, haben sich in der Realität nicht verwirklicht. All das hätte auch anders ausgehen können. Eine alternative Geschichte wäre möglich gewesen. Aber es macht Hoffnung, dass sich nicht alles zum Schlimmsten entwickelte, dass die Geschichte nicht den maximal dramatischen und fatalen Verlauf nahm. Somit zeigt dieser Blick zurück einen guten Grund zu hoffen. Dass die Dinge nicht den maximal schlimmsten Verlauf nahmen, war aber kein blinder Zufall oder Versagen der Technik: Aller Wahrscheinlichkeit nach hätten die Bomben und Raketen zumindest zum großen Teil funktioniert und die Auslöschung der Zivilisation war eine ganz reale Gefahr. Ein wichtiger Grund für das gute Ende des Kalten Kriegs war die Erkenntnis auf beiden Seiten des Eisernen Vorhangs, dass die Auslöschung aller Zivilisation wirklich als Option und reale Gefahr im Raum stand. Der britische Musiker Sting hat 1985 den wunderschönen Song *Russians* (1985) veröffentlicht, in dem er die Hoffnung ausdrückt, dass die Russen ihre Kinder genauso wie die Amerikaner lieben und deswegen vor der finalen Entscheidung für einen dritten Weltkrieg zurückschrecken:

> Wir teilen dieselbe Biologie
> unabhängig von der politischen Ideologie
> Was uns retten könnte, mich und dich
> ist, dass die Russen ihre Kinder auch lieben[8]

---

[8] Original: Sting; Gordon Matthew Thomas Sumner (1985): Song „Russians" veröffentlicht am 1. Juni 1985 im Album „The Dream of the Blue Turtles"; Los Angeles: Label A&M Records.

Das Wissen, dass dieser Schritt eines nuklearen Kriegs, dieses „Drücken auf den roten Knopf" final, endgültig und nicht wieder gutzumachen ist, hat sicher zum guten Ende 1991 mit beigetragen. Aus Sicht der Systemtheorie – wie vorher beschrieben – handelt es sich bei einem weltweiten Nuklearkrieg um eine irreversible Sprungfunktion: In kürzester Zeit ändert sich alles unumkehrbar in einen anderen Zustand. Die Erkenntnis über den sicheren Untergang hat also schon einmal vor der Katastrophe bewahrt. Nun sind wir seit einigen Jahren wieder in der Situation, dass mit dem Ukrainekrieg Krieg in Europa stattfindet. Wie wird sich das weiter entwickeln? Darf man hoffen, dass es (wieder) einen guten Ausgang nimmt? Die EU- und NATO-Staaten rüsten wieder auf, nachdem insbesondere die Bundeswehr über viele Jahre kaputtgespart wurde. Russland wird wieder als Gefahr und Gegner wahrgenommen, und der Westen hat sich (endlich) entschieden, diese Gefahr ernst zu nehmen und im von Herfried Münkler beschriebenen Modell den Frieden durch Stärke zu sichern (vgl. 2023, S. 42–48). Darf man hoffen, dass auch diese neue Eskalation und Konfrontation einen guten Verlauf nehmen wird? Niemand kann in die Zukunft sehen, aber wir können aus der Vergangenheit lernen. Wenn sich Klugheit, Besonnenheit und Stärke verbinden und Verhandlungen nicht aus einer Position der Schwäche heraus geführt werden müssen, wenn in Europa und hoffentlich auch der ganzen NATO weiter Einigkeit und Zusammenhalt bestehen bleiben, ohne dass militärische Ideologie zum Taktgeber wird, besteht durchaus Hoffnung. Das sind sicher viele Konditionen, aber es ist schon einmal gelungen und das kann Hoffnung machen.

Ist es nun zu vermessen, zu hoffnungsvoll und zu optimistisch, dass das auch mit Klimawandel und Artensterben gelingen könnte? Ist es zu hoffnungsvoll zu erwarten, dass sich Klugheit durchsetzen wird und sich die apokalyptischen

Prognosen nicht bis zum Schlimmsten realisieren werden? Wir wissen es im Hier und Heute nicht. Diese Frage wird erst in einigen Jahren oder Jahrzehnten endgültig beantwortet werden können. Beides, Artensterben und Klimawandel, haben das Potenzial, unsere Erde und alles Leben darauf auf stärkste Weise zu verändern. Ein Hoffnungs-Grund, den ich einfach nicht aufgeben will, ist, dass wir Menschen es mit dem Kalten Krieg ja auch schon einmal hinbekommen haben.

Mit dem Ende des Kalten Kriegs thematisch eng verbunden ist auch die Hoffnung, die die nach dem 2. Weltkrieg entstandene Freundschaft und gute Beziehung zwischen Deutschland und Frankreich weckt. Über lange Zeit waren diese beiden Länder im Zentrum Europas verfeindet und haben in verschiedenen Kriegen gegeneinander gekämpft. Diese spannungsvolle Beziehung geht bis auf das Jahr 814, das Todesjahr Karls des Großen, zurück. Nach seinem Tod zerfiel sein riesiges Reich schließlich in das West- und Ostfrankenreich, die Keimzellen der heutigen Länder Frankreich und Deutschland. Neben vielen weiteren Auseinandersetzungen sei an dieser Stelle nur der Pfälzische Erbfolgekrieg von 1688 bis 1697 erwähnt, der bis heute im Gedächtnis der Menschen in Baden und Rheinland-Pfalz verhaftet ist und der ein weiterer Schritt zu den fürchterlichen Kriegen des 19. und 20. Jahrhunderts war. Unsägliches Leid ist entstanden und Millionen Menschen sind gestorben. DIE ZEIT würdigt die beginnende Freundschaft am 22. Dezember 1949 auf der Titelseite in dem Artikel „Frankreich und Deutschland – Ein Gespräch der ZEIT mit dem französischen Außenminister Robert Schumann".[9] Ernst Friedlaender, Redakteur der

---

[9] Friedlaender, E. (1949): Frankreich und Deutschland; „DIE ZEIT" Nr. 51 / 4. Jahrgang vom 22. Dezember 1949, Seite 1; Hamburg: Zeitverlag Gerd Bucerius GmbH & Co. KG. https://www.zeit.de/1949/51/frankreich-und-deutschland.

3 Historische Gründe für Hoffnung 65

ZEIT, fragt Robert Schumann am Ende des Interviews: „Dürfen wir Ihre Gesamthaltung dahin verstehen, daß Sie die Möglichkeiten einer deutsch-französischen Verständigung optimistisch beurteilen?", worauf Schumann antwortet: „Meine Antwort ist ein offenes ‚Ja'. Es gehören hierzu allerdings vor allem Geduld und Rücksichtnahme auf die zurzeit noch unvermeidlichen Hemmungen. Die geschlagenen Wunden sind noch nicht alle vernarbt. Unsere Generation hat zu viel Härte erlebt, um sich von rein gefühlsmäßigen Erwägungen leiten zu lassen. Sie will neue Konflikte vermeiden, und sie ist fest entschlossen, hierzu jedem die Hand zu reichen, der ihr Vertrauen erwirbt und sich rücksichtslos in den Dienst der gemeinsamen Friedensaufgabe stellt" (Friedlaender, 1949, S. 1). Heute, über 75 Jahre nach diesem Interview, denke ich zurück an die Schüleraustausche unserer Töchter: wechselseitiges Leben der Kinder in Gastfamilien, Kennenlernen der jeweils anderen Sprache und Kultur. In der über Jahrzehnte gewachsenen Freundschaft zwischen Deutschland und Frankreich liegt für mich eine große Hoffnungsquelle, ein wahrer Hoffnungs-Grund. Hier haben zunächst Konrad Adenauer und Charles de Gaulle, dann aber Millionen Väter, Mütter und Kinder wahre Völkerverständigung gelebt. Als die beiden Politiker am 22. Januar 1963 in Paris den deutsch-französischen Freundschaftsvertrag unterzeichnet haben, wurden Rahmenbedingungen festgeschrieben. Gelebt wurde die Freundschaft von Millionen Bürgerinnen und Bürgern, die das jeweils andere Land kennen- und lieben gelernt haben. Leider sind solche Beispiele der Völkerverständigung selten. Umso mehr können diese gelungenen Beispiele zur Ermutigung dienen, Hoffnung für eigene Schritte und Taten zu fassen. Zwischen Frankreich und Deutschland, zwischen Franzosen und Deutschen, ist Vertrauen entstanden. Das macht Hoffnung.

3.8 Hoffnungs-Grund: die deutsche Wiedervereinigung

Richard Tüngel, Mitbegründer und Chefredakteur der ZEIT, fragte am 1. Juni 1950 in DIE ZEIT: „Bedroht Europas Einheit Deutschlands Einheit?" (1950b, S. 1). Die Frage nach der deutschen Wiedervereinigung zog sich durch die gesamte Zeit des Kalten Krieges, bis sie endlich 1989, als in der Bundesrepublik wahrscheinlich nicht mehr viele mit einer schnellen Wiedervereinigung rechneten, dann doch ganz plötzlich kam. Aber im Sommer 1950 war das noch in weiter Ferne und so schrieb Tüngel zum Beitritt Deutschlands zum Europarat: „Wird durch diese engere Bindung an Europa die Trennung von West- und Ostdeutschland nicht weiter verschärft? Gerät die Deutsche Bundesrepublik durch den Schuman-Plan und den Beitritt zum Europarat nicht in eine gefährlich nahe Beziehung zu der militärischen Organisation des Atlantikpaktes? Muß Stalin dies nicht als eine kriegerische Drohung auffassen? Kann er nicht möglicherweise mit einem Präventivkrieg antworten? Und wie soll jemals Deutschland auf eine friedliche Weise wieder geeint werden, wenn seine westliche Hälfte zu einem Vereinten Europa gehört, seine östliche aber von Monat zu Monat stärker russifiziert wird?"[10]

Marion Gräfin Dönhoff geht am 25. Juni 1953, acht Tage nach dem niedergeschlagenen Aufstand in der DDR, auf das Thema in ihrem ZEITArtikel „Die Flammenzeichen rauchen" ein (1953, S. 1). Sie schreibt dort: „Es ist

---

[10] Tüngel, R. (1950b). Bedroht Europas Einheit Deutschlands Einheit?; „DIE ZEIT" Nr. 22 / 5. Jahrgang vom 1. Juni 1950, Seite 1; Hamburg: Zeitverlag Gerd Bucerius GmbH & Co. KG. https://www.zeit.de/1950/22/bedroht-europas-einheit-deutschlands-einheit.

Blut geflossen – vielleicht sehr viel Blut. Der Ausnahmezustand wurde verhängt und dort, wo bisher kommunistische Bürgermeister herrschten, regieren wieder wie 1945 die Rotarmisten. Der Ostberliner Bürgermeister Ebert stellt fest: ‚Unsere sowjetischen Freunde haben durch ihr beherztes und mit großer Umsicht geführtes Eingreifen uns und der Sache des Friedens einen großen Dienst geleistet.' Das ist die einzige Stimme aus dem Kreise der ‚deutschen' Regierungsfunktionäre, gegen die der Aufstand sich in erster Linie richtete. Also eine Revolution, die zu nichts geführt hat? Nein, so ist es nicht. Diese Revolution hat im Gegenteil ein sehr wichtiges Ergebnis gehabt. Das, was der britischen Diplomatie und den amerikanischen Bemühungen nicht gelungen war, das haben die Berliner Arbeiter fertiggebracht: Sie haben am Vorabend der Vierer-Verhandlungen im Angesicht der ganzen Welt offenbar werden lassen, auf wie schwachen Füßen die Macht des Kreml und seiner Werkzeuge in Ostdeutschland (und vermutlich in allen Volksdemokratien) steht."[11]

Das ist Hoffnung: Mitten in der scheinbaren Niederlage, direkt in der blutig niedergeschlagenen Revolution zu sehen, dass das nicht das Ende sein muss. Hoffnung blickt über das Jetzt und Hier hinaus und versucht zu gestalten: mit der Hand und der konkreten Tat, aber auch mit Gedanken und Worten.

Dieses Thema der Wiedervereinigung zieht sich durch die Jahrzehnte der Ausgaben der ZEIT. Am 19. Juni 1964 schreibt Theo Sommer in dem Artikel „Geteilt bis 1984?" (1964, S. 1), in dem es um die Spannungen zwischen Ost und West im Kalten Krieg geht und die Ungeduld vieler Bürgerinnen und Politiker in Bezug auf Veränderungen:

---

[11] Dönhoff, M. G. (1953). Die Flammenzeichen rauchen; „DIE ZEIT" Nr. 26 / 8. Jahrgang vom 25. Juni 1953, Seite 1; Hamburg: Zeitverlag Gerd Bucerius GmbH & Co. KG. https://www.zeit.de/1953/26/die-flammenzeichen-rauchen.

„Bis dahin mag es noch lange dauern. Die Laufzeit des Beistandspaktes Moskau–Ostberlin ist auf 20 Jahre bemessen – bis zu dem Orwellschen Jahr 1984. Seien wir nicht so naiv, einfach zu behaupten, es sei unmöglich, daß der Vertrag so lange Bestand habe. Es ist sehr wohl möglich. Die deutsche Teilung besteht schon fast 20 Jahre; warum sollte sie nicht noch einmal so lange bestehen? Das scheinbar Unerträgliche ist nicht undenkbar, bloß weil es unerträglich scheint.

Was not tut, ist denn zweierlei: ein Initiativplan für Deutschland, der mehr ist als ein Erinnerungsposten im Hauptbuch der Routine; und eine Interimspolitik für den nicht unwahrscheinlichen Fall, daß kein Initiativplan hilft. Jetzt, da Chruschtschow die Berlin-Krise beendet hat, ist der Zeitpunkt gekommen, sich über beides ernsthaft Gedanken zu machen."[12]

Am Ende waren es noch fünf Jahre mehr – 1989 statt 1984. Aber dieser Text zeigt deutlich, dass Hoffnung oft Geduld benötigt. Geduld bedeutet hier aber nicht das passive Abwarten und Aussitzen. Theo Sommer weist darauf hin, dass mitten in der Zeit, in der noch gehofft wird, Initiative und Zwischenlösungen, kleine Schritte und Aktivität nötig sind, um vorbereitet zu sein, wenn sich die Hoffnung zu erfüllen beginnt und der glückliche Zeitpunkt, der Kairos, eintritt. Zunächst war es am 9. November 1989 ein glücklicher Augenblick, ein Kairos. Der Begriff *Kairos* stammt aus der griechischen Mythologie und ist neben Chronos (chronologische oder sequenzielle Zeit) und Äon (Lebenszeit) der Begriff für den günstigen Zeitpunkt einer Entscheidung, dessen ungenutztes Verstreichen Nachteile bringen kann. Im Neuen

---

[12] Sommer, T. (1964). Geteilt bis 1984?; „DIE ZEIT" Nr. 25 / 19. Jahrgang vom 19. Juni 1964, Seite 1; Hamburg: Zeitverlag Gerd Bucerius GmbH & Co. KG. https://www.zeit.de/1964/25/geteilt-bis-1984.

Testament dagegen bedeutet Kairos „die festgesetzte Zeit im Plan Gottes", die Zeit, in der Gott handelt. Nach dem Moment, der Nacht des 9. November 1989, ging es aber nicht nur um den einen Zeitpunkt, sondern um wochen- und monatelange Verhandlungen, in denen die Zukunft der zwei deutschen Staaten gestaltet wurde. Wolfgang Schäuble als damaliger Innenminister verhandelte mit Günther Krause aufseiten der DDR. Ebenso waren die Verhandlungen mit den Siegermächten des 2. Weltkriegs wichtige Meilensteine, die dann im sogenannten Zwei-plus-Vier-Vertrag am 12. September 1990 abgeschlossen wurden. Insbesondere bei der britischen Premierministerin Margret Thatcher waren Vorbehalte und Sorgen in Bezug auf ein erneut erstarkendes Deutschland vorhanden. Nur schrittweise wachsendes Vertrauen zwischen den Beteiligten konnte hier zum Erfolg führen. Ausgehend von dem glücklichen Kairos-Zeitpunkt des 9. November haben Menschen dann in langer Tätigkeit schrittweise Vertrauen aufgebaut und die Hoffnung auf einen guten Ausgang ist gewachsen.

In Abb. 3.4 ist diese Entwicklung schematisch dargestellt: Nach dem Krieg schwand zunächst die Hoffnung auf eine schnelle Wiedervereinigung. Die Tatsachen sprachen dage-

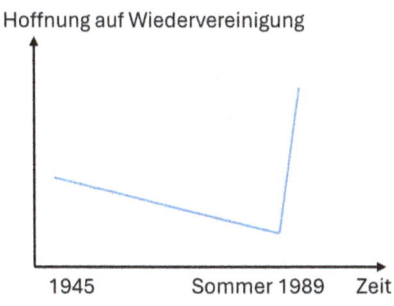

Abb. 3.4 Historische Entwicklung der Hoffnung auf die Wiedervereinigung in Deutschland (vereinfachte Darstellung)

gen und lange Zeit waren kaum reale Chancen zu sehen. Bis dann im Verlauf des Jahres 1989 innerhalb kürzester Zeit die Wende begann, die Demonstrationen in Leipzig und anderen Städten friedlich verliefen und nicht mit militärischer Gewalt niedergeschlagen wurden. Die Grenzen in Ungarn wurden durchlässig und die Unrechtssysteme der Diktaturen wurden durch mutige Menschen überwunden. Innerhalb von Wochen stieg die Hoffnung auf Veränderung und möglicherweise sogar eine Wiedervereinigung beider deutscher Staaten.

Und dann war es schließlich so weit: am 9. November 1989 abends sagte Günter Schabowski, Mitglied im Politbüro, die geschichtsträchtigen Sätze und die Mauer fiel. Es erscheint wie eine Ironie der Geschichte, dass das nach dem Redaktionsschluss der ZEIT geschah und am 10. November der mit „Ein Aufstand gegen Zwang und Lüge" überschriebener Leitartikel von Helmut Schmidt erschien, der die grundsätzliche Entwicklung in der DDR und die Person des Staatsratsvorsitzenden Egon Krenz beleuchtete (vgl. 1989, S. 1). Erst eine Woche später konnte wiederum Theo Sommer in seinem Artikel „O Freiheit! Kehrest Du zurück?" über den Mauerfall jubeln und aber auch gleich zu konkreten Handlungsempfehlungen weiterleiten, was mitten in dieser Situation des Umbruchs zu tun sei (vgl. 1989, S. 1). Ein bisschen ist es mit Hoffnung und Zuversicht auch wie dieses Schicksal der gedruckten Wochenzeitung mit festem Redaktionsschluss: Es kommt nicht auf die hektische Kommentierung und die Bewertung scheinbar in Echtzeit in den sozialen Medien an. Es sind die großen Linien und das Überleiten zu gutem und gestaltendem konkretem Handeln, die ein hoffnungsvolles und zuversichtliches Leben auszeichnen. Operative Hektik und Hetze sind dabei meistens nicht nötig, ja sie schaden eher, weil die großen Linien des Lebens dabei verloren zu gehen drohen.

3.9 Hoffnungs-Grund: Republikaner, Lichterketten, 1990er-Jahre

Die Demokratie wird gerade in vielen Ländern durch wieder erstarkenden Nationalismus und Rechtsradikale bedroht. Deutschland und Europa haben mit der Machtergreifung Hitlers 1933 und dem 2. Weltkrieg ab 1939 erlebt, wie schrecklich sich diese Denkrichtung manifestieren kann. Auch heute werden wieder Stimmen laut, die an die Weimarer Republik denken lassen, und es ist gut, zu warnen und vorsichtig zu sein. Demokratiefeindliche Strömungen und rechtsradikale Parteien gibt es aber nicht erst seit der AfD. Im Jahr 1983 wurde in München die Partei *Die Republikaner* gegründet. Seit 1992 wurde sie vom Verfassungsschutz beobachtet. Größere Bekanntheit erlangte sie 1985, als Franz Schönhuber Parteivorsitzender wurde. Sie erreichte 1989 bei der Europawahl 7 % und 7,5 % der Stimmen bei der Wahl zum Abgeordnetenhaus in Berlin. Das sind zwar Zahlen, die im Vergleich zu den Stimmanteilen der AfD heute harmlos erscheinen, sie haben Ende der 1980er-Jahre aber viele Menschen beunruhigt. Verstärkt wurden diese berechtigten Sorgen vor einem Rechtsrutsch in Deutschland durch schreckliche Anschläge auf Unterkünfte für Asylbewerber: Hoyerswerda im September 1991, Mannheim-Schönau, Rostock-Lichtenhagen und Mölln 1992 und im Mai 1993 Solingen waren Orte verbrecherischer (Brand-)Anschläge, bei denen es viele Tote und Verletzte gab. Es waren Jahre, in denen die Sorge sehr berechtigt und konkret wurde, Deutschland könnte sich nach der Wiedervereinigung wieder in einen nationalistischen Staat verwandeln. Ähnlich wie heute war gleichzeitig zum Erstarken des Rechtsextremismus aber auch eine große Welle der Solidarität und des klaren Bekenntnisses zur Demokratie und

Rechtsstaatlichkeit sichtbar: In vielen deutschen Großstädten gingen im Dezember 1992 Hunderttausende auf die Straße, um gegen Fremdenfeindlichkeit und Hass zu demonstrieren. Gleichzeitig handelte die Politik: Am 26. Mai 1993 verabschiedete der Bundestag den sogenannten *Asylkompromiss*, Gesetzesänderungen, die beispielsweise die Drittstaatenregelung oder sichere Herkunftsstaaten regelte (vgl. Bundeszentrale für politische Bildung, 2025). Diese Entscheidungen waren heftig umstritten und wurden kontrovers diskutiert. Nach einem Spitzenwert der Asylanträge von 438.191 im Jahr 1992 sank die Zahl darauf hin schnell auf rund 100.000 Anträge pro Jahr. Die damalige Entwicklung zeigt Folgendes: Es gab auch schon früher rechtsextreme Parteien in Deutschland, die zu einer Bedrohung für die Demokratie werden konnten und deren Aufstieg berechtigte Sorgen auslöste. Migration kann und muss gesteuert werden. Es ist für die Politik ein schwieriges Thema, weil wir in Deutschland eine besondere Verantwortung aufgrund des Nationalsozialismus (NS) haben und weil viele Elemente des Asylrechts auch im Völkerrecht und auf EU-Ebene geregelt sind. Das darf aber nicht zur Ausrede führen, dass es keine Möglichkeit der Steuerung gäbe. Im Jahr 1993 wurden bestimmte Elemente des Asylrechts verschärft. Deutschland ist danach aber sicher nicht zu einem menschenverachtenden Unrechtsstaat geworden. Das Ordnen von Migration kann auf einer guten rechtsstaatlichen Grundlage erfolgen und kann gleichzeitig sowohl das Mitgefühl, das viele Menschen in Deutschland mit Migranten haben und das immer wieder zu großem ehrenamtlichen Engagement führt, einbinden als auch das Sicherheitsbedürfnis der Menschen in diesem Land berücksichtigen. Es ist gut zu sehen, dass das möglich ist. Es hat Anfang der 1990er-Jahre funktioniert. Auch für die Eindämmung rechtsradikaler Parteien ist handwerklich gute Politik, die die Interessen verschiedenen Bevölkerungsgruppen gleichermaßen berücksichtigt, vermutlich der beste Weg: 2007 hatten die Republikaner so weit an Bedeutung verloren, dass der Verfassungsschutz sie nicht mehr als rechtsextremistisch einstufte. Es muss auch heute wieder gelingen, Sicherheit zu vermitteln, ohne die Offenheit zu verlieren, und Migration zu ordnen und nicht zu resignieren. Viele Elemente erscheinen heute ähnlich wie 1992/1993: wachsende Popularität rechtsextremer Parteien, Angriffe auf Menschen mit Migrationshintergrund, Demonstrationen gegen Hass und Gewalt. Es ist eine wichtige Aufgabe der Politik, auch heute klar zu zeigen, dass Lösungen möglich sind, und diese umzusetzen. Dann besteht aller Grund zur Hoffnung, dass wir auch heute und in Zukunft friedlich, weltoffen und gleichzeitig sicher bleiben werden. Gleichzeitig zeigen die schrecklichen Attentate des Nationalsozialistischen Untergrunds (NSU) in den Jahren zwischen 2000 und 2007, dass Fremdenfeindlichkeit, Rassismus und Diskriminierung immer eine wichtige Herausforderung für Politik und Gesellschaft sind und bleiben werden. Tätige Hoffnung braucht den langen Atmen, um immer wieder für das Recht und das Richtige zu kämpfen.

3.10 Hoffnungs-Grund: Wahlen, die Mut machen

Wenn man sich einige Wahlergebnisse der vergangenen Jahre ansieht, könnte man den Mut und die Hoffnung verlieren: Die Radikalen und die Populisten scheinen immer mehr an Einfluss zu gewinnen. Die Mitte des Parteienspektrums verliert an Kraft, und teilweise werden Koalitionen nur noch geschmiedet, um die Radikalen, insbesondere vom rechtsradikalen Rand, zu verhindern. Ist aber damit alles verloren und geht die Demokratie unweigerlich ihrer eigenen Abschaffung entgegen? In diesem Abschnitt soll auf zwei Aspekte zurückgeschaut werden, die ermutigen und hoffnungsvoll stimmen können. Manches ist eben auch eine Frage des Blickwinkels.

Zum einen gab es in den vergangenen Jahrzehnten immer wieder Wahlen, bei denen man nur den Kopf schütteln konnte. In Italien wurde Silvio Berlusconi insgesamt viermal zum Ministerpräsidenten gewählt: 1994–1995, 2001–2005, 2005–2006 und 2008–2011. Viermal Grund, den Kopf zu schütteln und sich zu wundern. Berlusconi war sicherlich ein Populist und seine Amtszeiten von vielen Skandalen überschattet. Erstaunlich ist aber, dass es ihm in dieser langen Zeit nicht gelungen ist, die italienische Demokratie zu zerstören. Sicher, manches hätte besser laufen können. Aber gute und schlechte Entscheidungen gibt es von jedem Politiker und jeder Politikerin. Das soll hier nicht bewertet werden. Die mutmachende Tatsache ist, dass Demokratien und Institutionen durchaus robust sind. Nicht immer läuft es auf die größtmögliche Katastrophe wie bei Hitlers Machtergreifung 1933 hinaus, in deren Zuge die zerbrechliche Demokratie der Weimarer Republik mit voller Konsequenz zerstört wurde. Deswegen ist es wichtig, wachsam zu sein. Wehrhafte Demokratie lebt von aktiven Bürgern. Es ist aber auch wichtig, nicht nur im Extrem zu denken und immer das Schlimmste zu erwarten. Demokratie kann auch manche Populisten überstehen. Ähnlich war es in Großbritannien während der Regierungszeit von Boris Johnson von 2019 bis 2022. Auch bei ihm war vieles populistisch und trotzdem ist die Demokratie im Vereinigten Königreich nicht an ihm kaputt gegangen. Sicher, beide waren keine Feinde der Demokratie wie Björn Höcke, der als Faschist gegen den Rechtsstaat auftritt. Trotzdem macht es Mut, dass Demokratien robust und widerstandsfähig sein können. Alarmismus ist häufig kein guter Ratgeber, sondern in vielen Fällen ist es besser, mutig und voller Hoffnung tätig zu sein.

Zum anderen beschreibt Bernd Ulrich in der ZEIT vom 11. Juli 2024 in „Faden der Hoffnung" (2024, S. 1), wie in Europa einige Wahlen auch überraschend positiv für die liberalen Demokratien ausgegangen sind: „Begonnen hat die überraschende Phase der liberalen, linken, mitte-konservativen und grünen Kräfte im Oktober 2023 in Polen. Da wurde die illiberale PiS-Partei nach acht Jahren an der Macht von den Liberalen um Donald Tusk geschlagen. Dann schnitten am 9. Juni 2024 die Rechtspopulisten bei den Europawahlen schlechter ab als erwartet. Die Mehrheitsverhältnisse ermöglichen es sogar, dass am 18. Juli die liberalste und grünste Konservative des Kontinents, Ursula von der Leyen, erneut Präsidentin wird. Das nächste Positiverlebnis folgte am 4. Juli, als die Labour Party die Wahlen in Großbritannien gewann. Damit geht die Phase der teils rechtspopulistischen (Brexit), teils clownesken, im Endeffekt ruinösen Tory-Politik zu Ende."[13] Und ja, Donald Trump wurde zum 47. Präsidenten der USA gewählt. Und ja, die Freiheitliche Partei Österreichs (FPÖ) wurde in Österreich im September 2024 stärkste Kraft im Nationalrat. Und trotzdem – es gibt auch die anderen Wahlen. Nicht immer setzt sich der Abbau der Demokratie und ihrer Institutionen einfach ungebremst fort. Es ist kein Naturgesetz, dass die Radikalen gewinnen. Vielfach sind sie auch nach einiger Zeit entzaubert und die Wähler und Wählerinnen besinnen sich wieder auf die Vorteile der Liberalität.

Bei den Wahlen lohnt es sich auch, immer genau hinzuschauen: Nicht alles, was rechts der Mitte ist, ist auch

---

[13] Ulrich, B. (2024). Faden der Hoffnung; „DIE ZEIT" Nr. 30 / 79. Jahrgang vom 11. Juli 2024, Seite 1; Hamburg: Zeitverlag Gerd Bucerius GmbH & Co. KG. https://epaper.zeit.de/abo/diezeit/2024/30.

demokratiefeindlich und rechtsradikal. Auch wenn das in den Medien teilweise so hingestellt wird. Gute konservative Positionen haben ihren wichtigen Platz in der Demokratie und sind dringend vonnöten. Hier ist es wichtig, genau zu unterscheiden. Für viele war zum Beispiel Giorgia Meloni in Italien eine große Überraschung: Zunächst in vielen Medien als eher rechtsextrem und populistisch eingestuft, hat sich ihr Kurs bisher als sehr europafreundlich herausgestellt. Hier haben sich Ängste nicht erfüllt. Hoffnung könnte sich eigentlich ausbreiten. Trotzdem übersehen wir solche Entwicklungen schnell. Durch Medien wird im Vorfeld ein Alarmismus geschürt, der wachsam machen kann und soll, der aber sicher auch Quote machen soll. Wenn Dinge sich dann positiver entwickeln, wird die Berichterstattung oft deutlich weniger intensiv betrieben, weil das keine Auflage bringt. Für unsere persönliche Hoffnung ist es aber wichtig, immer wieder auf das möglichst vollständige Bild zu schauen, damit sich in unserem Denken nicht nur die negativen und angstmachenden Strukturen verfestigen. Deswegen – es gibt auch Wahlen, die Mut und Hoffnung machen.

3.11 Verklärte Vergangenheit

Viele Menschen neigen dazu, die Vergangenheit rosarot und die Probleme der Gegenwart tiefschwarz zu sehen. Die Probleme der Vergangenheit sind – mehr oder weniger gut – gelöst worden. Sie müssen im Heute nicht mehr in der Form Sorgen bereiten, wie sie es früher taten. Und teilweise wurden sie auch vergessen, beim Erinnern verändert, verkleinert und verklärt (vgl. Fayner, 2022, S. 12–16). Diese Einstellung, die Gegenwart so negativ zu sehen, ist das genaue Gegenteil von Hoffnung, weil eine hoffnungsvolle Einstellung davon ausgeht, dass in der Gegenwart die Zukunft positiv beeinflusst werden kann. Das ist auch einer der Gründe, die reaktionäre Strömungen in Politik und Gesellschaft stärken: Die Vergangenheit erscheint in einem weichgezeichneten Licht der Erinnerung sehr erstrebenswert. Dagegen ist die Gegenwart – zwangläufig – ungelöst und herausfordernd. Menschen erleben die Probleme der Gegenwart als drängend, akut und bedrohlich. Das wird auch durch die Medien bestärkt. Sie haben die wichtige Aufgabe, Kritik zu üben. Es ist zentral für das Funktionieren einer demokratischen Gesellschaft, dass die Mächtigen in Politik und Wirtschaft hinterfragt werden und Missstände aufgedeckt werden. Das ist nur möglich, wenn jemand nach den Problemen „bohrt" und sich nicht mit verharmlosenden Antworten zufriedengibt. Marietta Slomka sagte 2021 im Interview mit Moritz Müller-Wirth und Emilia Smechowski im ZEIT-Magazin: „In Interviews nehme ich automatisch einen Gegenpart ein, eine quasi-oppositionelle Rolle, egal, was ich selbst gerade denke und wen ich vor mir habe. Das sehe ich auch als meine Aufgabe, und das ist ein bisschen wie eine Spielaufstellung: die Hütchen auf die kritischen Punkte setzen"[14] (Müller-Wirth & Smechowski, 2021, S. 14–25). Noch viel stärker als in den journalistisch qualitativ hochwertigen Medien ist dieser Effekt in den sozialen Medien. Hier gelten oft keine oder nur sehr eingeschränkte Regeln. Es ist möglich, die gegenwärtige Situation und die persönlich erinnerte Vergangenheit so darzustellen, wie man es selbst bevorzugt. Es gibt keine etablierten journalistischen Standards. Daher kann dieser Effekt, die Vergangenheit zu verklären

---

[14] Müller-Wirth, M., & Smechowski, E. (2021). Am meisten Spaß macht es mit Politikern, die angstfrei sind; ZEIT-Magazin 34–2021; S. 14–25. Hamburg: Zeitverlag Gerd Bucerius GmbH & Co. KG. https://www.zeit.de/zeit-magazin/2021/34/marietta-slomka-heute-journal-interview-journalismus.

und die heutigen Probleme zu betonen, dort noch stärker auftreten.

Aber auch diese menschliche Neigung, die Vergangenheit zu verklären und die Gegenwart zu dramatisieren, ist am Ende ein Hoffnungs-Grund: Wenn man rational darum weiß, kann man diesen Wahrnehmungsbias, diese Verzerrung unserer Empfindungen, zumindest etwas einordnen und eventuell sogar ein Stück weit ausgleichen. Zum einen kann die Tatsache Hoffnung machen, dass wir als Gesellschaft wirklich Probleme lösen oder zumindest Verbesserungen erzielen konnten. Darauf wird in diesem Buch immer wieder Bezug genommen. Zum anderen kann auch unsere unterschiedliche Bewertung von Vergangenheit und Gegenwart durch den Einfluss der Medien, aber auch durch unser eigenes verzerrendes Erinnern Hoffnung machen: Zu wissen, dass nicht alles ganz so gut war, wie wir erinnern, und dass nicht alles so schlecht ist, wie wir fürchten, kann helfen.

3.12 Zusammenfassung

Wenn man in die Vergangenheit zurückschaut, erkennt man schnell, dass es immer wieder kritische und gefährliche Situationen für Menschen und Gesellschaften gab. Es ist auch ein hoffnungsvoller Blickwinkel auf die Geschichte, zu sehen, was wir erreicht und verbessert haben. Insbesondere in der deutschen Geschichte des 20. Jahrhunderts nach dem 2. Weltkrieg sind große Verbesserungen materieller, aber auch politischer und gesellschaftlicher Art erreicht worden. Die Rückschau in diesem Text, basierend auf früheren Artikeln der Wochenzeitung DIE ZEIT, gibt einen Einblick in die damalige Gefühlslage und kann für die heutigen Sorgen und Ängste Hoffnung und Resilienz geben, weil sichtbar wird, dass wir als Gesellschaft kritische Situationen wie den Kalten Krieg überstanden haben.

Literatur

Biess, F. (2019). *Republik der Angst*. Rowolt.
Bucerius, G. (1946). Plan Murmeltier ; „DIE ZEIT" Nr. 5 / 1. Jahrgang vom 21. März 1946. S. 1. Zeitverlag Gerd Bucerius GmbH & Co. KG. https://www.zeit.de/1946/05/plan-murmeltier.
Bundeszentrale für politische Bildung. (2025). Vor zwanzig Jahren: Einschränkung des Asylrechts 1993; vom 24.5.2013. https://www.bpb.de/kurz-knapp/hintergrund-aktuell/160780/vor-zwanzig-jahren-einschraenkung-des-asylrechts-1993/. Zugegriffen: 12. Febr. 2025.
Dönhoff, M. G. (1953). Die Flammenzeichen rauchen; „DIE ZEIT" Nr. 26 / 8. Jahrgang vom 25. Juni 1953, S. 1. Zeitverlag Gerd Bucerius GmbH & Co. KG. https://www.zeit.de/1953/26/die-flammenzeichen-rauchen.
Fayner, J. (2022). Gedächtnis – wozu?; Andy Duke's Jahrbuch Sechs; S. 12–16. Andy Duke GmbH; https://www.andyduke.com/news/unser-jahrbuch-sechs-ist-da.
Flaig, E. (2018). *Weltgeschichte der Sklaverei*. C. H. Beck oHG.
Friedlaender, E. (1949). Frankreich und Deutschland; „DIE ZEIT" Nr. 51 / 4. Jahrgang vom 22. Dezember 1949, S. 1. Zeitverlag Gerd Bucerius GmbH & Co. KG. https://www.zeit.de/1949/51/frankreich-und-deutschland.
Müller-Wirth, M., & Smechowski, E. (2021). Am meisten Spaß macht es mit Politikern, die angstfrei sind; ZEIT-Magazin 34–2021; S. 14–25. Zeitverlag Gerd Bucerius GmbH & Co. KG. https://www.zeit.de/zeit-magazin/2021/34/marietta-slomka-heute-journal-interview-journalismus.
Münkler, H. (2023). *Welt in Aufruhr*. Rowohlt Berlin.
Roper, L. (2007). *Hexenwahn*. Beck.

Samhaber, E. (1946). Erwachen aus dem Chaos; „DIE ZEIT" Nr. 11 / 1. Jahrgang vom 2. Mai 1946. S. 1. Zeitverlag Gerd Bucerius GmbH & Co. KG. https://www.zeit.de/1946/11/erwachen-aus-dem-chaos.

Sauer, H. (2023). *Moral*. Piper.

Schmidt, H. (1989). Ein Aufstand gegen Zwang und Lüge; „DIE ZEIT" Nr. 46 / 45. Jahrgang vom 10. November 1989, S. 1. Zeitverlag Gerd Bucerius GmbH & Co. KG. https://www.zeit.de/1989/46/ein-aufstand-gegen-zwang-und-luege.

Sommer, T. (1964). Geteilt bis 1984?; „DIE ZEIT" Nr. 47 / 19. Jahrgang vom 19. Juni 1964. S. 1. Zeitverlag Gerd Bucerius GmbH & Co. KG. https://www.zeit.de/1964/25/geteilt-bis-1984.

Sommer, T. (1989). O Freiheit! kehrest Du zurück?; „DIE ZEIT" Nr. 47 / 45. Jahrgang vom 17. November 1989. S. 1. Zeitverlag Gerd Bucerius GmbH & Co. KG. https://www.zeit.de/1989/47/o-freiheit-kehrst-du-zurueck.

Sting; Gordon Matthew Thomas Sumner. (1985). Song „Russians" veröffentlicht am 1. Juni 1985 im Album "The Dream of the Blue Turtles". Label A&M Records.

Tüngel, R. (1947). Krieg – oder nicht?; „DIE ZEIT" Nr. 25 / 2. Jahrgang vom 19. Juni 1947, S. 1. Zeitverlag Gerd Bucerius GmbH & Co. KG. https://www.zeit.de/1947/25/krieg-oder-nicht.

Tüngel, R. (1950a). Krieg und Kriegsgeschrei; „DIE ZEIT" Nr. 9 / 5. Jahrgang vom 2. März 1950. S. 1. Zeitverlag Gerd Bucerius GmbH & Co. KG. https://www.zeit.de/1950/09/krieg-und-kriegsgeschrei.

Tüngel, R. (1950b). Bedroht Europas Einheit Deutschlands Einheit?; „DIE ZEIT" Nr. 22 / 5. Jahrgang vom 1. Juni 1950, S. 1. Zeitverlag Gerd Bucerius GmbH & Co. KG. https://www.zeit.de/1950/22/bedroht-europas-einheit-deutschlands-einheit.

Ulrich, B. (2024). Faden der Hoffnung; „DIE ZEIT" Nr. 30 / 79. Jahrgang vom 11. Juli 2024, S. 1. Zeitverlag Gerd Bucerius GmbH & Co. KG. https://epaper.zeit.de/abo/die-zeit/2024/30.

Zeuske, M. (2018). *Sklaverei – Eine Menschheitsgeschichte von der Steinzeit bis heute*. Philipp Reclam jun. GmbH & Co. KG.

4

Hoffnungsvolle Entwicklungen

4.1 Langfristige Trends geben Hoffnung, keinen Optimismus

Im vorhergehenden Kapitel wurden historische Ereignisse beleuchtet, die uns unsere Ressourcen und Fähigkeiten zur Problemlösung illustrieren und Hoffnung machen können. In diesem Kapitel geht es um längerfristige Trends, die sich nicht an einem singulären Ereignis manifestieren, sondern die sich, oft auch von vielen Einzelpersonen vorangetrieben, über einen längeren Zeitraum hinweg ausbilden. Der Grundgedanke ist ähnlich wie in Kap. 3: Es geht darum, aus der Vergangenheit positive Kraft für die Aktivität der Gegenwart und die Gestaltung der Zukunft zu ziehen, durch das Erinnern der Selbstwirksamkeit im Gestern die Resilienz im Heute zu stärken. Wie schon in Abschn. 3.1 angesprochen, darf diese Rückschau auf das Positive und die Ressourcen nicht zu einer Verdrängung von Risiken und Gefahren führen. Das ist der Unterschied zwischen *Optimismus* und *Hoffnung:* Während der Optimismus schlicht von einem guten Ausgang einer Situation ausgeht und fest damit rechnet, weiß die Hoffnung um die Möglichkeit des Scheiterns. Hoffnung sieht aber auch die Möglichkeit der Verbesserung und führt zur Tat, um diesen guten Ausgang aktiv zu erreichen. Sie hat nichts Passives. Hoffnung lässt sich inspirieren von Erfolgen der Vergangenheit, sie vertraut aber nicht einfach blindoptimistisch darauf, dass schon alles gut werden wird. In diesem Sinn soll dieses Kapitel Hoffnung machen, dass einzelne Menschen, aber oft auch die Kooperation von Menschen im Kollektiv gute Ziele erreichen und Verbesserungen erzielen können.

4.2 Hoffnungs-Grund: Gesundheit

Neben den Sorgen über die Spannungen zwischen Ost und West, neben der Angst nach dem Super-GAU im Atomkraftwerk (AKW) in Tschernobyl 1986, neben Waldsterben und manchem anderen versetzte die Menschen in den 1980er-Jahren auch die neue Immunschwächekrankheit Aids in Angst und Schrecken. Theo Sommer schrieb am 27. Februar 1987 in der ZEIT, nachdem er seinen Artikel „Die Angst vor Liebe, Lust und Tod"[1] mit einem Absatz über den Roman *Die Pest* von Albert Camus begonnen hat: „Heute läßt uns Aids in Furcht erstarren. Die Immunschwäche, vor sechs Jahren in Amerika erstmals festgestellt, ist eine Killerseuche, schlimmer als die

---

[1] Sommer, T. (1987). Die Angst vor Liebe, Lust und Tod; „DIE ZEIT" Nr. 10 / 43. Jahrgang vom 27. Februar 1987, Seite 1; Hamburg: Zeitverlag Gerd Bucerius GmbH & Co. KG; https://www.zeit.de/1987/10/die-angst-vor-liebe-lust-und-tod.

Menschheitsplagen der alten Zeit: Pest, Pocken, Cholera, Fleckfieber, Typhus. Es ist eine Lustseuche wie die Syphilis; die Krankheiten in ihrem Gefolge mergeln die Befallenen aus bis zum völligen körperlichen und geistigen Verfall. Und Aids ist auf dem besten Weg, eine Volksseuche zu werden; jedenfalls verbreitet sich das zerstörerische Virus mit rapider Geschwindigkeit, die Krankenzahlen alle acht bis zwölf Monate verdoppelnd" (Sommer, 1987, S. 1). Die Angst vor Aids, basierend auf Unwissenheit über Risiko und reale Ansteckungsgefahren, führte dazu, dass sich Menschen Sorgen machten, ob sie sich beim Friseur anstecken könnten, wenn dieser vorher einer an Aids erkrankten Person die Haare geschnitten hätte und dabei eine kleine Stich- oder Schnittverletzung verursacht hätte. Oder, wie Sommer weiterschreibt: „Pfarrer fragen, wie es um die Hygiene der Abendmahlskelche bestellt sei. Sanitäter grübeln: Können sie sich bei Mund-zu-Mund-Beatmung anstecken?" Das Problem war zu dieser Zeit, dass zu wenig Fakten und vor allem Lösungsmöglichkeiten bekannt waren, wie es im Text weiter heißt: „Was wissen wir wirklich über Aids? Seien wir ehrlich: nicht viel. Die Ärzte, die Wissenschaftler lernen täglich hinzu." In diesem turbulenten Umfeld war Rita Süssmuth von 1985 bis 1988 Bundesgesundheitsministerin. Sie schreibt: „In der Gesundheitspolitik war ich vor allem mit der Krankheit Aids gefordert. Die Angst in der Gesellschaft drohte in Panik umzuschlagen. Rationalität war in Gefahr. Ich wusste: Ich muss allen Mut aufbringen. Ich setzte dabei – im Gegensatz zu manchen meiner Parteikollegen – vor allem auf Aufklärung und Beratung, um der Krankheit Herr zu werden"[2] (Süssmuth, 2024, S. 58 f.). Aids ist

---

[2] Süssmuth, R. (2024). *Über Mut*. Bonifatius GmbH.

auch heute noch eine ernste Krankheit. Aber durch große Erfolge in der Medizin und Wissen über Übertragungswege hat sie heute ihren Schrecken verloren. In vielem waren die 1980er-Jahre unserer heutigen Zeit sehr ähnlich: Man sprach noch nicht von einer Polykrise, wie es heute geläufig ist. Man hätte aber auch allen Grund dazu gehabt. Umweltzerstörung, Kriege, gesundheitliche Schreckensszenarien durch neue Viruserkrankungen, mit der 1983 in München gegründeten Partei *Die Republikaner*, eine rechtsextreme Partei, die auch in Parlamente eingezogen war – vieles spiegelt sich im Heute wider. Das soll und darf nicht dazu führen, die Probleme heute zu verharmlosen. Es soll vielmehr Mut und Hoffnung machen, die Probleme anzugehen. So wie Rita Süssmuth und viele andere, zum Beispiel die 400.000 Menschen, die am 6. Dezember 1992 bei der Münchner Lichterkette mit Kerzen in der Hand gegen Fremdenfeindlichkeit demonstrierten, die damaligen Probleme angegangen sind. Hoffnung auf die eigene Fähigkeit, Dinge zum Besseren zu verändern, hat damals in den 1980er- und frühen 1990er-Jahren ähnliche Probleme verbessert, wie sie auch heute bestehen. Es gibt Aids immer noch, aber es ist keine zerstörerische, unbeherrschbare Seuche mehr. Es gibt heute auch einen erstarkenden Rechtsradikalismus, aber die Republikaner als Partei sind in der Bedeutungslosigkeit versunken. So ist Hoffnung ein kontinuierlicher Prozess im Kampf um Verbesserungen. Der Einsatz ist deswegen nicht vergeblich, sondern er beginnt nur immer wieder neu, mit neuen Überschriften und Inhalten. Hoffnung darf man sich aber machen, dass einzelne Schlachten zu gewinnen sind und jede Verbesserung Menschen konkret hilft.

4.3 Hoffnungs-Grund: Bildung und Bekämpfung der Armut

Während in Kap. 3 der Fokus auf Deutschland nach dem 2. Weltkrieg lag, soll es jetzt um globale Zusammenhänge gehen. In der Vielzahl von Ländern dieser Erde gibt es sehr unterschiedliche Situationen und Lebensbedingungen. Im 21. Jahrhundert sind diese Länder aber nicht mehr isoliert und mehr oder weniger voneinander unabhängig. Migration, Klima, die globalisierte Weltwirtschaft – vieles ist miteinander verknüpft und Lebensumstände in Asien, Afrika oder Südamerika beeinflussen auch die Gesellschaften in Europa und Deutschland. So schreibt Jörg Lau am 29. August 2019 in der Wochenzeitung DIE ZEIT in seinem Artikel „Da geht mehr!" (2019, S. 1): „Immer noch steigen Rauchsäulen über dem Amazonas auf – ein Desaster für die im Urwald lebende indigene Bevölkerung, für das globale Klima und die Tiere in einem der artenreichsten Biotope der Welt. Aber es geht hier noch um etwas anderes. Der Qualm der Brandrodungen, den man aus dem All sehen kann, zeigt drastisch das zentrale Dilemma der internationalen Politik: Die Welt hat es mit Problemen zu tun, die die Reichweite nationaler Souveränität übersteigen. Wenn der Regenwald am Amazonas entscheidend für das Weltklima ist, kann keine Regierung allein über ihn verfügen. Man brauchte also dringend mehr Kooperation. Und doch lebt derzeit überall in der Welt der Nationalismus wieder auf."[3] Dabei entsteht schnell der Eindruck, „das Bauchgefühl", dass alles immer schlimmer wird. Wichtig ist aber, dass der erste Eindruck

---

[3] Lau, J. (2019). Da geht mehr!; „DIE ZEIT" Nr. 36 / 74. Jahrgang vom 29. August 2019, Seite 1; Hamburg: Zeitverlag Gerd Bucerius GmbH & Co. KG; https://epaper.zeit.de/abo/diezeit/29.08.2019.

täuschen kann. Natürlich gibt es Entwicklungen, die eine Verschlechterung des vorigen Status quo darstellen: Dass mit der Eskalation des bis dahin schwelenden Ukrainekonflikts zum offenen Krieg im Februar 2022 wieder massive Kriegshandlungen in Europa stattfinden, ist erschreckend und eine Verschlechterung für Millionen Menschen. Der Raubbau am Regenwald im Amazonasgebiet oder die zunehmende Entkopplung der Wirtschaftssysteme in Europa, China und Amerika voneinander sind gefährliche oder zumindest schwierige Entwicklungen. Es gibt aber auch die umgekehrten Entwicklungen und sie bleiben häufig unbemerkt. Sie verschwinden in den Tiefen der Statistik und werden seltener kommuniziert und wahrgenommen. Ein wunderbares Buch, das darauf hinweist und durch Fakten Mut macht, ist *Factfulness* des im Februar 2017 verstorbenen schwedischen Medizinprofessors Hans Rosling (vgl. 2018). Unterhaltsam, aber faktenbasiert zeigt er auf, dass sich viele Entwicklungen zum Guten hin entwickeln: Armut, mangelnde Bildung und vieles andere sind keine unabwendbaren Schicksale, sondern sie können beeinflusst werden. Hans Rosling gründete mit seinem Sohn Ola Rosling und seiner Schwiegertochter Anna Rosling die Gapminder Foundation (www.gapminder.org). Auf dieser Seite und auf der ähnlichen Webseite www.ourworldindata.org werden Zusammenhänge in unserer Welt gut dargestellt, die von vielen Menschen falsch eingeschätzt werden. Roslings Buch basiert zu großen Teilen auf Daten der UN und die Gapminder Foundation setzt eine gute Präsentation und grafische Darstellung der Fakten um. Our World in Data ist eine Kooperation von Forschern der Universität Oxford und des Global Change Data Labs (GCDL). Ein Beispiel für einen solch positiven Trend ist die Entwicklung der extremen Armut in der Welt. Abb. 4.1 zeigt, wie sich die Armut in unterschiedlichen Ländern über die Zeit hinweg verändert hat.

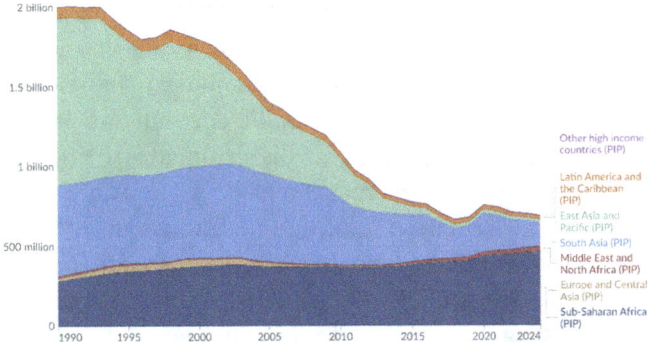

Abb. 4.1 Entwicklung der extremen Armut weltweit 1990 bis 2024 (Hasell et al. 2022)[4]

Es macht Mut und Hoffnung zu sehen, dass Bildung zunimmt und man Armut bekämpfen kann, wenn Menschen sich dafür einsetzen, und dass Lebensumstände nicht unwandelbar sind.

Insbesondere in Asien hat die Zahl der Menschen, die in extremer Armut leben müssen, erheblich abgenommen. Es zeigt aber auch, dass Hoffnung oft einen langen Atem benötigt. Viele Entwicklungen zum Positiven hin benötigen Zeit. Kompromisse müssen gefunden werden, Ver-

---

[4] Hasell, J., Rohenkohl, B., Arriagada, P., Ortiz-Ospina, E., & Roser, M. (2022). "Poverty". Published online at OurWorldinData.org. https://ourworldindata.org/poverty [Online Resource].

änderungen müssen umgesetzt werden und zeigen dann oft nur in kleinen Schritten Wirkung. Das wird auch bei den heutigen großen Bedrohungen wie Klimawandel und Artensterben sichtbar. Menschen erleben es aber auch im persönlichen Leben: Verhaltensänderungen im eigenen Leben, Kompromisse in der Familie oder am Arbeitsplatz sind oft nicht schnell erreicht. Bis sie umgesetzt sind und Wirkung zeigen, gehen manchmal Jahre ins Land. Manches wird auch nicht so ideal und perfekt, wie man es sich idealistisch wünscht: Die in Abb. 4.1 gezeigte positive Entwicklung ist zu einem großen Teil auf den wirtschaftlichen Aufstieg Chinas zurückzuführen. Diese Diktatur hat zwar für viele Millionen Menschen wirtschaftlichen Wohlstand gebracht, die persönliche Freiheit fehlt aber immer noch weitgehend. Außerdem wurde dieser wirtschaftliche Fortschritt mit weitreichenden Umweltschäden erkauft. Dazu mehr – auch hoffnungsvolles – in Abschn. 11.1. Und trotzdem: mutig und voller Hoffnung weiter an Verbesserungen arbeiten, im eigenen persönlichen Leben und in den großen gesellschaftlichen Fragen, ist der einzige Weg, um diese Welt lebenswert zu erhalten. Verantwortung übernehmen ist der Veränderungsfaktor zum Guten hin.

Um hierfür immer wieder den nötigen Mut zu bekommen, ist es lohnend, sich mit solchen oben beschrieben faktenbasierten Hoffnungs-Gründen zu beschäftigen. Umstände können zum Besseren hin gewandelt werden. Veränderung zum Guten ist möglich, wenn sich Menschen dafür einsetzten. Solche Hoffnungs-Gründe als Fakten und Tatsachen sind wichtig, um in unserer Welt zuversichtlich zu leben. Was im Großen ganz unwahrscheinlich und unlösbar erscheint, ist doch kein Naturgesetz. Das macht Mut, dass auch im eigenen Leben Veränderung zum Guten hin möglich ist. Ein Hoffnungs-Grund.

4 Hoffnungsvolle Entwicklungen

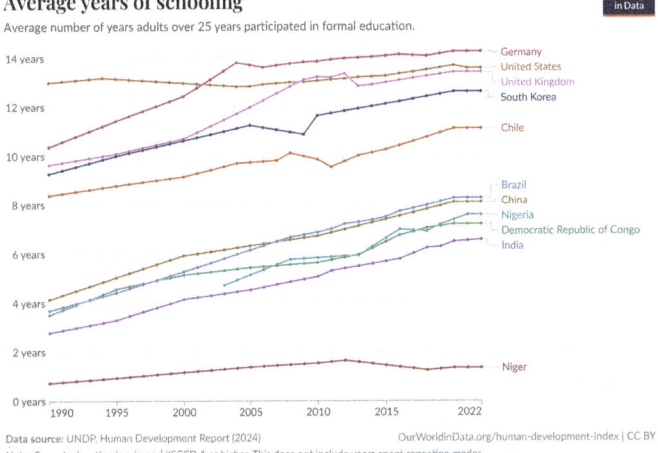

Abb. 4.2 Durchschnittliche Schulbildung zwischen 1990 und 2022 (Herre & Arriagada, 2023)[5]

In Abb. 4.2 ist die positive Entwicklung beim Thema Bildung anhand der wachsenden Dauer des Schulbesuchs in unterschiedlichen Ländern dargestellt. Ähnliche Informationen bei der Gapminder Foundation gehen auch stark auf die – häufig falsche – Einschätzung der Menschen dazu ein. In vielen Fällen passt „das Bauchgefühl" der Menschen nicht zu den Fakten und sie haben dadurch eine falsche Wahrnehmung der Wirklichkeit. Das kann eine zu positive, aber auch eine zu negative Einschätzung der Realität sein.

---

[5] Herre, B., & Arriagada, P. (2023). „The Human Development Index and related indices: what they are and what we can learn from them". Published online at OurWorldinData.org. https://ourworldindata.org/human-development-index [Online Resource].

4.4 Hoffnungs-Grund: die EU – viel gescholten und doch wunderschön

Was kann man nicht alles gegen die Bürokratie in Brüssel sagen? Und viele (Vor-)Urteile enthalten ja auch oft zumindest ein Quäntchen Wahrheit. Ist es wirklich sinnvoll, dass wir uns in Europa weniger durch innovative und vor allem am Markt erfolgreiche Digitalkonzerne und mehr durch die Regulierungen des New Legislative Frameworks wie den Arteficial Intelligence Act, die Datenschutzgrundverordnung (DSGVO) oder die Network and Information System 2 Directive (NIS2), auszeichnen? Ist es wirklich hilfreich, wenn eine Heerschar von Beamten mehr verwaltet und reguliert, als der Wirtschaft Freiheit zur Entfaltung zu lassen? Es darf und muss mit Sicherheit darüber diskutiert werden.

Und trotzdem! Es ist wichtig, immer wieder auch zu den Grundlagen zurückzuschauen. Wie und vor allem warum kam es über all die Zwischenschritte wie Montanunion, EG, EWG etc. zur heutigen EU und den Bestrebungen zur Einigung in Europa? Es war die grauenhafte Erfahrung aus zwei blutigen und menschenverachtenden Weltkriegen, die die Visionäre von einem geeinten Europa träumen ließ. Es war genug Blut auf den Schlachtfeldern vergossen worden. Es waren genug Erfahrungen mit schrecklichen Diktaturen gesammelt worden. Nicht mehr gegeneinander, sondern miteinander, so sah die Idee für die Zukunft aus. Und daraus entstand in kleinen Schritten, in manchen Irrwegen und Sackgassen, mit allen Problemen und Begrenzungen, die wir heute noch erleben, doch ein großartiges Projekt der Menschheit: Länder, die sich noch vor wenigen Jahren in fürchterlichen Kriegen gegenseitig bekämpft haben, begannen jetzt, aufeinander zuzugehen und miteinander zu arbeiten. Es kristallisierten sich über die Jahrzehnte die drei Grundziele der heutigen EU heraus (Vertrag über die Europäische Union (EUV), Artikel 3):

- die Förderung von Frieden, Werten und Wohlergehen der Völker,
- der Binnenmarkt und wirtschaftliche Integration,
- eine gerechte und die nachhaltige Entwicklung,

die heute immer wieder im Streit über viele wichtigen Themen, aber auch über viel Klein-Klein in Vergessenheit geraten. Dafür wurde die EU am 10. Dezember 2012 schließlich auch mit dem Friedensnobelpreis ausgezeichnet. Es wurde viel erreicht und wir leben heute größtenteils deutlich besser als die Generationen vor uns in Europa. Das ist auch ein Verdienst der EU.

Warum das ein Hoffnungs-Grund ist? Ganz einfach: Der Blick auf die Entwicklung in Europa zeigt, dass Menschen mit einem klaren Ziel, mit einer Vision, die Welt zum Positiven hin verändern können. Zunächst einzelne Visionäre, Männer und Frauen wie Robert Schuman, Konrad Adenauer, Charles de Gaule oder Simone Veil, dann zunehmend mehr Menschen, die die Vision zu einer gemeinsamen Sache gemacht haben. Es sind oft viele kleine Schritte. Es beinhaltet meistens auch die Irrwege und Sackgassen. Aber Veränderung zum Guten hin ist möglich. Unsere Gesellschaft ist nicht dazu verdammt, in wiederkehrenden Kriegen wie dem Dreißigjährigen Krieg, zwei Weltkriegen und den vielen „kleineren" Kriegen hin und her ins Elend zu stürzen. Menschen können auch anders handeln. Es muss aber auch angegangen und umgesetzt werden. Das ist im Großen, in Europa, die Verantwortung aller Politikerinnen und Politiker. Das ist aber auch die Verantwortung von allen Bürgerinnen und Bürgern – von uns allen. Es sind immer konkrete Frauen und Männer, die für die großen Ziele wie Erhalt und Stärkung unserer Demokratie eintreten, die aber auch im Kleineren und Privaten aktiv werden: in unseren Kommunen, Unternehmen, Familien. Es sind immer einzelne Menschen, die einen Unterschied machen. Es sind immer wieder Frauen und Männer, die sich nicht damit abfinden, dass Dinge nicht gut laufen, sondern die es mutig und hoffnungsvoll angehen, die Welt ein kleines bisschen besser zu machen.

Ein gutes Beispiel dafür ist der Politiker Robert Schuman. Er war zwischen 1948 und 1952 französischer Außenminister und Mitbegründer der EU und sah seine politische Verantwortung als Berufung, die tief in seinem christlichen Glauben verwurzelt war. Seine religiöse Disziplin, geprägt durch tägliche Messe und Meditation, formte seine Überzeugung, dass Politik die „höchste Form der Nächstenliebe"[6] sein kann, wie Markus Krienke berichtet (2021, S. 773–775). In seiner Vision verband Schuman Werte wie Solidarität und Subsidiarität, mit der Hoffnung, durch die europäische Einigung dauerhaften Frieden zu schaffen. Trotz seiner Inhaftierung durch die Gestapo zwischen 1941 und 1942 und den Spannungen zwischen Frankreich und Deutschland reichte er den Deutschen nach dem 2. Weltkrieg die Hand zur Versöhnung, geleitet von seinem Glauben an die Überwindung von Feindschaften. Schumans Europaidee zielte darauf ab, nationale Interessen in einem größeren solidarischen Zusammenhang

---

[6] Krienke, M. (2021). Robert Schuman – Ein Glaube, der Grenzen versetzt; Zeitschrift „Stimmen der Zeit"; Heft 10/2021; S. 773–775; Freiburg: Verlag Herder GmbH; https://www.herder.de/stz/hefte/archiv/146-2021/10-2021/robert-schuman-ein-glaube-der-grenzen-versetzt/.

zu verankern und dadurch eine überstaatliche Einheit zu schaffen. In seiner berühmten Erklärung von 1950 schlug er die Gründung der Europäischen Gemeinschaft für Kohle und Stahl vor, um konkrete Tatsachen der Solidarität zu schaffen, anstatt auf Machtpolitik zu setzen. Schumans Leben zeigt, wie christliche Werte Hoffnung auf eine bessere Zukunft wecken können, indem sie praktische Lösungen für politische Herausforderungen bieten. Papst Franziskus erkannte Schuman als einen „ehrwürdigen Diener Gottes" (Krienke, 2021, S. 773–775) an, der Vorstufe zur Seligsprechung, was seinen Einsatz für Frieden und Nächstenliebe würdigt und ihn als Beispiel für christliches Handeln im öffentlichen Leben darstellt. Sein Wirken hat Europa nicht nur politisch, sondern auch spirituell geprägt, indem es den Glauben an die Möglichkeit eines vereinten und friedlichen Kontinents stärkte. Die Hoffnung, die Schuman in seinem Glauben fand, ermöglichte ihm, eine visionäre Politik zu verfolgen, die Grenzen überwand und ein solidarisches Europa begründete.

Wenn heute über die EU und Brüssel berichtet wird, geschieht das oft auch mit einem kritischen Unterton. Auf Missstände hinzuweisen und zu kritisieren, gehört auch zur Aufgabe der Medien als vierter Gewalt in unserer Gesellschaft. Gerne verweisen manche Politiker und Politikerinnen auf „Brüssel", wenn unpopuläre Entscheidungen zu verkünden sind. Trotzdem sollte das nie auch den Blick auf die Schönheit der EU verstellen. Bei allen Missständen sind die Einheit und Zusammenarbeit in Europa ein großer Gewinn und geben Hoffnung. Es ist so viel besser, miteinander um Kompromisse zu ringen, als sich in den Schützengräben zu beschießen. Gerade nach der russischen Annexion der Krim seit 2014 und dem vollständigen Angriff auf die Ukraine seit Februar 2022 wurde wieder neu deutlich, wie wenig selbstverständlich das ist.

4.5 Hoffnungs-Grund: Umweltschutz – auch erfolgreich

Umweltschutz als Hoffnungs-Grund? Ist das jetzt nicht wirklich übertrieben? Richten wir unsere Umwelt nicht zugrunde und zerstören wir sie nicht endgültig? Das kann entmutigen und in die Hoffnungslosigkeit führen. Trotzdem kann auch dieses durchaus real beängstigende Thema Grund zur Hoffnung geben. Es lohnt sich, einige Jahre oder Jahrzehnte zurückzuschauen, um zu sehen, ob durch die ergriffenen Maßnahmen wenigstens einige der alten Probleme gelöst wurden. Auch in den 1970er- und 1980er-Jahren gab es Umweltverschmutzung und auch damals waren die Ängste berechtigt. Wenn man aber zurückschaut, lässt sich erkennen, dass Maßnahmen, die ergriffen wurden, auch gewirkt haben. Manche Probleme konnten gelöst oder zumindest deutlich verbessert werden. Und das wiederum ist durchaus ein Grund zur Hoffnung: Die Entscheidungen und Schritte hatten Auswirkungen und konnten Situationen zum Besseren wenden. Vermutlich der erste Artikel zum Thema Umweltschutz auf der Titelseite der Zeit erschien am 9. Juni 1972, kurz nachdem der Club of Rome am 2. März 1972 den Bericht „Die Grenzen des Wachstums" erstmals auf einer Konferenz in Washington vorgestellt hatte. In dem kurzen Text „Umweltboykott" ging es in der Zeit darum, dass der DDR die Teilnahme an der Stockholmer Umweltkonferenz der Vereinten Nationen untersagt wurde (vgl. Die Zeit, 1972, S. 1). Diese erste Tagung, die „vom 5. bis 16. Juni in Stockholm stattfand, war die erste Konferenz der Vereinten Nationen zum Thema Umwelt und gilt als Beginn der (globalen) Umweltpolitik" (Wikipedia, 2024). Während es in diesem ersten Text noch vorrangig um die politischen Aspekte der Konferenz ging, nämlich die Teilnahme der

DDR an der Konferenz, begleitete DIE ZEIT das Thema Umwelt ab dann zunehmend intensiver. Am 6. April 1979 schrieb Theo Sommer in „Ist die Zukunft schon vorüber? Das Atomdebakel von Harrisburg und seine Lehren" (1979, S. 1) über die Reaktorkatastrophe im AKW Harrisburg. Hier steht die Frage nach den Risiken schon sehr klar im Raum: „Am Ende ging das Drama glimpflich aus – aber nicht, weil die Techniker Herren der Lage gewesen wären, sondern weil sie sagenhaftes Glück hatten. Was geschah, hatten sie nie vorausbedacht; als es geschah, wußten sie nicht, worum es ging; als die Gefahr verflog, hatten sie nicht einmal dafür eine Erklärung."[7] Einige Absätze weiter ging es um die Frage nach der Zukunft der Atomkraft: „Die politische Frage ist, wie und von wem solch eine gesellschaftliche Übereinkunft organisiert werden kann. Wenn unsere Demokratie nicht entarten soll, kann es darauf nur eine einzige Antwort geben: Sie muß sich aus unseren normalen politischen Verfahren ergeben, aus der Konkurrenz der Parteien, aus der Kristallisation von Mehrheit und Minderheit in den Wahlen. Wir dürfen die Entscheidung nicht den Technikern überlassen – das wäre die Abdankung der Demokratie. Andererseits können wir nicht der Atomfrage wegen die Spielregeln des Gemeinwesens außer Kraft setzen – das wäre die Selbstzerstörung der Demokratie." Das Thema Atomkraft hat die Bundesrepublik noch über Jahrzehnte hinweg bewegt und herausgefordert, bis am 15. April 2023 schließlich die letzten drei deutschen Kernkraftwerke abgeschaltet wurden. Man mag auch heute noch zu der Entscheidung unterschiedlicher Meinung sein: hoffnungsvoll stimmt aber, dass der von

---

[7] Sommer, T. (1979). Ist die Zukunft schon vorüber?; „DIE ZEIT" Nr. 15 / 34. Jahrgang vom 6. April 1979, Seite 1; Hamburg: Zeitverlag Gerd Bucerius GmbH & Co. KG. https://www.zeit.de/1979/15/ist-die-zukunft-schon-vorueber.

Theo Sommer geforderte demokratische Prozess funktioniert hat. Es waren harte Diskussionen im Parlament und in vielen Familien, aber die Demokratie hat sich als fähig erwiesen, Entscheidungen zu treffen und Mehrheiten zu finden. Dieses Beispiel macht auch Mut für unsere Demokratie heute bei künftigen Entscheidungen und Herausforderungen, die noch auf finale Schritte warten. Es tut gut, zurückzuschauen und die Sorge um die Demokratie auch schon im Frühjahr 1979 zu hören. Auch unsere heutigen noch offenen Fragen können wir Schritt für Schritt angehen, in Diskurs und Debatte erörtern und schließlich entscheiden.

Im Bereich Umweltschutz zeigt sich dieses Schema oft an den „großen" Entscheidungen: Politiker und Politikerinnen haben Rahmenbedingen geändert oder Gesetze erlassen, die zum Umweltschutz beitragen, und dann – typischerweise einige Jahre später – zeigen sich positive Auswirkungen in unserer Umwelt. Entscheidungen – Handlungen – Auswirkungen: Durch diese Wirkungskette können Situationen verbessert werden und das macht Hoffnung. Die Entwicklungen im Umweltschutz sind recht gut dokumentiert. Man kann alte Zeitungsberichte im Internet recherchieren und mit der heutigen Situation vergleichen. Deswegen kann man die Entwicklungen im Umweltschutz gut als Beispiel und Anregung zur Hoffnung nehmen: sowohl für heutige Umweltprobleme als auch generell als Grund zur Hoffnung, dass wir durch unsere Entscheidungen und Handlungen in vielen Fällen selbstwirksam sein können und Umstände zumindest beeinflussen können. Mut und aktives Handeln sind gerade auch beim heute anstehenden Umweltschutz wichtig. Um das Ganze zu konkretisieren, folgen hier ein paar Beispiele, die ermutigen sollen:

Am 1. November 1986 geschah eine Katastrophe am Oberrhein: Bei Löscharbeiten auf dem Werksgelände des

Chemiekonzerns Sandoz gelangten 20 t Chemikalien, darunter 2,6 t Quecksilber, in den Rhein. Ein dramatisches Fischsterben war die Folge und über hunderte Kilometer waren der Ober- und Mittelrhein bis St. Goarshausen nahezu fischfrei. Optisch sichtbar wurde das Desaster durch eine Rotfärbung des Rheins. Etliche Jahre später – 2024 – fand das 44. Basler Rheinschwimmen statt. Rund 4500 Menschen genossen einen wunderbaren Sommerabend in Basel und schwammen im wieder relativ sauberen Rhein. Fische gibt es längst wieder und durch verschiedene Gesetze wie ein automatisiertes Gewässerüberwachungsgesetz, Auffangbecken für Löschwasser und weitere Vorschriften u. a. für Chemiekonzerne konnte die Situation deutlich verbessert werden.

Ist jetzt also alles gut? Nein, leider nicht. Das *Handelsblatt online* schreibt am 15. August 2024, dass viele Flüsse in Europa sehr dreckig sind, weil die Kanalisation und Kläranlagen nicht mit dem Wachstum der Städte und der Industrie mitgehalten haben und Regenwasser und Abwasser vielfach nicht getrennt werden (vgl. Handelsblatt, 2024). Insbesondere bei Starkregen, der aufgrund des Klimawandels häufiger auftritt, gelangt dann verschmutztes Wasser ungeklärt in die Flüsse. Bei der Sommerolympiade 2024 in Paris haben die Schwimmer und Schwimmerinnen in der Seine das buchstäblich am eigenen Leib erlebt und vielfach über Erbrechen und Durchfall nach dem Schwimmen geklagt. Es ist daher nötig, dass weiter und verstärkt in die Abwassersysteme investiert wird, um den nächsten Schritt nach vorne zu machen.

So ist das manchmal mit der Hoffnung: Man sieht ein Problem und ist völlig frustriert und hoffnungslos. Dann machen sich Menschen auf, entscheiden, handeln und erzielen eine positive Wirkung. Hoffnung breitet sich aus, wenn man auf das Gute sieht. Aber das erreichte Gute ist nicht für immer. Eine andere Entwicklung greift sich

Bahn, neue Probleme entstehen und es muss scheinbar von vorne begonnen werden.

Diese scheinbare Sinnlosigkeit des eigenen Tuns wird im Mythos vom antiken Helden Sisyphos erzählt. Sein Schicksal ist es, einen Stein einen Berg hinauf zu wälzen. Kurz bevor er die gestellte Aufgabe geschafft hat, entgleitet ihm der Felsblock und rollt wieder ins Tal. Die Arbeit beginnt von Neuem. Albert Camus hat sich dieses Themas in seinem Werk *Der Mythos des Sisyphos* angenommen und deutet die Erzählung so, dass das Absurde das menschliche Sein bestimmt und man nicht nach einem tieferen Sinn suchen solle. Trotzdem muss das Leben nicht in der Verzweiflung enden. Camus schließt seinen Roman mit dem berühmten Satz: „Wir müssen uns Sisyphos als einen glücklichen Menschen vorstellen" (2013, S. 145).[8] Der Philosoph Ulrich Hommes schreibt in seinem Text „Glücklicher Sisyphos?" dagegen: „Man muss dazu ja nur einmal die eigene Erfahrung befragen. Schon das Wort Glück meint offensichtlich etwas anderes als Preisgabe jeglicher Erwartung von Sinn. Gewiss suchen die Menschen Glück in sehr verschiedenartigen Dingen – im Erwerb und Besitz materieller Güter so gut wie zum Beispiel in der Beziehung zu anderen Menschen. Und nicht immer finden sie da, wo sie suchen, und so, wie sie das tun, tatsächlich Glück. Wer aber wirklich Glück erfährt, sieht, dass das, was da zählt, nicht so sehr die Abwesenheit des Negativen ist, sondern die Gegenwart von solchem, das sich als Positives erweist. Glücklichsein zeichnet sich nicht dadurch aus, dass wir aller Sorgen enthoben sind und

---

[8] Camus bildet damit in gewisser Weise eine Gegenposition zur sinnzentrierten Ausrichtung von Viktor E. Frankl (siehe Abschn. 5.4), der aus der positiven Beantwortung der Frage nach dem Sinn des Lebens Hoffnung schöpft.

keine Probleme mehr bestehen. Das Wesentliche ist vielmehr, dass wir uns inmitten von Sorgen und Problemen erfüllt finden, bejaht, bestätigt und erfreut"[9] (Hommes, 2001, S. 87–95).

Häufig haben Menschen nur den steinewälzenden Sisyphos vor Augen, wenn sie seinen Namen hören. Das ist aber nur der zweite Teil des altgriechischen Mythos. Die Geschichte beginnt damit, dass Sisyphos den Totengott Thanatos mehrfach überlistet hat und ihn zum Beispiel gefesselt und in einem Schrank eingesperrt hat. Als Folge davon starben keine Menschen mehr und die Welt war aus Sicht der griechischen Götter in Unordnung geraten. Das wirft auf diesen Mythos ein ganz anderes Licht: Die Tat, die zu der Strafe des Steinewälzens geführt hat, war ja aller Mühen wert und damit hat auch diese Geschichte einen hoffnungsvollen Charakter. So ist es manchmal mit unseren hoffnungsgetriebenen Aktivitäten: Sie haben – wie oft im Umweltschutz – nur eine begrenzte Reichweite und wir müssen von vorne beginnen. Neue Probleme tauchen auf und Menschen benötigen erneut Hoffnung, um weiterzuarbeiten. Ob man nun die Religion wie Camus als Hoffnungsquelle ablehnt oder nicht: Es lohnt sich auf jeden Fall, das Absurde im Leben nicht als Grund zur Verzweiflung zu sehen, sondern trotz des erneuten Steinewälzens die Hoffnung zu bewahren.

Ein weiteres Beispiel zum Umweltschutz sind Öltanker. Im Rahmen des Klimawandels ist es vielleicht keine besonders gute Idee, Öltanker als Erfolgsgeschichte dar-

---

[9] Hommes, U. (2001). Glücklicher Sisyphos?; Die politische Meinung; Nr. 378; 01. Mai 2001; S. 87–95; Zeitschrift für Politik, Gesellschaft, Religion und Kultur; Berlin: Konrad-Adenauer-Stiftung e. V.; https://www.kas.de/de/web/die-politische-meinung/artikel/detail/-/content/gluecklicher-sisyphos.

stellen zu wollen. Aber über der wichtigen Diskussion zum CO_2-Ausstoß bei der Verbrennung fossiler Rohstoffe gerät schnell in Vergessenheit, dass Öl über viele Jahrzehnte eine weitere dramatische Auswirkung auf die Umwelt hatte. Ich erinnere mich noch gut an regelmäßige Berichte in den Nachrichten über Tankerunglücke, ölverseuchte Strände, Vögel mit schwarz verklebtem Gefieder und über hunderte Freiwillige, die versuchten, Strände und Tiere zu reinigen. Auf Wikipedia findet man eine interessante Liste der wichtigsten Ölunfälle, bei denen Öl in die Umwelt gelangte: https://de.wikipedia.org/wiki/Liste_bedeutender_Ölunfälle. Hier wird deutlich, dass die Menge des ausgelaufenen Rohöls im Laufe der Jahre deutlich zurückgegangen ist. Das hängt mit Gesetzgebung und technischen Innovationen wie doppelwandigen Tankern zusammen. Auch auf der Webseite von Our World in Data finden sich analoge Informationen, wenn man zum Thema „Ölpest" sucht: Die Anzahl der Unglücke ging seit den 1980er-Jahren massiv zurück, obwohl die Menge des transportierten Öls zugenommen hat (was aber natürlich aus Sicht des Klimaschutzes wiederum keine gute Nachricht ist). Diese Zusammenhänge sind in den Abb. 4.3 und 4.4 dargestellt.

Ängste und Sorgen um die Umwelt sind vielfach sehr berechtigt. Eine weitere Angst, die zum Handeln geführt hat, ist die vor dem Waldsterben in den 1980er-Jahren. In den Medien war das Waldsterben, ausgelöst durch den sauren Regen, ein großes Thema, das nicht nur die gerade entstehende Ökobewegung, sondern auch konservative Kreise bewegte. Die Alarmrufe beispielsweise von Bernhard Ulrich, damals Professor für forstliche Bodenkunde und Waldernährung in Göttingen, waren laut, vielleicht auch zu laut. Er hat im November 1981 in einer Spiegel-Titelgeschichte vorhergesagt: „Die ersten großen Wälder werden schon in den nächsten fünf Jahren sterben. Sie

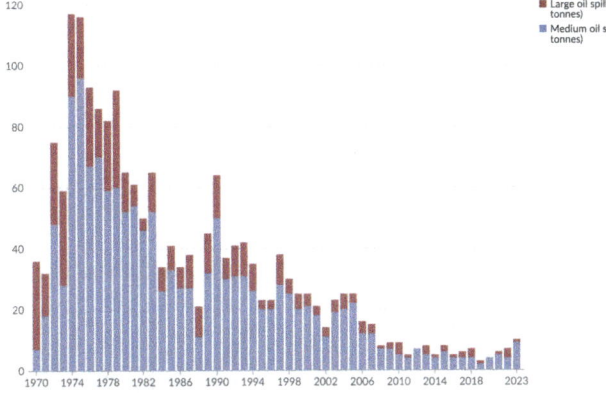

Abb. 4.3 Unfälle von Öltankern zwischen 1970 und 2023 (Ritchie et al., 2022)[10]

sind nicht mehr zu retten"[12] (Spiegel, 1981, S. 96–110). Eine ähnliche Prognose findet sich in der ZEIT vom 7. Januar 1983 im Artikel „Noch zwanzig Jahre deutscher Wald – Mit Beschwichtigungen und Patentrezepten lässt sich die Umweltkatastrophe nicht aufhalten" von Günter Haaf (1983, S. 1). Er schreibt: „Das weihnachtliche Ereignis in den guten Stuben der Deutschen bekam dieses Mal eine düstere Symbolik: Der Weihnachtsbaum nadelte ab. Der millionenfache Tod des traditionellen Zimmer-

---

[10] Ritchie, H., Samborska, V., & Roser, M. (2022). "Oil Spills". Published online at OurWorldinData.org. https://ourworldindata.org/oil-spills [Online Resource].

[12] Spiegel (1981): Säureregen: »Da liegt was in der Luft«; DER SPIEGEL Nr. 47 / 35. Jahrgang vom 16. November 1981; S. 96–110; Hamburg: DER SPIEGEL GmbH & Co. KG; https://www.spiegel.de/politik/saeureregen-da-liegt-was-in-der-luft-a-9b3bc698-0002-0001-0000-000014347006?context=issue.

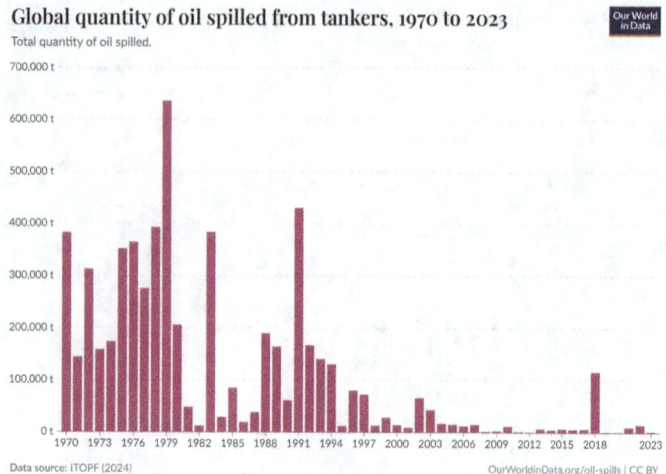

Abb. 4.4 Menge des ausgetretenen Öls bei Tankerunglücken (Ritchie et al., 2022)[11]

schmucks nimmt, daran gibt es nicht mehr viel zu deuteln, den millionenfachen Tod unserer Bäume draußen im Wald vorweg."[13] Gleichzeitig wären ohne den Alarmismus vermutlich auch nicht die wichtigen Gegenmaßnahmen ergriffen worden, die erheblich zur Luftreinhaltung beigetragen haben, wie die Pflicht zur Einführung von Katalysatoren in Autos, (beschlossen von der Bundesregierung am 19.09.1984) oder die Pflicht zur Nachrüstung von

---

[11] Ritchie, H., Samborska, V., & Roser, M. (2022). "Oil Spills". Published online at OurWorldinData.org. https://ourworldindata.org/oil-spills [Online Resource].

[13] Haaf, G. (1983). Noch zwanzig Jahre deutscher Wald?; „DIE ZEIT" Nr. 2 / 38. Jahrgang vom 7. Januar 1983, Seite 1; Hamburg: Zeitverlag Gerd Bucerius GmbH & Co. KG; https://www.zeit.de/1983/02/noch-zwanzig-jahre-deutscher-wald.

bestehenden Großfeuerungsanlagen und Kraftwerken mit Rauchgasentschwefelungsanlagen (Juni 1983). Hier wird wieder deutlich, dass Hoffnung nicht das schlichte Ignorieren und Verdrängen von Problemen bedeutet, sondern zum aktiven Handeln, zum Lösen von Problemen führen kann und muss. Wenn sie das nicht tut, ist sie ein reines Glücksspiel. „Et hätt noch immer jot jejange: Wird schon gutgehen …" sagt der Paragraf 3 des Kölschen Grundgesetzes. Als Folklore ist das gut geeignet, nicht aber, um verantwortlich zu leben. Aber geht es dem Wald denn heute gut? Am 13. Mai 2024 veröffentlichte das Bundesministerium für Ernährung und Landwirtschaft den jährlichen Waldzustandsbericht. Darin beschreibt der damalige Landwirtschaftsminister Cem Özdemir, dass der Wald nach wie vor in einem schlechten Zustand ist und nur jeder fünfte Baum vollständig gesund ist. Immer noch leiden viele Bäume unter dem Dürresommer 2018 (vgl. Özdemir, 2024). Auch hier zeigt sich, dass Hoffnung immer neu gebraucht wird: Probleme wie der oben genannte saure Regen wurden angegangen und verbessert. Andere Probleme wie die Anpassung an den Klimawandel und vermehrte Trockenperioden sind stärker geworden. Hoffnungsvoll zu handeln, ist also eine lebenslange Daueraufgabe. Es wäre aber auch falsch, vor den erreichten Erfolgen die Augen zu verschließen und nur auf den Alarmismus zu hören. Anders als in den oben zitierten Texten von Spiegel und ZEIT beschrieben, gibt es immer noch viel Wald in Deutschland. Es ist möglich, zu handeln und Dinge zu gestalten.

Ein weiteres Beispiel ist die Luftqualität, beispielsweise in Stuttgart. Vor rund zehn Jahren war die Aufregung groß: In Deutschland wurden an vielen Orten die Grenzwerte für Feinstaub und Stickstoffdioxid ganz erheblich überschritten und die medizinische Forschung hatte beide als Ursache für etliche Krankheiten erkannt. Es wurde heftig debattiert und auch gestritten, was zu tun sei: Am 22. Februar 2016 schrieb Christof Vieweg in der ZEIT ONLINE in seinem Artikel „Fahrverbot: Die grüne Plakette reicht nicht mehr", dass rund 13,5 Mio. Autos in Deutschland von Fahrverboten für ältere Dieselautos betroffen sein könnten (vgl. 2016). Beim Lesen erschien vor dem inneren Auge der Leserinnen und Leser schnell das Bild von Unmengen an zu verschrottenden Autos, Familien, die durch die Entwertung ihres Kraftfahrzeugs in finanzielle Probleme gestürzt werden, und ein allgemeines Chaos im öffentlichen Nahverkehr. Eine Menge von 13,5 Mio. Pkws sind nahezu unvorstellbar und damit erschien auch das Problem nahezu unlösbar. Die Realität lief deutlich gemäßigter ab: In der Stuttgarter Innenstadt wurde die Geschwindigkeit weithin auf 40 km/h begrenzt, es gab tageweise und situationsabhängig Fahrverbote und von „2020 bis 2024 nahm die Zahl der Dieselautos in Stuttgart von 86.990 auf 64.701 ab, davon erfüllten 46.638 die Euro-6-Norm",[14] wie Konstantin Schwarz berichtet (2025, S. 7). Für Einzelne war der Übergang sicherlich unangenehm – trotzdem war die Realität eine ganz andere, als die 13,5 Mio. stillzulegender Dieselautos suggerierten. Konstantin Schwarz schreibt in seinem eben schon zitierten Artikel weiter: „Am berühmt-berüchtigten Neckartor ermittelte die Messstelle der Landesanstalt für Umwelt (LUBW) für Stickstoffdioxid Ende 2024 noch 31 Mikrogramm pro Kubikmeter Luft im Jahresmittel. Stuttgart lag damit im vierten Jahr in Folge unter dem Immissionsgrenzwert von 40 Mikrogramm." Es war also möglich, diese Verbesserung ohne ganz große Probleme für die breite Bevölkerung

---

[14] Schwarz, K. (2025). Keine Kontrollen mehr: Fällt Fahrverbot in Stuttgart?; Haller Tagblatt vom 11. Januar 2025; S. 7; Ulm: Neue Pressegesellschaft mbH & Co. KG SÜDWEST PRESSE; epaper.swp.de/webreader-v3/index.html#/751.594/6–7.

zu erreichen. Ein typischer Hoffnungs-Räuber unserer Gesellschaft ist aber, dass die Berichterstattung über das Problem und die erwarteten Schwierigkeiten bei seiner Lösung um ein Vielfaches lauter war als der Bericht über die positiv erreichten Ergebnisse (siehe dazu auch Abschn. 10.3). Das muss vielleicht auch sein, um den nötigen Handlungsdruck aufzubauen. Trotzdem führt es bei vielen Menschen dazu, dass die Probleme viel stärker als ihre umgesetzte Lösung wahrgenommen werden, und das kann die Hoffnung rauben. Die Dominanz der Herausforderungen und schlechten Nachrichten in den Medien kann die Zuversicht nehmen. Ein Weg aus diesem Dilemma heraus kann es sein, bewusst die Zeit, die mit dem Konsum von (schlechten) Nachrichten verbracht wird, zu begrenzen und die Zeit mit anderen Inhalten zu füllen.

4.6 Hoffnungs-Grund: Große Zyklen gab es schon immer

Manchmal wirkt das Leben wie eine Achterbahnfahrt: Man erlebt, wie der Wagen, in dem man sitzt, nach oben gezogen wird. Es geht steil hinauf und im Kopf ist schon klar: Das wird auch sehr steil wieder nach unten gehen. Im Freizeitpark macht genau das das Vergnügen aus. Und jeweils die nächste rasante Talfahrt ist der nächste Nervenkitzel. Da fällt es schwer, den Gesamtüberblick über die Bahn zu behalten. Erst wenn man ein Fahrgeschäft mehrfach gefahren ist, kann man aus dem jeweils aktuellen Adrenalinschub auch den größeren Überblick gewinnen. Im Leben ist es manchmal ganz ähnlich: Menschen erleben die aktuellen Auf- und Abbewegungen in der Wirtschaft, Technologie oder Politik so, als wenn diese ein singuläres Ereignis wären. Ziel dieses Buchs ist es, gerade dadurch die Erweiterung des Blickfelds Hoffnung zu machen, dass es auch schon in der Vergangenheit Zyklen, Schwankungen und Herausforderungen gab und dass diese gelöst werden konnten (sonst wären wir heute ja nicht hier). Solche Zyklen zeigt beispielsweise Ray Dalio in seinem Buch *Principles for dealing with the changig world order* (vgl. 2021) auf.

Eine andere Betrachtungsweise sind die sogenannten Kondratjew-Zyklen. Der sowjetische Wirtschaftswissenschaftler Nikolai Kondratjew entwarf die Theorie, dass sich die Wirtschaft in langen Wellen oder langen Zyklen entwickelt, die jeweils durch disruptive Technologiewechsel und damit geändertes Investitionsverhalten ausgelöst werden. Diese Theorie wird in der Wirtschaftswissenschaft teilweise durchaus kontrovers diskutiert, wurde aber beispielsweise von dem wichtigen Ökonom Joseph Schumpeter unterstützt. Die Zyklen werden typischerweise wie folgt eingeteilt:

1. Lange Welle (ca. 1780–1840): Beginn der Industrialisierung mit der frühen Mechanisierung. Die Dampfmaschine ist in dieser Zeit die wichtigste technologische Revolution.
2. Lange Welle (ca. 1840–1890): Eisenbahn, Stahlerzeugung und Dampfschiff verändern in diesen Jahren die Wirtschaft und Gesellschaft massiv und führen zur Gründung vieler Unternehmen. Man spricht daher auch von der *Gründerzeit*.
3. Lange Welle (ca. 1890–1940): In diesen Jahren beginnen Elektrotechnik und Chemie die Welt zu prägen.
4. Lange Welle (ca. 1940–1990): Elektronik und Computer werden neben der Automobilindustrie jetzt die führenden Technologiezweige.
5. Periode (ab 1990): Die Globalisierung und das Internet haben die Jahrzehnte seit den 1990er-Jahren wesentlich geprägt.

4 Hoffnungsvolle Entwicklungen

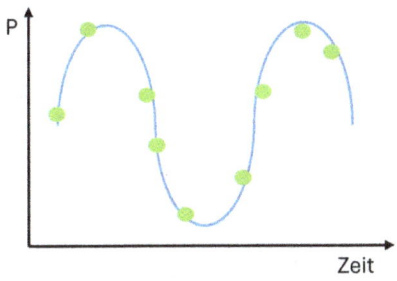

Abb. 4.5 Zyklischer Prozess

Die spannende Frage ist nun, wie lange dieser fünfte Kondratjew-Zyklus dauert. Ein sechster Zyklus könnte beispielsweise durch KI eingeläutet werden. Diese Umbruchzeiten sind meistens keine einfachen Zeiten und von Disruption, teilweise auch militärischen Auseinandersetzungen oder erheblichen politischen Veränderungen geprägt. Trotzdem ist es, wie bei der Achterbahnfahrt und dem Adrenalinschub vor der nächsten Talfahrt, gut zu wissen, dass es nicht der erste und nicht der letzte Berg- und Talzyklus ist.

Im Sinne der Systemtheorie vom Anfang des Buchs handelt es sich hierbei um zyklische Prozesse, wie er in Abb. 4.5 gezeigt ist.

Abläufe wiederholen sich, wenn auch nicht identisch, so doch mit einiger Ähnlichkeit. Wichtig ist bei den großen Zyklen der Wirtschaft und Technologie, dass die Auswirkungen zwar ähnlich sind, die Treiber des Umbruchs sich aber unterscheiden. Eine Dampfmaschine ist natürlich technisch völlig anders als ein Computer. Die Auswirkungen auf das Leben der Menschen können aber große Ähnlichkeit haben. Bisherige wertvolle Qualifikationen und Kenntnisse können an Wert verlieren und neue Anforderungen entstehen im Arbeitsleben. Das kann die Hoffnung rauben und Ängste verbreiten sich. Wichtig ist es dann zu sehen, dass die Menschen schon mehrere solche

Umschwünge gemeistert haben. Sie müssen aber gestaltet werden, um ihren revolutionären Charakter abzumildern und die Menschen auf dem Weg mitzunehmen. Das ist gerade in Umbruchzeiten wichtige Aufgabe der Politik und des Sozialstaats.

4.7 Zusammenfassung

Ähnlich wie die historischen Ereignisse, die in Kap. 3 beschrieben wurden, können auch die hier vorgestellten langfristigen Trends Mut und Hoffnung machen. Gleichzeitig gilt auch hier das oben Gesagte: Positive Entwicklungen der Vergangenheit sind keine Garantie für eine gute Entwicklung der Zukunft. Das wäre naiver Optimismus. Die in diesem Kapitel vorgestellten Gründe für Hoffnung sollen zum aktiven Gestalten der Zukunft im Hier und Heute, in der Gegenwart ermutigen. Es geht um tätige Hoffnung, die im Kleinen und Großen immer wieder Selbstwirksamkeit erlebt, weil sie auf der Evidenz der Vergangenheit basiert: Wir sind als Individuen und als Gesellschaft nicht dem passiven Zuschauen beim eigenen Untergang ausgeliefert, sondern haben immer wieder in der Vergangenheit bewiesen, dass tätig Gutes gestaltet werden kann. Die Zukunft lässt sich aber auch nur mit der gleichen Aktivität und dem gleichen Einsatz positiv gestalten. Hierfür geben Beispiele aus Politik, dem Gesundheits- und Bildungssektor und dem Umweltschutz Hoffnung.

Literatur

Camus, A. (2013). *Der Mythos des Sisyphos*. Rowolt.
Dalio, R. (2021). *Principles for dealing with the changing world order*. London: Simon & Schuster UK Ltd.

Die Zeit. (1972). Umweltboykott; „DIE ZEIT" Nr. 23 / 27. Jahrgang vom 9. Juni 1972, S. 1; Hamburg: Zeitverlag Gerd Bucerius GmbH & Co. KG. https://www.zeit.de/1972/23/umweltboykott.

Lau, J. (2019). Da geht mehr!; „DIE ZEIT" Nr. 36 / 74. Jahrgang vom 29. August 2019, S. 1; Hamburg: Zeitverlag Gerd Bucerius GmbH & Co. KG. https://epaper.zeit.de/abo/die-zeit/29.08.2019.

Haaf, G. (1983) Noch zwanzig Jahre deutscher Wald?; „DIE ZEIT" Nr. 2 / 38. Jahrgang vom 7. Januar 1983, S. 1; Hamburg: Zeitverlag Gerd Bucerius GmbH & Co. KG. https://www.zeit.de/1983/02/noch-zwanzig-jahre-deutscher-wald.

Handelsblatt. (2024). E-Coli und tote Fische – Darum sind Europas Flüsse so dreckig, in Handelsblatt online vom 15.08.2024 15.55 Uhr abgerufen unter https://www.handelsblatt.com/technik/forschung-innovation/wasserqualitaet-e-coli-und-tote-fische-darum-sind-europas-fluesse-so-dreckig/100060149.html. Handelsblatt GmbH.

Hasell, J., Rohenkohl, B., Arriagada, P., Ortiz-Ospina, E., & Roser, M. (2022). "Poverty". Published online at OurWorldinData.org. https://ourworldindata.org/poverty [Online Resource].

Herre, B., & Arriagada, P. (2023). "The Human Development Index and related indices: What they are and what we can learn from them". Published online at OurWorldinData.org. https://ourworldindata.org/human-development-index [Online Resource].

Hommes, U. (2001). Glücklicher Sisyphos?; Die politische Meinung; Nr. 378; 01. Mai 2001; S. 87–95; Zeitschrift für Politik, Gesellschaft, Religion und Kultur. Konrad-Adenauer-Stiftung e. V. ; https://www.kas.de/de/web/die-politische-meinung/artikel/detail/-/content/gluecklicher-sisyphos.

Krienke, M. (2021). Robert Schuman – Ein Glaube, der Grenzen versetzt; Zeitschrift „Stimmen der Zeit"; Heft 10/2021; S. 773–775. Herder GmbH; https://www.herder.de/stz/hefte/archiv/146-2021/10-2021/robert-schuman-ein-glaube-der-grenzen-versetzt/.

Özdemir, C. (2024). Waldzustand: Nur jeder fünfte Baum ist gesund; Pressemitteilung Nr. 43/2024 des Bundesministeriums für Ernährung und Landwirtschaft. https://www.bmel.de/SharedDocs/Pressemitteilungen/DE/2024/043-waldzustandserhebung.html.

Ritchie, H., Samborska, V., & Roser, M. (2022). "Oil Spills". Published online at OurWorldinData.org. https://ourworldindata.org/oil-spills [Online Resource].

Rosling, H. (2018). *Factfulness*. Ullstein Buchverlag GmbH.

Schwarz, K. (2025). Keine Kontrollen mehr: Fällt Fahrverbot in Stuttgart?; Haller Tagblatt vom 11. Januar 2025; S. 7. Neue Pressegesellschaft mbH & Co. KG SÜDWEST PRESSE. epaper.swp.de/webreader-v3/index.html#/751594/6-7.

Sommer, T. (1979). Ist die Zukunft schon vorüber?; „DIE ZEIT" Nr. 15 / 34. Jahrgang vom 6. April 1979, S. 1. Zeitverlag Gerd Bucerius GmbH & Co. KG. https://www.zeit.de/1979/15/ist-die-zukunft-schon-vorueber.

Sommer, T. (1987). Die Angst vor Liebe, Lust und Tod; „DIE ZEIT" Nr. 10 / 43. Jahrgang vom 27. Februar 1987, S. 1. Zeitverlag Gerd Bucerius GmbH & Co. KG. https://www.zeit.de/1987/10/die-angst-vor-liebe-lust-und-tod.

Spiegel. (1981). Säureregen: »Da liegt was in der Luft«; DER SPIEGEL Nr. 47 / 35. Jahrgang vom 16. November 1981; S. 96–110. DER SPIEGEL GmbH & Co. KG. https://www.spiegel.de/politik/saueregen-da-liegt-was-in-der-luft-a-9b3bc698-0002-0001-0000-000014347006?context=issue.

Süssmuth, R. (2024). *Über Mut*. Bonifatius GmbH.

Vieweg, C. (2016). „Fahrverbot: Die grüne Plakette reicht nicht mehr"; ZEIT online vom 22. Februar 2016, 21:52 Uhr. https://www.zeit.de/mobilitaet/2016-02/diesel-umweltzone-fahrverbot-staedte.

Wikipedia. (2024). https://de.wikipedia.org/wiki/Konferenz_der_Vereinten_Nationen_%C3%BCber_Umwelt_und_Entwicklung. Zugegriffen: 5. Jan. 2024 um 00:02 Uhr bearbeitet.

5 Hoffnungs-Menschen

5.1 Hoffnungs-Menschen als Inspiration

Die in diesem Buch vorgestellten Personen, die *Hoffnungs-Menschen*, sollen Hoffnung machen und zur Zuversicht inspirieren. Dabei gibt es Menschen, die durch vorbildliches Handeln Beispiel geben können. Sophie Scholls Widerstand gegen den Nationalsozialismus (NS) ist so ein Vorbild. Es gibt aber auch andere Menschen, z. B. Richard Nixon, an denen nur wenig Vorbildliches zu finden ist. Sie können aber Hoffnung geben, weil manche Probleme in der Gegenwart ähnlich wie die damaligen erscheinen, die inzwischen überwunden wurden. Weiter gibt es Menschen wie Deng Xiaoping, die Positives und Negatives in sich vereinen und so die Ambivalenz des Lebens repräsentieren. Hoffnung und auch Enttäuschung kommen in ihnen zusammen. Aber auch das kann heute Hoffnung geben: dass oft auch im Negativen, Schlechten noch Positives zu finden ist.

5.2 Hoffnungs-Mensch: Mahatma Gandhi (1869–1948)

Mohandas Karamchand Gandhi, genannt Mahatma Gandhi, wurde am 2. Oktober 1869 geboren und wuchs in Porbandar, einer kleinen Hafenstadt im Westen Indiens, auf. Schon als Kind kam er in Kontakt mit dem Gedanken der Gewaltlosigkeit, der sein späteres Wirken prägte: Seine Familie praktizierte die Religion des Vishnuismus, einer Unterform des Hinduismus, die monotheistische Züge trägt und die den konsequenten Verzicht auf jede Gewalt lehrt. In der Familie gingen auch Freunde anderer Religion, z. B. Muslime oder Parsen, ein und aus.

Seit Mitte des 18. Jahrhunderts war Indien britische Kolonie, zuerst unter der British East India Company und ab Mitte des 19. Jahrhunderts bis zur Unabhängigkeit 1947 als britische Kronkolonie.

Gandhi studierte in England Jura, bereiste Europa und arbeitete Anfang der 1890er-Jahre in Bombay als Rechtsanwalt. Zwischen 1892 und 1914 lebte er in Südafrika, um auch dort u. a. in Pretoria und Durban als Anwalt zu arbeiten. Dort setzte er sich für die Rechte und die Gleichberechtigung der in Südafrika lebenden Inder ein, zum Beispiel im Kampf für ein neues Wahlgesetz. Allerdings beschränkte sich sein Freiheitskampf auf die Inder in Südafrika und schloss die Schwarzen explizit aus. Zu dieser Zeit entwickelte er die Methoden des gewaltlosen Widerstandes und wurde später zum Vorbild für Nelson Mandela (siehe Abschn. 5.7). In dieser Zeit entstand seine Grundhaltung, die er *Satyagraha* nannte und die die eigene Gewaltlosigkeit und die Bereitschaft, Schmerz und Leid auf sich zu nehmen, miteinander verband. Als Gandhi Ende 1914 nach Indien zurückkehrte, unterstützte er den Widerstand der eher sozialliberal und säkular orientierten Kongresspartei gegen die britische Vorherrschaft. In den 1920er-Jahren wurde Mahatma Gandhi zur zentralen Figur der indischen Unabhängigkeitsbewegung. Dabei ging es Gandhi nicht allein um die politische Freiheit der Inder, sondern um die religiöse Reinheit der einzelnen Menschen und der ganzen Gesellschaft. Teilweise geriet der von ihm initiierte gewaltlose Widerstand aber außer Kontrolle und die Menschenmenge begann zu plündern und zu zerstören. Immer wieder wurden Aufstände und Proteste durch die Briten brutal niedergeschlagen und Gandhi wurde mehrfach ins Gefängnis geworfen. Am 12. März 1930 begann Gandhi einen 24-tägigen, fast 390 km langen Fußmarsch von Ahmedabad nach Dandi als Protest gegen eine neue Salzsteuer, der während seines Verlaufs zu einer Massenbewegung wurde. Am Ende kam es zu fürchterlichen Unruhen, vor allem mit den Briten, aber auch zwischen den zahlenmäßig dominierenden Hindus und den in der Minderheit befindlichen Muslimen. Schätzungen gehen davon aus, dass damals 50.000 bis 60.000 Menschen verhaftet wurden.

Gandhis regelmäßige Hungerstreiks, aber auch der 2. Weltkrieg führten zu einer immer schwierigeren Lage der britischen Kolonialherren in Indien. Gandhi lehnte die Teilung der britischen Kronkolonie in die Staaten Indien und Pakistan ab und blieb auch den Feiern zur Unabhängigkeit 1947 fern. Nach der Unabhängigkeit entstanden wieder entsetzliche Gewaltausbrüche zwischen Hindus und Muslimen, wobei die Schätzungen von 200.000 bis zu 2 Mio. Toten reichen. Erst ein erneuter Hungerstreik am 2. September 1947 in Kalkutta konnte lokal die Situation beruhigen und die Unruhen ebbten etwas ab. Am

30. Januar 1948 wurde Gandhi in Delhi von radikalen Hinduextremisten erschossen. Bis heute ist die tiefe Feindschaft zwischen Indien und Pakistan, zwischen Hindus und Muslimen immer wieder Ursache für Terrorattentate und kriegerische Auseinandersetzungen. Trotzdem gibt es auch die Hoffnung Gandhis auf Gewaltfreiheit und Frieden, die ihn sein Leben lang angetrieben hat. Diese Hoffnung hat auch andere Menschen wie Nelson Mandela oder Martin Luther King, aber auch Millionen anderer Männer und Frauen inspiriert. In diesem Sinn ist Mahatma Gandhi sicher ein Hoffnungs-Mensch, auch heute noch.

5.3 Hoffnungs-Mensch: Deng Xiaoping (1904–1997)

Die Menschen in der Volksrepublik China hatten unter Dengs Vorgänger Mao Zedong als Vorsitzendem der kommunistischen Partei fürchterliches Elend erlitten: Viele Millionen Menschen starben in der Brutalität der Kulturrevolution oder während der wirtschaftlichen Fehlentwicklungen, zum Beispiel des *Großen Sprungs*. Als Deng Xiaoping 1978/1979 die Macht faktisch übernahm, war das Land geschwächt und wirtschaftlich herabgewirtschaftet. Durch den von ihm initiierten neuen Liberalisierungskurs konnten viele hundert Millionen Menschen aus existenzbedrohender Armut in einen gewissen materiellen Wohlstand kommen. Außerhalb der wirtschaftlichen Liberalisierung blieb China aber weiter ein totalitärer Staat, der die Macht einzig und allein bei der kommunistischen Partei konzentrierte. Trotzdem waren die wirtschaftlichen Verbesserungen für das Leben der Chinesen kaum zu überschätzen und auch in der politischen Situation gab es in den vergangenen Jahrzehnten mehr oder weniger restriktive Phasen.

Deng stärkte in China die Wissenschaft und die Bildung an den Universitäten. Während der Kulturrevolution unter Mao hatte der ganze Bildungsbereich besonders gelitten und war stark unterdrückt worden. Durch von Deng eingeführte Sonderwirtschaftszonen und durch bisher ungekannte Freiheiten für Unternehmer und die Öffnung von Märkten konnte Deng innerhalb weniger Jahre erhebliche Erfolge erzielen. Nach den dunklen Tagen der Mao-Regierung entstand Hoffnung auf Freiheit und eine neue Entfaltung des Lebens. Trotzdem gab es dort brutale Grenzen, wo der Alleinherrschaftsanspruch der kommunistischen Partei infrage gestellt wurde. Das Massaker 1989 auf dem Tian'anmen-Platz in Beijing war grausamer Höhepunkt dieser Entwicklung. Die Hoffnung auf wirtschaftlichen Fortschritt war also unter Deng weitgehend erfüllt worden, während die Hoffnung auf politische Freiheit enttäuscht wurde.

Darf man Deng Xiaoping dann als Hoffnungs-Mensch ansehen? Kann jemand, der die Entscheidung traf, das Militär gegen Studenten einzusetzen, für Hoffnung stehen? In dieser Entscheidung sicher nicht. Trotzdem hat Deng das Leben von vielen hundert Millionen Menschen zum Positiven gewendet. Zur Hoffnung gehört auch, dass das Leben meistens nicht rein schwarz oder weiß ist, sondern dass es Grautöne, Zwischenstufen beinhaltet: Deng hat für viele Menschen viel Gutes bewirkt, er hat China als Land vorangebracht und international wieder geöffnet. Aber er hat Menschen auch Schaden zugefügt und Leben zerstört. Hier soll es auch nicht um eine abschließende Bewertung seines Wirkens als Politiker gehen. Der wichtige Punkt an dieser Stelle ist, dass es zur Hoffnung inspirieren kann, den Blick nicht ausschließlich auf die negativen Seiten von Menschen oder Umständen zu richten. Es geht nicht darum, Probleme zu verschweigen. Sie sollten aber auch nicht allein im Fokus sein und die Hoffnung rauben. Eine ausgewogene Sicht auf die Graustufen des Lebens, auf sowohl Schwarz als auch Weiß, kann zur Einstellung führen, dass es mitten in den Defiziten doch auch Hoffnung gibt. Mitten in den Problemen findet sich oft auch Grund zur Zuversicht.

5.4 Hoffnungs-Mensch: Viktor E. Frankl (1905–1997)

Ein besonderer Hoffnungs-Mensch war Viktor E. Frankl. Er war ein österreichischer Neurologe, Psychiater und Begründer der Logotherapie, einer sinnzentrierten Form der Psychotherapie. Frankl wurde 1905 in Wien geboren und studierte Medizin mit dem Schwerpunkt Psychiatrie und Neurologie. Seine Arbeit war stark von Fragen nach dem Sinn des Lebens geprägt. Damit ist er in gewisser Weise ein Gegenpol zu Albert Camus, der das Absurde betonte und darin trotzdem die Möglichkeit eines glücklichen Lebens sah (siehe Abschn. 4.5). Während der NS-Zeit wurde er 1942 zusammen mit seiner Familie in Konzentrationslager deportiert, darunter Auschwitz und Dachau. Dort verlor er fast alle Angehörigen, einschließlich seiner Eltern, seines Bruders und seiner schwangeren Frau.

Trotz dieser unmenschlichen Bedingungen gelang es Frankl, die Hoffnung nicht zu verlieren. Sein Überleben und seine innere Stärke führte er darauf zurück, dass er sich auf einen inneren Sinn konzentrierte: Dazu gehörte für ihn persönlich die Idee, seine Erfahrungen eines Tages zu dokumentieren und anderen zu helfen. Frankl erkannte, dass Menschen selbst unter extremen Umständen

5 Hoffnungs-Menschen

Freiheit besitzen – die Freiheit, ihre Haltung zu wählen und ihrem Leben einen Sinn zu geben. Er fand Kraft in der Vorstellung, seine Theorien nach der Befreiung weiterzuentwickeln und zu verbreiten.

Diese Erfahrungen fasste er später in seinem Buch ... *trotzdem Ja zum Leben sagen* zusammen, das zu einem weltweiten Bestseller wurde. Frankl zeigte darin, dass selbst in größtem Leid ein Sinn gefunden werden kann, sei es durch Liebe, Glaube oder den Willen, für andere da zu sein. Seine Botschaft der Resilienz und Sinnfindung inspiriert bis heute Menschen, in schwierigen Zeiten nicht aufzugeben.

Ein eindrucksvolles Beispiel für die Wirkung seiner Lehren ist das Leben der Holocaustüberlebenden und Therapeutin Edith Eger. Sie wurde als junges Mädchen nach Auschwitz deportiert und verlor ebenfalls ihre Eltern im Lager. Jahre später las sie Frankls Werk und fand darin den Mut, sich mit ihrer eigenen traumatischen Vergangenheit zu konfrontieren und sie zu überwinden. Sie beschreibt, wie Frankls Ideen über die Freiheit der inneren Haltung ihr halfen, nicht nur zu überleben, sondern auch ein erfülltes Leben aufzubauen. Heute gibt sie selbst Hoffnung an andere weiter und sieht Frankl als eine ihrer größten Inspirationsquellen.

Auch heute noch geben Frankls Werke Menschen Orientierung, die mit existenziellen Krisen oder schweren Lebenssituationen kämpfen. Indem er betont, dass der Sinn des Lebens individuell gefunden werden kann, ermutigt er, trotz aller Hindernisse aktiv nach diesem Sinn zu suchen. Seine Botschaft erinnert daran, dass Hoffnung ein tiefes inneres Fundament haben kann und dass Menschen, selbst wenn sie das Äußere nicht ändern können, stets die Macht haben, ihre Einstellung zu wählen.

5.5 Hoffnungs-Mensch: Mutter Teresa (1910–1997)

Anjezë Gonxhe Bojaxhiu, besser bekannt als Mutter Teresa, wurde am 26. August 1910 im heutigen Skopje, Nordmazedonien, geboren. Sie entstammte einer albanisch-katholischen Familie, die sie in tiefem Glauben und Nächstenliebe erzog. Bereits als Kind zeigte sie großes Mitgefühl für die Armen und hatte den Wunsch, Missionarin zu werden. Mit 18 Jahren trat sie der Loreto-Schwesternkongregation bei und zog nach einem zweimonatigen Aufenthalt in Irland 1929 nach Indien, wo sie schließlich als Lehrerin in Kalkutta arbeitete.

Ein Schlüsselmoment in ihrem Leben war 1946, als sie während einer Zugreise die *Berufung in der Berufung* erlebte: Sie fühlte sich dazu berufen, den Ärmsten der Armen zu dienen. Im Jahr 1950 gründete sie die Missionarinnen der Nächstenliebe, eine Gemeinschaft, die sich der Pflege der Kranken, Hungernden und Sterbenden verschrieb. Mutter Teresa war überzeugt, dass Hoffnung selbst in den dunkelsten Momenten des Lebens aufrechterhalten werden kann.

Ihr Leben war ein Zeugnis der Hoffnung. Inmitten der Armut Kalkuttas vermittelte sie Würde und Trost, indem sie Menschen ohne Perspektive Fürsorge und Liebe schenkte. Durch ihre Taten inspirierte sie andere, selbst aktiv zu werden und Hoffnung in die Welt zu tragen.

Auch heute ist Mutter Teresa für viele ein Vorbild darin, dass kleine Gesten der Liebe große Wirkung haben können. Ihre Worte und Taten können ermutigen, inmitten von Herausforderungen den Glauben an das Gute nicht zu verlieren. Mit dem Friedensnobelpreis 1979 wurde ihr Engagement weltweit anerkannt, doch für sie blieb das Ziel immer, die Menschlichkeit in jeder Person zu sehen.

Ihre Arbeit und ihr Glaube sind ein lebendiges Beispiel für Hoffnung, selbst unter schwierigsten Bedingungen. Ihr Vermächtnis wirkt bis heute weiter und ermutigt Menschen weltweit, nicht nur zu hoffen, sondern Hoffnung aktiv zu schenken, auch wenn sie heute nicht unumstritten ist. Die sozialen Zustände in ihren Sterbehäusern werden ebenso hinterfragt wie teilweise die Geldgeber ihrer Arbeit. Auch das ist typisch für die Hoffnung: Die Resultate und die erreichten Veränderungen dürfen nicht verklärt werden. Immer bleibt ein Rest an Problemen und ungelösten Fragen übrig. Trotzdem ist das Engagement von ihr wertvoll. Am 5. September 1997 starb sie, aber ihre Botschaft lebt in vielen weiter.

5.6 Hoffnungs-Mensch: Richard Nixon (1913–1994)

Richard Nixon war der 37. Präsident der USA und hatte das Amt von 1969 bis 1974 inne. Er gehört zu den umstrittensten Präsidenten der Vereinigten Staaten und ist als bisher einziger Präsident zurückgetreten (8. August 1974), um einer drohenden Amtsenthebung zuvorzukommen. Seine Präsidentschaft waren turbulente Jahre und im Rückblick gibt es manches Positive und auch viel Negatives. Insgesamt waren diese Jahre herausfordernd und von vielen Turbulenzen geprägt. Das wurde auch in Deutschland so wahrgenommen: „Ein unheimliches Jahr neigt sich dem Ende zu. Tiefe Unruhe geht um die Welt: alle Ordnung – geistige wie politische – sieht sich plötzlich in Frage gestellt; uralte Denkvorstellungen vermögen nicht, sich zu behaupten; politische Strukturen, eben erst wieder neu gefügt, weisen Risse auf; die parlamentarische Demokratie – Grundlage unserer politischen Existenz – liegt unter Beschuß; das Weltwährungssystem zerbröckelt."[1] Nein, das ist nicht ein Wehruf aus dem Jahr 2025. Marion Gräfin Dönhoff schrieb diese Zeilen in Ihrem Leitartikel „Schatten, wohin wir uns wenden" in der ZEIT vom 3. Januar 1969 (1969, S. 1). Die 1960er-Jahre bis in die Mitte der 1970er-Jahre waren eine herausfordernde Epoche: Am 22. November 1963 wurde J. F. Kennedy, Hoffnungsträger für viele Menschen, in Dallas ermordet. Der 1955 begonnene Vietnamkrieg dauerte noch bis 1975 und überschattete die 1960-Jahre. Er war neben der alltäglichen Rassendiskriminierung ein Auslöser der Studentenproteste und der 68er-Bewegung in den USA. Am 4. April 1968 wurde Martin Luther King, ein weiterer Hoffnungsträger für viele Menschen in den USA und weit darüber hinaus, in Memphis erschossen.

Marion Gräfin Dönhoff schreibt in ihrem oben schon zitierten Artikel weiter: „Alle gehen offenbar davon aus, daß es so etwas wie einen Normalzustand der Welt gibt – wobei ‚normal' die Assoziation von gerecht und stabil, von Freiheit, Gesetz und Ordnung heraufbeschwört. Aber gibt es das wirklich? Ist es nicht vielmehr so, daß gerade das Normale die Ausnahme ist?" (1969, S. 1). Auch diese Sätze könnten aus unserem Heute stammen. Und wieder sind wir an dem Punkt, dass unsere heutigen 2020er-Jahre vielleicht doch keine so ganz singuläre, bisher noch nie dagewesene Polykrise sind. Ja, es gibt einige große Baustellen parallel zu bearbeiten und zu lösen. Aber das hatten die Menschen in früheren Jahrzehnten und Jahrhunderten auch immer wieder. Vielleicht würde ein Marc Aurel heute in seine Selbstbetrachtungen schreiben: „Heul nicht

---

[1] Dönhoff, Marion Gräfin (1969): Schatten, wohin wir uns wenden; „DIE ZEIT" Nr. 1/24. Jahrgang vom 3. Januar 1969, Seite 1; Hamburg: Zeitverlag Gerd Bucerius GmbH & Co. KG; https://www.zeit.de/1969/01/schatten-wohin-wir-uns-wenden

rum. Tu deine Pflicht. Freu dich an dem, was du trotz und in allen Krisen hast." Vielleicht würde eine Marion Gräfin Dönhoff heute ganz ähnlich schreiben, wie sie es 1969 tat, dass das *Normale* die Ausnahme ist, dass jede Zeit ihre Herausforderungen hat und dass Stabilität und Gerechtigkeit immer wieder neu erkämpft und erarbeitet werden müssen. Erfolg in den Unternehmen, die Vereinbarkeit von Ökonomie, Sozialstaat und Ökologie, politische Stabilität – all das liegt in unserer Verantwortung und da lag es auch schon immer. Heute ist keine besonders schreckliche Zeit der Polykrise und früher war im Gegenzug alles besser. Im Rückblick sieht man aber auch, dass die früheren Generationen in der Lage waren, Situationen zu verbessern und nicht alles zum Schlechtesten hin erodieren zu lassen. Da kann es doch Hoffnung machen, dass Menschen Ähnliches in den 1960er- und 1980er-Jahren (siehe Abschn. 3.7) schon erlebt haben, wie wir es heute auch erleben, und dass viele der damaligen Probleme zumindest verbessert wurden.

Nixon war ein umstrittener Präsident in den USA, der aufgrund krimineller Machenschaften zurücktreten musste. Diese Watergate-Affäre, die zu diesem Rücktritt geführt hat, umfasste den Missbrauch von Regierungsbehörden durch das Weiße Haus, den Watergate-Einbruch, die Vertuschung der Hintergründe des Watergate-Einbruchs, Behinderung der Justiz, illegale Parteispenden und mehr. Sehr umstritten ist auch Nixons Kampf gegen Drogen in den USA, weil inzwischen deutlich wurde, dass diese Drogenpolitik sehr stark als Argument und Vorwand für die Diskriminierung von Schwarzen und Linken in den USA genutzt wurde. Gleichzeitig hat Nixon wichtige Schritte in Richtung des Umweltschutzes unternommen (er gründete beispielsweise die nationale Umweltbehörde in den USA, die Environmental Protection Agency, EPA) und mit seinen Besuchen in der Sowjetunion und in

China hat er die Entspannungspolitik im Kalten Krieg vorangebracht.

Das zeigt: Auch in der Vergangenheit waren nicht alle US-Präsidenten einfache Partner für Europa und unumstritten in ihrem Tun. Eine ähnliche Herausforderung für die transatlantischen Beziehungen lagen auch in dem durch gefälschte Beweise mitbegründetem Irakkrieg, der am 20. März 2003 begann. Die vom damaligen US-Außenminister Colin Powell am 05.02.2003 bei der Sitzung des UN-Sicherheitsrats vorgelegten angeblichen Beweise für biologische und chemische Waffen sowie für Bauteile atomarer Waffen haben sich bis Mitte 2004 als falsch herausgestellt. In diesem Krieg starben nach Schätzungen viele hunderttausend Menschen im Irak. Nach Einschätzung der meisten Historiker handelte es sich um einen völkerrechtswidrigen Angriffskrieg. Es wurden im Abu-Ghuraib-Folterskandal schwere Menschenrechtsverletzungen aufgedeckt.

All das sind im Rückblick immer wieder erschreckende Tatsachen. Trotzdem ist es gut, sie sich in Erinnerung zu rufen: Heute sind viele Europäer irritiert über die Vorgehensweise von US-Präsident Donald Trump und seiner Administration. Das transatlantische Bündnis und die europäisch-amerikanische Freundschaft sind vor große Herausforderungen gestellt und könnten daran zerbrechen. Trotzdem ist es mutmachend, dass es auch in der Vergangenheit durch die Jahrzehnte immer wieder Herausforderungen gab. Auch die 1960er- oder 2000er-Jahre waren nicht nur einfach. Trotzdem gelang es, Beziehungen aufrechtzuerhalten, Freundschaft zwischen Staaten nicht zerbrechen zu lassen. Der Historiker Niall Ferguson vergleicht die Situation der Trump-Administration heute mit dem Jahr 1968, als die USA tief im Vietnamkrieg verstrickt waren, der Nahe Osten zur Problemzone wurde und wirtschaftliche Probleme die USA herausforderten: Auch Ende der 1960er- und Anfang der 1970er-Jahre versuchten Präsident Nixon und sein Sicherheitsberater Henry Kissinger die Verbündeten im Indopazifik zu mehr Übernahme von Verantwortung zu bringen. Und Nixon unterstrich seine Position, indem er mit dem damals völlig isolierten China diplomatischen Kontakt aufnahm und nach Beijing reiste. Ferguson sieht darin starke Parallelen zu Trump, dem Ukrainekrieg und seinen Kontakten nach Russland (vgl. Hamann & Jungclaussen, 2025, S. 40). Es ist gefährlich und kann Hoffnung rauben, wenn man das Gefühl hat, heute ist alles ganz anders, viel schlimmer und noch nie dagewesen. In diesem Sinn kann selbst Richard Nixon ein Hoffnungs-Mensch sein, obwohl er heute zu den umstrittensten Präsidenten der USA gehört.

5.7 Hoffnungs-Mensch: 466-64 (1918–2013)

Rolihlahla Mandela, genannt Nelson Mandela, wurde am 18.07.1918 in Mvezo, Südafrika, geboren und erlebte eine relativ unbeschwerte Kindheit in der abgelegenen Region seines Heimatdorfs. Aber auch in dieser ländlichen Gegend wurde der Konflikt zwischen der schwarzen Mehrheitsbevölkerung und den weißen Machthabern, Nachfahren der Siedler aus den Niederlanden und England, immer wieder spürbar, zum Beispiel als sein Vater, der zum lokalen Königshaus der Thembu gehörte, in Konflikt mit dem weißen Magistrat der Region kam. Mandela besuchte als Erster seiner Familie die Schule und erhielt dort auch den englischen Namen *Nelson*. Im Alter von 9 Jahren starb sein geliebter Vater und er wurde vom lokalen Regenten seines Stammes aufgenommen. Dort lernte er die afrikanische

Form der Demokratie, die Konsensdemokratie, kennen. Dabei wurden lokale Probleme und Herausforderungen für die Gemeinschaft so lange besprochen und im Diskurs erörtert, bis ein Konsens gefunden ist. Schrittweise erkannte Mandela die Unterdrückung der Schwarzen durch die weißen Machthaber in Südafrika in Form der strengen Trennung zwischen den Bevölkerungsgruppen, der Apartheid. Insbesondere als Mandela 1937 auf ein Internat und 1939 auf das University College nach Fort Hare kam, wurde die Diskriminierung der Schwarzen für ihn immer deutlicher. Am College kandidierte er für den Studentenrat und forderte besseres Essen und mehr Mitbestimmung für die Studierenden – seine erste politische Betätigung. Nach der Ausbildung begann er in Johannisburg als Anwaltsgehilfe zu arbeiten und studierte im Fernstudium Jura. In dieser Zeit kam er auch mit dem African National Congress (ANC), einer Widerstandsorganisation gegen die Apartheidpolitik, in Berührung. Die Apartheidpolitik prägte das 20. Jahrhundert, insbesondere die Jahrzehnte ab 1948, und war durch eine stark diskriminierende Trennung und Unterdrückung der schwarzen Mehrheit durch die weiße Minderheit in Südafrika geprägt. Im Jahr 1952 gründete Mandela zusammen mit Oliver Tambo eine Rechtsanwaltskanzlei – die einzige Kanzlei von schwarzen Anwälten. Er wurde 1956 wegen Landesverrats angeklagt und schließlich nach fünf Jahren freigesprochen. Im Jahr 1961 begann der ANC auch gewaltsamen Widerstand gegen die Diskriminierung durch die Weißen und verübte beispielsweise Sabotageakte gegen Elektrizitätswerke, die Wasserversorgung oder Strommasten. Im August 1962 wurde Mandela festgenommen und verbrachte von 1963 bis 1990 insgesamt 27 Jahre als politischer Gefangener in Haft. Insgesamt 50 Jahre dauerte es, bis Mandela schließlich durchgreifende Veränderungen in Südafrika erreicht hatte.

Den größten Teil dieser Zeit proklamierte Mandela den gewaltfreien Widerstand gegen die herrschenden Politiker mit politischen und juristischen Mitteln.

Seine Haftstrafe musste er unter anderem auf der berüchtigten Gefängnisinsel Robben Island verbringen. Im sogenannten Rivonia-Prozess, in dem Mandela wegen Hochverrats angeklagt wurde, hielt er eine bedeutende Rede: „Während meines ganzen Lebens habe ich mich dem Kampf des afrikanischen Volks gewidmet. Ich habe gegen weiße Vorherrschaft gekämpft, ich habe gegen schwarze Vorherrschaft gekämpft. Ich habe immer das Ideal einer demokratischen und freien Gesellschaft hochgehalten, in der alle Personen in Harmonie und mit gleichen Chancen zusammenleben können. Ich hoffe, für dieses Ideal zu leben und es zu erreichen. Aber wenn es sein muss, ist es auch ein Ideal, für das ich vorbereitet bin zu sterben"[2] (Mandela, 1964). Mandela verbrachte nach seiner Verurteilung weitere 26 Jahre im Gefängnis. Seine Häftlingsnummer war in dieser Zeit 466-64. Trotz des eintönigen und harten Ablaufs im Gefängnis wehrte sich Mandela gegen die Ungerechtigkeit und Unterdrückung auf Robben Island: Von der Erlaubnis, lange Hosen anstelle von kurzen Hosen tragen zu dürfen bis hin zur Möglichkeit, zu lesen, zu schreiben und sogar zu studieren. Kleine Schritte der Verbesserung wechselten sich mit Einzelhaft und Bestrafungen ab. Die Hoffnung, seinem Ideal von Freiheit und Demokratie näherzukommen, hatte er nie aufgegeben. Im Jahr 1990 wurde Nelson Mandela aus der Gefangenschaft entlassen und hat den Weg Südafrikas in Freiheit und Demokratie gestaltet. Mandela wurde

---

[2] Mandela, Nelson (1964): I am prepared to die; 20 April 1964; Rede während des Rivonia Trial vor dem Pretoria Supreme Court; http://www.mandela.gov.za/mandela_speeches/before/640420_trial.htm; abgerufen am 3. Mai 2025.

1994 zum ersten schwarzen Präsidenten Südafrikas gewählt. Er starb am 5. Dezember 2013 in Johannisburg.

5.8 Hoffnungs-Mensch: Sophie Scholl (1921–1943)

Sophie Scholl wurde am 9. Mai 1921 in Forchtenberg bei Schwäbisch Hall und Künzelsau geboren. Heute ist die Kleinstadt Forchtenberg in Nord-Württemberg für ihr mittelalterliches Stadtbild und High-Tech-Industrie bekannt. In den Jahren nach dem 1. Weltkrieg war die Lage dagegen von Inflation und Not gekennzeichnet. Zusammen mit ihren vier Geschwistern (die 1925 geborene Schwester Thilde starb im Alter von neun Monaten) wuchs Sophie Scholl in einem liberalen protestantischen Elternhaus auf. Ihr Vater, Robert Scholl, war in diesen schwierigen Jahren zwischen 1920 und 1929 Bürgermeister in Forchtenberg. Nach der Machtergreifung der Nationalsozialisten 1933 kam auch die unvermeidliche Auseinandersetzung mit den neuen Machthabern und ihren Organisationen hinzu: 1934 trat Sophie, anfänglich begeistert, in den Bund Deutscher Mädel (BDM) ein. Die kritische Einstellung ihrer Eltern, die Verhaftung ihrer Geschwister 1937 und auch das zunehmende Wissen um die Verbrechen der Nationalsozialisten prägen sie aber und führen sie in den Widerstand gegen das Naziregime. Nach Umzügen nach Ludwigsburg und Ulm begann Sophie im Mai 1942 in München Biologie und Philosophie an der Ludwig-Maximilians-Universität zu studieren. Über Kontakte mit Schriftstellern, Philosophen und Künstlern begann sich Sophie Scholl mit der Frage nach der Verantwortung des Einzelnen in einer Diktatur auseinanderzusetzen. Zusammen mit ihrem Bruder Hans, der auch an der Universität in München Medizin studierte, beteiligte sich Sophie an der Herstellung und Verteilung von regimekritischen Flugblättern. Beide waren in der studentischen Widerstandsgruppe *Weiße Rose* aktiv. In insgesamt 6 Flugblättern warnten Sophie und Hans Scholl zusammen mit den anderen Mitgliedern der Widerstandsgruppe *Weiße Rose* vor dem Unrecht der Nationalsozialisten. Beim Verteilen des sechsten Flugblattes im Lichthof der Ludwig-Maximilians-Universität wurden die Studierenden entdeckt und verhaftet. Am 22. Februar 1943 wurden die Geschwister Scholl zusammen mit ihrem Freund Christoph Probst zum Tode verurteilt. Das Urteil wurde am selben Tag durch das Fallbeil vollstreckt.

Die Künstlerin Renate S. Deck erinnert zusammen mit ihrem Mann Hans-Jürgen Deck seit 1990 an die Geschwister Scholl. Auf vielfältige Weise halten sie die Erinnerung an die jungen Widerstandskämpfer wach. Dabei betont sie, dass Sophie Scholl und ihr Bruder Hans auch heute gerade für junge Menschen Hoffnungs-Geber sind. In der DenkStätten-Arbeit (https://www.gedenkstaetten-bw.de/gst/forchtenberg), die auf historische Gedenkstätten lebendig hinweist, erlebt Deck das im Kontakt mit Schülerinnen und Schülern immer wieder. Viele Gedenkstätten aus der Zeit des NS haben nur das Negative, die schrecklichen Seiten zu erinnern. „Für junge Menschen heute sind die Geschwister Scholl Hoffnungsgeber, weil sie das Positive im Schrecken verkörpern", erklärt Renate Deck. „Diese Hoffnung kann Schülerinnen und Schüler auch heute befähigen, *Nein* zu sagen zu den Problemen und Gefahren unserer Zeit."

Prof. Dr. Angela Borgstedt, Geschäftsführerin der „Forschungsstelle Widerstand gegen den Nationalsozialismus im deutschen Südwesten" am Historischen Institut der Universität Mannheim berichtet Ähnliches von ihrer Lehrtätigkeit an der Universität: „Das Interesse der Studierenden an Menschen im Widerstand ist sehr groß. Es gibt kaum jemand, der sagt, das sei so lange her und es gehe uns heute nichts mehr an. Dieses Interesse an den Widerstandskämpfern könnte daran liegen, dass die Studierenden den Eindruck gewinnen, man ist nicht allem ausgeliefert, man kann mit Engagement, mit eigenem Handeln auch etwas bewirken." Sie erwähnt weiter, dass Sophie und Hans Scholl von ihren Eltern auch den Freiraum erhielten, ihren eigenen Weg zu finden und sich eine eigene Meinung über das Unrechtsregime der Nationalsozialisten zu bilden: Insbesondere die Mutter Magdalena Scholl, eine ehemalige Diakonisse, aber auch ihr Vater waren im christlichen Glauben verwurzelt und standen Hitler kritisch gegenüber. Trotzdem ließen sie ihren Kindern den Freiraum für eigene Entscheidungen – sicher in der Hoffnung, dass sie sich nicht für, sondern gegen die Nazis entscheiden würden. Renate Deck erläutert, dass durch die Gespräche im Elternhaus Sophies Gewissen geprägt wurde. Hoffnung wurde im Elternhaus von Sophie und Hans auch durch das Wirken ihres Vaters als Bürgermeister in der Kleinstadt Forchtenberg vorgelebt: In den Jahren von 1919 bis 1930 prägte er als Bürgermeister die Stadt Forchtenberg. Durch ihn kamen die Kanalisation, die Eisenbahn, aber zum Beispiel auch ein Friseur oder ein Arzt nach Forchtenberg. Er sah die Notwendigkeit für Veränderung und Weiterentwicklung und setzte sie im Rahmen der Möglichkeiten um.

Hoffnung wird in diesem Kontext in mehreren Ebenen deutlich: die gelebte Praxis im Elternhaus von Sophie und Hans Scholl, ihre eigene Hoffnung, etwas gegen das Unrecht der Nazis tun zu können und auch die Inspiration für Menschen heute, insbesondere junge Menschen mit Identifikations- und Anknüpfungspunkten.

5.9 Hoffnungs-Mensch: Martin Luther King (1929–1968)

Martin Luther King junior, geboren am 15.01.1929 in Atlanta, Georgia, wuchs in einem relativ behüteten Umfeld auf, erfuhr aber trotzdem schon als Kind immer wieder die Benachteiligung der schwarzen Bevölkerung in den Südstaaten der USA. Als er als junger Mann für einige Zeit nach Connecticut ging, um auf einer Tabakfarm zu arbeiten, erlebte er auch unmittelbar den Unterschied zwischen den freieren Nordstaaten der USA und dem Leben in seiner Kindheit in den Südstaaten mit Segregation. Diese Trennung nach schwarzer und weißer Hautfarbe wirkte sich auf das ganze Leben der Menschen aus: Es gab beispielsweise getrennte Restaurants, unterschiedliche Toiletten (Männer/Frauen/Schwarze), separate Trinkbrunnen, die je nach Zugehörigkeit genutzt werden durften, oder im Bus klar reservierte Plätze. Die Ehe zwischen Schwarzen und Weißen war in den Südstaaten verboten. Nach seiner Tätigkeit auf der Tabakplantage studierte Martin Luther King am Crozer Theological Seminary Theologie. Er beschäftigte sich mit Mahatma Gandhi und seinem gewaltfreien Widerstand, las aber auch die pazifismuskritischen Texte von Reinhold Niebuhr (siehe auch Abschn. 6.5). Seine Freundin Coretta Scott wurde von seinem Vater zunächst abgelehnt, weil sie Sängerin war. King junior blieb aber hartnäckig und schließlich heirateten die beiden. Martin Luther King begann in Montgomery, Alabama, als Pastor zu arbeiten. Am 1. Dezember 1955 geschah dort das Unerhörte: Rosa Parks, eine schwarze Arbeiterin, weigerte sich, bei der Busfahrt zurück von der Arbeit nach Hause ihren Sitzplatz für einen Weißen freizugeben. Aus dem daraus entstehenden Konflikt mit den Behörden entstand ein Boykott der Busgesellschaft durch die Schwarzen. Was zunächst für einen Tag geplant war, dehnte sich über Wochen und Monate zum gewaltlosen Widerstand gegen die Diskriminierung von Farbigen aus. Die Teilnehmerinnen und Teilnehmer an dem Boykott mussten oft weite Wege zur Arbeit zu Fuß laufen oder Sammeltaxis benutzen. Martin Luther King wurde zum Vorsitzenden der Organisationsgruppe gewählt und organisierte sowohl den Protest vor Ort als auch die landesweite Unterstützung für die Protestierenden. Im Protest wurden Forderungen nach schwarzen Busfahrern, anständiger Behandlung aller Fahrgäste und eine gerechte Verteilung der Sitzplätze aufgestellt. King hatte sich intensiv mit Mahatma Gandhi und dessen gewaltlosen Protest in Indien beschäftigt und inspirieren lassen. Gewaltlosigkeit war für ihn dabei keine Passivität: Sie war nicht primär von dem Verbot *Du sollst nicht töten* beeinflusst, sondern fußte stark auf Jesu' Gebot *Liebet eure Feinde*, wobei es Martin Luther King hier um ein aktives, tätiges Lieben und Hoffen ging und nicht vor allem um ein Gefühl. King sagt, er sei froh, dass Jesus nicht gesagt habe, man solle seine Feinde mögen oder sie sympathisch finden (to like), sondern sie lieben (to love). Darunter verstand Martin Luther King die Aufforderung, seinen Feind zu respektieren und sich um ihn zu kümmern, nicht ihn auf der emotionalen Ebene sympathisch zu finden. Gewaltloser Widerstand bedeutete für ihn nicht, sich alles gefallen zu lassen oder alles aufzugeben, sondern seine Rechte einzufordern, nur eben ohne physische Gewalt.

Inzwischen berichteten Medien in den ganzen USA über den Boykott der Buslinie in Montgomery und die Unterstützung für die Bewegung wuchs. Schließlich, nach langen Monaten, war die Busgesellschaft nahezu bankrott und der Supreme Court in den USA erklärte am 13. November 1956 die Regelungen zur Segregation in den Bussen von Montgomery für rechtswidrig.

5 Hoffnungs-Menschen

Am 28. August 1963 schließlich fand der von Martin Luther King mitorganisierte *Marsch auf Washington* seinen Höhepunkt: Rund 250.000 Teilnehmende hören Kings bewegende Rede *I have a dream*. Den großen Teil seiner damaligen Rede hatte er vorformuliert und eingeübt, die Menschen auf der Veranstaltung aber nicht wirklich erreicht. Erst am Ende seiner Redezeit wechselte er zur freien Rede und erzählte von seinem Traum eines freien und gleichberechtigten Amerikas. Damit wurde diese Rede zu einer der bedeutendsten des 20. Jahrhunderts. King erlebte weitere Höhen und Tiefen, Erfolge und Rückschläge. Immer wieder wurden er persönlich und viele tausend andere aus der Bürgerrechtsbewegung verprügelt, inhaftiert und benachteiligt, weil sie für ihre verfassungsmäßigen Rechte eintraten. Im Jahr 1964 wurde er mit dem Friedensnobelpreis ausgezeichnet. Er unterstützte die Proteste in Selma, Alabama, und zog mit seiner Familie nach Chicago und arbeitete dort gegen die Gewalt der lokalen Gangs in den schwarzen Armenvierteln der Stadt. Am 4. April 1968 wurde er in Memphis, Tennessee, erschossen. Was von ihm bleibt, ist sein Traum, der aber mehr ist als nur Träumerei: aktive und gelebte Hoffnung, der Traum einer besseren Zukunft. Heute hat sich dieser Traum nur teilweise erfüllt: Diskriminierung ist nach wie vor ein Problem – in den USA und weltweit. Der Protest dagegen wird auch heute aufgegriffen, zum Beispiel in der *Black-Lives-Matter*-Bewegung. Es ist nicht alles gut, bei Weitem nicht alles erreicht. Trotzdem hat die Bürgerrechtsbewegung der 1950er- und 1960er-Jahre viel verändert. Die Welt ist besser als sie es vor den mutigen Schritten von Rosa Parks, Martin Luther King junior und vielen anderen war. Auch das ist Hoffnung: Schritte, die erreicht wurden, und gleichzeitig weitere Schritte, die immer noch nötig sind. Es lohnt sich aber für unsere Hoffnung heute, immer wieder den Blick zurück auf die Diskriminierung Mitte des 20. Jahrhunderts und früher zur richten, um zu sehen, wie viel doch schon erreicht wurde und dass wir heute eben nicht an einem Tiefpunkt stehen, sondern mitten auf einem Weg sind, der allerdings noch weit ist.

5.10 Zusammenfassung

Man kann sich zur Hoffnung inspirieren lassen, wenn man auf das Leben von Männern und Frauen schaut, die Außergewöhnliches geleistet haben. Dabei geht es nicht um ein einfaches „Kopieren" dieser Menschen – dieser Ansatz wäre zum Scheitern verurteilt. Man kann aber durchaus Anregung und Inspiration für die eigene Gegenwart und das eigene Leben gewinnen, wenn man sich mit solchen Biografien beschäftigt. Das wird auch deutlich, wenn man sieht, dass diese Hoffnungs-Menschen voneinander Anregung gewonnen haben: So wurden Nelson Mandela und Martin Luther King beide von Mahatma Gandhi und seinem gewaltlosen Widerstand in Indien und Südafrika zu eigenen Taten angeregt. Es sind aber nicht nur die positiven Vorbilder, die die eigene Hoffnung wecken und fördern können: Auch Menschen wie Deng Xiaoping oder Richard Nixon, die ambivalente Auswirkungen auf ihre Umwelt und Zeit hatten, können die eigene Hoffnung unterstützen, weil in ihnen auch die Vielschichtigkeit des Lebens deutlich wird – wie so oft kommt es auch hier auf den Blickwinkel an.

Literatur

Dönhoff, M. G. (1969). Schatten, wohin wir uns wenden; „DIE ZEIT" Nr. 1/24. Jahrgang vom 3. Januar 1969, Seite 1; Zeitverlag Gerd Bucerius GmbH & Co. KG ; https://www.zeit.de/1969/01/schatten-wohin-wir-uns-wenden.

Hamann, G., & Jungclaussen, J. F. (2025). *Reden wir über Trump;* „*DIE ZEIT*" *12/2025*, S. 40, https://www.zeit.de/2025/12/niall-ferguson-historiker-donald-trump-usa. Zugegriffen: 20. März 2025.

Mandela, N. (1964). I am prepared to die; 20 April 1964; Rede während des Rivonia Trial vor dem Pretoria Supreme Court; http://www.mandela.gov.za/mandela_speeches/before/640420_trial.htm. Zugegriffen: 3. Mai 2025.

6

Hoffnungs-Verstärker

6.1 Was stärkt die Hoffnung?

In diesem Kapitel werden grundlegende Strukturen eines Lebens, die Hoffnung und Zuversicht fördern können, vorgestellt. Dabei handelt es sich um Einstellungen und Lebensweisen, die die Hoffnung unterstützen und fördern. Die Aufzählung ist dabei sicher nicht vollständig und kann auch als Anregung verwendet werden, weitere verstärkende Faktoren zu identifizieren.

6.2 Hoffnungs-Verstärker: sich nicht als Opfer fühlen, sondern handeln

Bei Schwierigkeiten, denen Menschen ausgesetzt sind, haben sie oft die Wahl, wie sie ihnen begegnen: Viele Menschen sehen sich selbst in einer Opferrolle in einer ungerechten Welt und haben das Empfinden, etwas wird mit ihnen gemacht, sie sind Opfer und passiv dem Negativen ausgesetzt. Oder gelingt es, eine aktive Rolle einzunehmen, zu gestalten und zu handeln? Natürlich sind, je nach Herausforderung, die Möglichkeiten zum Handeln unter Umständen limitiert. Trotzdem sind es sehr wenige Situationen, in denen ein Mensch überhaupt keine Möglichkeit zum eigenen Gestalten mehr hat. Dabei geht es nicht primär um Taten oder um das „managen" der Situation. Der wesentliche Unterschied beginnt schon im Denken. Marc Aurel beschreibt das in seinen Selbstbetrachtungen Buch 8, Absatz 47: „Wenn ein Gegenstand der Außenwelt dich mißmutig macht, so ist es nicht jener, der dich beunruhigt, sondern vielmehr dein Urteil darüber; dieses aber sofort zu tilgen, steht in deiner Macht. Hat aber die Mißstimmung in deinem Seelenzustande ihren Grund, wer hindert dich, deine Ansichten zu berichtigen? Desgleichen, wenn du darüber mißmutig bist, daß du dich nicht in einem Tätigkeitskreise befindest, der dir als vernünftig erscheint, warum nicht lieber tätig als mißgestimmt sein?"[1] – in der Übersetzung von Albert Wittstock (1986, S. 130). Helmut Schmidt beschreibt in seinem Begleittext „Pflicht und Gelassenheit" zu Marc Aurels Selbstbetrachtungen, dass der römische Philosophenkaiser heute vielfach in einem (zu) positiven Licht gesehen wird, weil wir seine Schwächen und Schattenseiten nicht immer mit im Blick haben. So erwähnt er, dass Marc Aurel auch vieles Negative wieder eingeführt hat, zum Beispiel die Sklavenfolter oder die Christenverfolgung. Ebenso war seine Herrschaftszeit stark von langandauernden Kriegen geprägt. Seine Texte, in denen er den Stoizismus für sich

---

[1] Wittstock, Albert (1986): Mark Aurel Selbstbetrachtungen; Ditzingen: Reclam.

reflektiert, waren auch nicht zur Veröffentlichung gedacht und tauchten erst im 10. Jahrhundert in einer Handschrift wieder auf. Dennoch ist dieser Kaiser, der in unruhigen Zeiten herrschte, auch heute noch wertvoll zu lesen. Marc Aurels *Selbstbetrachtungen* vermitteln die stoische Philosophie, die innere Ruhe, Tugend und Akzeptanz des Schicksals betont. Er ermutigt, sich auf das zu konzentrieren, was in der eigenen Kontrolle liegt, und das Unvermeidliche mit Gelassenheit anzunehmen. Seine Schriften sind eine Anleitung zu ethischem Handeln, Selbstdisziplin und dem bewussten Leben im Einklang mit der Vergänglichkeit des Lebens (vgl. Krapinger, 2019, S. 259 ff.).

Wie oben schon beschrieben, sind Selbstwirksamkeit und Resilienz wichtige Pfeiler der tätigen Hoffnung. Wenn es gelingt, immer wieder (kleine) Elemente im Leben zu identifizieren, die gestaltet werden können, und wenn in diesem Gestalten Auswirkungen sichtbar werden, stärkt das und gibt Hoffnung. Menschen sind dann nicht (nur) Opfer und von den äußeren Umständen Getriebene, sondern aktiv Handelnde. Nun sind die Probleme oft zu groß, um sie einfach anzugehen. Vieles ist in dieser Welt und im Leben der Menschen miteinander verkettet und hängt zusammen. Wie bei einem Mikadospiel scheint alles ins Wackeln zu geraten, wenn man an einem Stab zieht. Und trotzdem – entgegen allem äußeren Anschein – kann man dieses Spiel spielen und sogar gewinnen. So ähnlich war es vermutlich schon immer. Die unmittelbar vor einem liegenden Probleme scheinen erdrückend groß zu sein. Sie wirken zu monumental, um gelöst werden zu können. Erst im Rückblick wird klar, wie die Männer und Frauen früher einen Schritt nach dem anderen gegangen sind, nicht nur passiv waren, sondern gehandelt haben. Im Rückblick ergeben ihre einzelnen Handlungen zusammen dann oft ein ganzes Bild, das Veränderung zum Positiven hin zeigt. So war es wohl auch nach dem 2. Weltkrieg, als die meisten deutschen Städte in Schutt und Asche lagen und die Trümmerberge buchstäblich in den Himmel wuchsen. Neben der äußeren Not kam zunehmend auch die Erkenntnis über die gewaltige Schuld, die während der Nazidiktatur Deutschland als Nation und viele Einzelne als Person auf sich geladen hatten. So war es auch beim schrittweisen Zusammenwachsen der EU: Einige Visionäre hatten ein großes Ziel vor Augen, das dann in einzelnen Schritten Realität wurde. Viele Millionen Väter, Mütter und Kinder erfüllten den Traum vom geeinten Europa dann bei Schüleraustauschen, Reisen und grenzübergreifender Arbeit mit Leben. So war und ist es auch immer wieder im Umweltschutz, wenn wichtige Schritte getan werden, obwohl sie nicht alle Probleme final lösen werden und immer wieder weitergearbeitet werden muss. So war es auch bei den in Kap. 5 beschriebenen Hoffnungs-Menschen wie Mahatma Gandhi, Nelson Mandela oder Martin Luther King: Die Aufgabe erschien unlösbar, aber durch aktives und kontinuierliches Handeln konnten schrittweise Verbesserungen erzielt werden.

6.3 Hoffnungs-Verstärker: Liste des Lächelns

Hoffen und Vertrauen sind zwei Zustände, die bei Menschen in einem engen Zusammenhang stehen können. Sie können sich gegenseitig fördern und unterstützen. Wenn ein Mensch die Hoffnung hat, dass sich Dinge zum Guten wenden können, ja, dass durch das eigene Handeln die persönliche Zukunft zumindest teilweise (gut) gestaltet werden kann, dann ist das oft auch mit dem Vertrauen in andere Menschen verbunden. Hoffnung kann man nur schwer ganz für sich alleine haben. Es ist viel einfacher und besser, mit anderen Menschen gemeinsam Zukunft zu gestalten und zusammen positiv in das Morgen hineinzugehen. Dazu gehört aber Vertrauen. Vertrauen, dass andere Menschen nicht konfrontativ sind, dass sie nicht schaden wollen. Gleichzeitig hat wohl jeder Mensch auch schon erlebt, dass Vertrauen enttäuscht werden kann. Man setzt Hoffnungen in eine Person und sie verhält sich ganz anders als erwartet. Voller Hoffnung arbeitet man zusammen und erfährt dann doch, dass das Vertrauen nicht gerechtfertigt war oder dass man falsche Erwartungen und Hoffnungen hatte. Zur dauerhaften Hoffnung gehört es nach meiner Erfahrung auch, immer wieder neu zu beginnen, nicht aufzugeben. Es wird heute oft von Resilienz gesprochen, die wir in unserer VUCA-Zeit benötigen. Das Akronym VUCA steht für die Begriffe Volatility, Uncertainty, Complexity und Ambiguity, also Unbeständigkeit, Unsicherheit, Komplexität und Mehrdeutigkeit. Menschliche Beziehungen waren schon zu allen Zeiten vielschichtig und komplex. Heute kommt aber noch dazu, dass unsere Welt auch durch die Technologie, den schnellen Austausch von Informationen und Waren, kurze Innovationszyklen und weitreichende Auswirkungen von Entscheidungen unübersichtlicher und komplexer geworden ist. Krisen wie der Klimawandel haben keine einfache Lösung mehr. Jede Entscheidung, die für das Klima getroffen wird, hat auch Auswirkungen auf andere wichtige Teilbereiche der Gesellschaft, zum Beispiel die Sozialsysteme oder Arbeitsplätze. Migration hat sowohl Ursachen in den Industriestaaten als auch im globalen Süden.

> Unterschied komplex und kompliziert: Die Begriffe komplex und kompliziert werden im Alltag oft miteinander vermischt und verwechselt. Ein kompliziertes Problem hat im Gegensatz zu einem einfachen Problem einen erhöhten Schwierigkeitsgrad, es ist aber grundsätzlich gut lösbar.

> Dazu ein Beispiel aus der Mathematik: Während die vier Grundrechenarten in der Regel zur Lösung einfacher Probleme eingesetzt werden, kann eine Kurvendiskussion aus dem Teilgebiet der Infinitesimalrechnung kompliziert sein. Sie ist in Regel aber gut lösbar, wenn man die entsprechenden Methoden kennt. Komplexe Probleme entziehen sich oft einer einfachen und eindeutigen Lösung. Sie haben oft folgende Eigenschaften:
>
> - Die Zusammenhänge sind nicht vollständig beschreibbar und ändern sich mit der Zeit.
> - Das Problem besteht aus einer unmessbaren Zahl von Einzelaspekten, die oft miteinander wechselwirken.
> - Komplexe Probleme sind nichtlinear und diskontinuierlich.
> - Viele komplexe Systeme haben emergente Eigenschaften. Darunter versteht man ein System, bei dem das Gesamtsystem neue Eigenschaften hat, die sich aus den Eigenschaften der Einzelelemente nicht ableiten lassen.

Je nach Wissenschaftsdisziplin werden die Begriffe *Komplexität* und *Emergenz* etwas unterschiedlich definiert. Wir leben aber unzweifelhaft heute in einer komplexen Welt, in der unsere Arbeitswelt (Volks- und Betriebswirtschaft), unsere Familien und Organisationen (Soziologie und Psychologie), aber auch unser Wissen über den menschlichen Körper (Neurologie/Medizin), Physik, Mathematik und Informationstechnologie komplexe Probleme und Emergenz kennen. Im Bereich des Wissensmanagements werden diese Zusammenhänge im sogenannten Cynefin-Framework dargestellt.

Vielen Menschen erscheint alles zu unübersichtlich und der Rückzug ins Private und Kleine ist verlockend. Diese Großwetterlage unserer Gesellschaft prägt Menschen bis ins Persönliche und Private hinein: Vertrauen ist eine Fähigkeit, die vielen oft schwerfällt. Anderen Menschen nicht grundsätzlich mit Misstrauen und Vorbehalten entgegenzutreten, erscheint riskant. Und doch ist es so wichtig, weil nur mit Vertrauen das Leben einfach wird. Nur mit Vertrauen ist Kooperation zwischen Menschen sinnvoll möglich. In den Familien gilt das genauso wie im Arbeitsumfeld. Wenn alles hinterfragt wird, wenn nichts mehr geglaubt werden kann, ist ein Zusammenleben und Zusammenarbeiten nur noch mit großer Kraftanstrengung möglich. Hoffnung auf eine gestaltbare, gute Zukunft braucht Vertrauen. Wie lässt sich Vertrauen aber einüben und lernen? Wir vertrauen z. B. bei einer Bahnreise eher Menschen, die uns anlächeln. Wir bitten jemand, kurz auf unseren Koffer aufzupassen, wenn diese Person uns vorher ein Lächeln geschenkt hat. Lächeln macht sympathisch und baut Beziehung auf – ganz ohne Worte. Unbewusst finden wir lächelnde Gegenüber vertrauenswürdig. Jetzt kann man diese Erkenntnis verallgemeinern und für Menschen, denen wir vertrauen *wollen,* eine *Liste des Lächelns* aufbauen. Dabei handelt es sich ganz einfach um Notizen, wann er oder sie uns freundlich und nett begegnet ist. Eine Hilfestellung, um das Gute nicht zu vergessen, sondern zu verfestigen. Es hilft, immer wieder in diese Liste des Lächelns hineinzuschauen, zu sehen, wie sie wächst, und durch das erneute Lesen die positiven Situationen erneut zu verinnerlichen. Dadurch kann man seine Erinnerung an die eigene Vergangenheit prägen und aktiv beeinflussen (vgl. Fayner, 2022, S. 12–16): das wiederholen, was gut ist. Aktiv und bewusst an die vertrauensvollen Situationen erinnern. Dem zugrunde liegt die aktive Entscheidung, dieser Person vertrauen zu wollen und bewusst nicht das eigene Misstrauen zu verstärken. Natürlich gibt es Personen, die Vertrauen objektiv nicht verdienen, die andere Menschen ausnutzen und ihnen schaden. An dieser Stelle wäre es fatal, sich so zu verhalten. Hier helfen nur Abstand und Selbstschutz. In vielen Fällen ist es aber so, dass verletzte Ehre und Stolz dazu führen, dass Menschen anscheinend nicht mehr vertrauen können und wollen. Viele Beziehungen sind es wert, an ihnen zu arbeiten. In Familien oder in der Arbeitswelt treten immer wieder Verletzungen auf. Niemand ist perfekt und alle machen Fehler. Nicht immer handelt es sich aber um eine toxische Situation, die nur zu immer weiteren Verletzungen führen wird. Vieles kann gerettet und verbessert werden, wenn man daran arbeitet. Und hier ist es wichtig, wie die eigene Blickrichtung ist: Sieht man am Partner oder der Arbeitskollegin vorrangig die Fehler und eine potenzielle Gefahrenquelle, oder lässt man sich darauf ein, das Gute und Vertrauenswürdige in den Mittelpunkt zu stellen? Interessant ist, dass Vertrauen, das man seinem Gegenüber entgegenbringt, in vielen Fällen auch bewusst oder unbewusst wahrgenommen und gespiegelt wird. Durch die Liste des Lächelns reagieren Menschen anders. Indem das Lächeln der anderen Person wahrgenommen und aufgeschrieben wird und so das eigne Handeln prägt, lächeln Menschen virtuell oder tatsächlich dem Gegenüber entgegen. Indem man sich entscheidet, sich von seinen oder ihren positiven Seiten beeinflussen zu lassen, bringt man das Gleiche dem Gegenüber entgegen. Das Ganze wird also im Idealfall selbstverstärkend und führt zu gefestigtem Vertrauen. Das macht doch Hoffnung.

6.4 Hoffnungs-Verstärker: strukturierte Dankbarkeit

In den vorherigen Kapiteln wurden verschiedene geschichtliche Entwicklungen vorgestellt, die Hoffnung machen können. Weil es gelungen ist, diese Probleme der Vergangenheit zu lösen, können wir Zuversicht haben, auch die Herausforderungen der Gegenwart erfolgreich anzugehen. Nun sind die großen politischen oder wirtschaftlichen Linien zwar für alle von großer Bedeutung, weil die Lebenssituationen durch diese Umstände erheblich beeinflusst werden. Daneben gibt es aber eine Vielzahl individueller Lebensumstände und Begegnungen, die auch großen Einfluss auf das eigene Leben und Wohlbefinden haben: Krankheit oder Gesundheit, Erfolg oder Stress im Arbeitsleben, familiäre Konstellationen – es gibt viele, von Person zu Person unterschiedliche, aber maßgeblich relevante Faktoren. Die Summe dieser großen Randbedingungen von Politik, Wirtschaft, Ökologie etc. und den individuellen Gegebenheiten macht das Leben aus. Entscheidend ist nun, wie man darauf schaut. Ein Konzept, das gerade in der Positiven Psychologie eine große Rolle spielt, ist Dankbarkeit (vgl. Lermer, 2019, S. 54 ff.). Was hat Dankbarkeit aber mit Hoffnung zu tun, um die es hier geht? Dankbarkeit ist eine positive Reaktion auf autobiografische Hoffnungs-Gründe. In diesem Buch werden geschichtliche Entwicklungen beschrieben, die in der Vergangenheit gut verlaufen sind und die uns Hoffnung geben können. Weil nachweislich und objektiv nicht alles in der Katastrophe geendet ist und weil Handeln Verbesserungen in vergangenen Krisen bewirken konnte, gibt es auch Grund zur Zuversicht, gegenwärtige Herausforderungen zumindest zu verbessern oder lösen zu können. Das ist der Grundgedanke dieses Buches. Neben dem rationalen Nachdenken über diese positiven Entwicklungen der Vergangenheit ist es auch hilfreich, dafür dankbar zu sein. Hoffnung ist etwas Individuelles, in der eigenen Person Verankertes. Hoffnung ist eine Emotion, die an uns als Person gekoppelt ist. Sie ist kein allgemeines Geschichtswissen. Der Rückblick auf vergangene positive Entwicklungen ist kein geschichtswissenschaftliches Proseminar, sondern soll eigene Gefühle, die persönliche

Emotion *Hoffnung* stärken. Das ist eng verknüpft mit der eigenen, der persönlichen Dankbarkeit. Es geht nicht um einen neutralen, wissenschaftlich-kühlen Rückblick. Es lohnt sich, sich von früheren guten Entwicklungen inspirieren und persönlich stärken zu lassen. Dieser emotionale Rückblick auf die autobiografischen Hoffnungs-Gründe ist Dankbarkeit. Autobiografisch bedeutet an dieser Stelle, dass sowohl die großen politischen, wirtschaftlichen und ökologischen Linien, die Menschen im Heute, in der Gegenwart betreffen, zu persönlichen Hoffnungs-Gründen werden können (vgl. Kap. 3). Ich bin persönlich froh und dankbar, dass der Kalte Krieg nicht in einer nuklearen Katastrophe geendet hat. Ich habe individuell erlebt, wie 1989 der Eiserne Vorhang fiel, und kann die positiven Gefühle daran dankbar erinnern. Es geht aber auch um die Dinge, für die Menschen aus der eigenen Biografie heraus dankbar sein können und die persönlich Hoffnung geben: dankbar sein für eine bestandene Prüfung und aus dieser Erfahrung Hoffnung gewinnen, dass auch zukünftige Herausforderungen gemeistert werden können. Dankbar auf berufliche oder private Erfolge und Beziehungen zurückblicken und daraus Zuversicht für das Morgen schöpfen.

Die Neurowissenschaftlerin Friederike Fabritius beschreibt im Artikel von Achim Dreis (vgl. Dreis, 2025, S. 41), wie unsere Gewohnheiten als neuronale Netze im Gehirn verankert sind und dabei aber plastisch und formbar bleiben. Wenn wir neue Gewohnheiten etablieren wollen, entstehen am Anfang ganz schwache neue neuronale Netze. Neue Informationspfade werden verknüpft und Signale anders verarbeitet. Im Laufe der Zeit verstärken sich diese neu gebildeten Wege im Gehirn durch wiederholtes Einüben. Fabritius schätzt, dass „wenn Sie etwas drei Monate durchziehen, ist das neuronale Netzwerk danach so stark, dass Sie aus meiner Sicht automatisch weitermachen werden".[2] Durch Übungen zur Dankbarkeit, wie sie in der Positiven Psychologie beschrieben werden, kann man Emotionen wie Dankbarkeit und Hoffnung bis zu einem gewissen Grad aktiv in sich integrieren.

Eine Gewohnheit für Dankbarkeit kann beispielsweise ein Tagebuch sein, in das regelmäßig Situationen und Umstände eingetragen werden, für die man dankbar sein kann. Das Problem bei der Dankbarkeit ist oft, dass es nicht leichtfällt, den Fokus zu bewahren. Probleme und Krisen drängen sich in den Gedanken in den Vordergrund und dominieren leicht die Wahrnehmung der Welt. In gewisser Weise ist das die Dramatik der sozialen Medien und der Blasen, die sich dort ausbilden: Wer nur noch eine Stimme hört, eine Sichtweise auf bestimmte Gegebenheiten wahrnimmt, ist in einer Blase gefangen und das Denken wird davon bestimmt. Viele sogenannte *Wutbürger* heute sind durchaus zu Recht wütend: Es gibt die Probleme. Vieles muss angegangen und gelöst werden. Es ist meistens aber auch nicht zu einhundert Prozent negativ. Vieles in unserer Welt ist nicht rein schwarz oder weiß, sondern grau. Wenn aber die Zwischentöne verloren gehen, wenn neben dem klaren Blick auf die Probleme die Dankbarkeit für das auch vorhandene Gute fehlt, geraten unsere Zufriedenheit im Privaten und Zusammenhalt und Demokratie im Großen in Gefahr. Deswegen ist es so wichtig, sich immer wieder aktiv und nachhaltig bewusst zu machen, wofür man dankbar sein kann. Der Grundgedanke bei so einem Tagebuch der Dankbarkeit ist ähnlich wie bei der vorher erwähnten Liste des Lächelns. Man könnte also auch von einer Liste der Dankbarkeit

---

[2] Dreis, Achim: Gute Vorsätze; Frankfurter Allgemeine Sonntagszeitung vom 5. Januar 2025, S. 41; Frankfurt: Frankfurter Allgemeine Zeitung GmbH; https://zeitung.faz.net/fas/top-themen/2025-01-05/gute-vorsaetze/1116456.html.

sprechen. Wem ein klassisches Tagebuch an dieser Stelle zu unpraktisch oder altmodisch erscheint, seien auch verschiedene Apps auf dem Smartphone empfohlen. Unter dem Stichwort „Dankbarkeit" finden sich in den Appstores interessante Lösungen, die eigene Notizen auch mit wertvollen Sinn- und Motivationssprüchen und anderen Tools verbinden.

Für Menschen mit religiösem Hintergrund sind auch viele Bibeltexte eine gute Hilfe zur Dankbarkeit. Die Psalmen im Alten Testament sind Lieder und Gebete, die häufig in Situationen der Not geschrieben wurden. In ihnen werden Umstände beschrieben, die Menschen heute so im 21. Jahrhundert auch noch in ähnlicher Weise erleben: Krankheit, Krieg, zwischenmenschliche Konflikte – all das gibt es auch heute noch. In Psalm 116 wird beispielsweise von Hilfe in tödlicher Gefahr berichtet. Wir erfahren nicht, was genau die Gefahr war. Dadurch wird dieser alte Text zeitlos und kann auch heute in Sorge und Angst zur Kraftquelle werden. Der Gottesbezug im Psalm gab den Betern und Beterinnen durch alle Jahrhunderte hindurch Kraft und Orientierung und führte dann am Ende des Psalms zur Dankbarkeit. Es ist sicher grundsätzlich eine große Hilfe bei der Dankbarkeit, ein Gegenüber als Empfänger des Danks wahrzunehmen. In Religion und Glauben ist Gott als Gegenüber eine große Quelle der dankbaren Hoffnung, so wie es in diesem alten Psalm auch beschrieben ist. Neben Texten der Bibel gibt es auch viele weitere Texte, die eine Hilfe sein können, strukturiert Dankbarkeit zu entwickeln: Marc Aurels *Selbstbetrachtungen* oder Epikurs *Von der Kunst des glücklichen Lebens* sind Texte der Antike, die als Anregung dienen können. In der Lyrik hat Rainer Maria Rilke mit dem *Stundenbuch* sehr wertvolle Gedichte verfasst, die vielen Menschen nahegehen und sie berühren. Texte von Rilke, die auch zur Dankbarkeit und Hoffnung animieren können, wurden teilweise auch sehr schön vertont. Das Musikkabarett *Duo Camillo* hat beispielsweise etliche Texte aus dem *Stundenbuch* im (nicht kabarettistischen) Lyrikalbum *Hiersein ist Herrlich* eingespielt. Ähnliches gibt es mit dem *Rilke-Projekt* vom Komponisten- und Produzententeam Schönherz & Fleer. In der Vielzahl von weiteren Texten, die zu Dankbarkeit und Hoffnung anregen können, sei an dieser Stelle nur noch *Der kleine Prinz* von Antoine de Saint-Exupéry genannt.

Das Gegenteil von *Dankbarkeit* ist in diesem Kontext nicht *Undankbarkeit,* sondern in vielen Fällen *Katastrophisieren.* Darunter versteht man in der klinischen Psychologie die Neigung, negative Aspekte einer Situation oder mögliche negative Konsequenzen in übertriebenem Maße wahrzunehmen und darüber zu grübeln (vgl. Hermann, 2021). Wenn diese Neigung überhandnimmt und krankhaft lebensbestimmend wird, ist es unbedingt wichtig, professionelle Hilfe anzunehmen. Es gibt aber auch eine Form des Katastrophisierens, die gut durch eigene Willensentscheidungen begrenzt werden kann, bevor sie lebenshemmend und pathologisch wird. Hier kann Dankbarkeit ein guter Kontrapunkt sein. Wenn die eigenen Gedanken stark um mögliche katastrophale Verläufe der persönlichen Lebenssituation oder weltpolitischer Entwicklungen kreisen, kann es eine große Hilfe sein, durch bewusstes Fokussieren auf Gründe für Dankbarkeit dieses negative Gedankenkarussell zum Stehen zu bringen. Die Ausrichtung der eigenen Gedanken weg vom potenziell Negativen in der Zukunft hin zum konkret Positiven in der Vergangenheit zu führen und daraus Hoffnung für die Gegenwart und die Zukunft zu schöpfen, ist Ziel dieses Buchs. Strukturierte Dankbarkeit, die bewusst Methoden zur Förderung von Dankbarkeit einsetzt, kann dabei eine große Hilfe sein. Die Tragik des Katastrophisierens hat Paul Watzlawick hervorragend in seinem Buch *Anleitung zum Unglücklichsein* in der bekannten Parabel vom Hammer beschrieben: Darin erzählt er die Eskalation einer an sich völlig harmlosen Situation aus dem Nichts heraus – nur verursacht durch katastrophisierende Gedanken des Protagonisten (vgl. Watzlawick, 1983, S. 26). Watzlawick beschreibt hier humorvoll, was vielfach in den Köpfen tatsächlich ähnlich abläuft: Menschen sind in einem Gedankenkarussell gefangen und malen sich immer schlimmere Szenarien aus. Diese Gedanken, in denen Mitmenschen eine negative Stimme gegeben wird, erscheinen dann als die Realität. Menschen werden unfähig, das Gute im Leben zu sehen. Katastrophisieren kann zur negativen Self-Fulfilling Prophecy werden: Wenn der Mann in Watzlawicks Geschichte seinen Nachbarn so anschreit, wird er wirklich keinen Hammer erhalten und die schlimmsten Erwartungen sind zur Realität geworden. Damit gibt es aber auch keinen Grund mehr, Hoffnung zu haben, weil ja wirklich alles schlecht auszugehen scheint. Katastrophisierende Gedanken können also nicht nur Lebensfreude und Hoffnung rauben, sie können sich auch erfüllen. Michael Kraske zitiert in seinem Artikel „Gesunder Optimismus" die Psychologin Astrid Schütz und schreibt: „Katastrophisierende Gedanken lassen sich mit Hilfe von Worst-Case-Übungen korrigieren. ‚Sich vorzustellen, was schlimmstenfalls passieren kann, nimmt pessimistischen Gedanken den Schrecken', sagt Schütz"[3] (Kraske, 2020, S. 67–70). Dabei geht es darum, den potenziell schlimmstmöglichen Fall zu betrachten und festzustellen, dass auch dieser Fall meis-

---

[3] Kraske, Michael (2020): Gesunder Optimismus; Psychologie heute compact „Die Seele stärken" Heft 62; 2020, S. 67–70; Weinheim: Julius Beltz GmbH & Co. KG; https://www.psychologie-heute.de/abo-shop/detailseite/40184-psychologie-heute-compact-62-die-seele-staerken.html

tens nicht in die Katastrophe führen wird. Wie könnte Watzlawicks Geschichte mit so einer Worst-Case-Übung positiver ausgehen? Hier ein Versuch, wie sich der Mann in Watzlawicks Geschichte durch eine solche Wort-Case Übung selbst helfen könnte:

Ich habe Sorgen, dass mein Nachbar mir den Hammer nicht geben will. Vielleicht sind meine Sorgen ja sogar berechtigt. Auf der anderen Seite – wenn er ihn mir nicht geben will, weil er ein schlechter Mensch ist – dann frage ich morgen meinen Kollegen in der Firma. Von ihm weiß ich, dass er ein netter Mensch ist. Dann dauert es eben ein paar Tage länger. Selbst im schlimmsten Fall habe ich noch andere Möglichkeiten, aber jetzt frage ich erst mal meinen Nachbarn. Und so geht er hinüber, läutet, der Nachbar öffnet, sagt „Guten Tag" und unser Mann erhält gerne auf seine vorsichtige Frage hin den gewünschten Hammer.

In diesem alternativen Ende der Geschichte macht sich der Mann bewusst, dass er Ressourcen hat, die unabhängig von dem Nachbarn sind. Selbst wenn der Nachbar sich als unfreundlich und bösartig herausstellen sollte, unser Mann ist jetzt im Worst Case nicht hilf- und hoffnungslos. Er hat Alternativen. Das gibt ihm Hoffnung und lässt ihn die Gegenwart anders gestalten, als wenn er ohne Hoffnung handelt.

Diese Anregung zur Dankbarkeit ist kein Aufruf, die realen Probleme unserer Zeit zu verdrängen. Dankbarkeit und Hoffnung bedeuten nicht, den Kopf in den Sand zu stecken und die Augen zu verschließen. Vielmehr geht es darum, aus der Erfahrung, dass wir in der Vergangenheit vieles gut gelöst haben, auch die Zukunft zu gestalten. Dankbar sein für das Erreichte – und Geschenkte – und voller Hoffnung, Mut und Vertrauen für die Zukunft.

6.5 Hoffnungs-Verstärker: Zwischentöne schätzen lernen

Die EU ist ein gutes Beispiel für Kompromisse. Oft wird sie dafür kritisiert, weil die Kompromisse als „faul" gebrandmarkt werden. Das hat im Einzelfall seine Berechtigung. In der Politik wie im sonstigen Leben ist es immer wieder eine Gratwanderung, welche Kompromisse ein Mensch einzugehen bereit ist. Das betrifft das Privatleben, die berufliche Tätigkeit und das gesellschaftliche bzw. politische Umfeld. Vermutlich haben die meisten Menschen Idealvorstellungen, wie ihr Leben und die Welt sein sollten. Das kann zu Utopien und Ideologien führen, wenn diese Vorstellungen kompromisslos gelebt werden. So schreibt Karl Popper in seinem Text „Die Verteidigung des Rationalismus" von 1945: „Aber der Versuch, den Himmel auf Erden einzurichten, erzeugt stets die Hölle"[4] (2000, S. 22). Religion und Politik sind voll von Beispielen, in denen viel Leid verursacht wurde, weil keine der beteiligten Parteien in einem Konflikt kompromissbereit war. Gleichzeitig gibt es aber auch prominente Beispiele für eine konsequente Haltung, die notwendig für einen guten Ausgang einer Krise war. Im 2. Weltkrieg war die Appeasementpolitik von Chamberlain ein Beispiel für einen faulen Kompromiss, und erst die harte Haltung von Churchill konnte das Unrechtsregime der Nationalsozialisten beenden. In der Kubakrise einige Jahre später konnte Kennedy durch seine harte Linie, aber auch durch kluge Kompromisse wie den Abzug der amerikanischen Jupiter-Raketen aus der Türkei, eine Eskalation des Konflikts

---

[4] Popper, Karl (2000): Lesebuch: ausgewählte Texte zu Erkenntnistheorie, Philosophie der Naturwissenschaften, Metaphysik, Sozialphilosophie; Tübingen: J.C.B. Mohr (Paul Siebeck).

vermeiden. Diese notwendigen kompromisslosen Haltungen sind aber eher die Ausnahme. Gerade Deutschland hat sehr erfolgreiche Erfahrungen mit Kompromissen gemacht. Das betrifft das politische System, zuerst in Bonn und jetzt in Berlin bzw. in den Länderparlamenten und Kommunen. Aufgrund des deutschen Wahlrechts entsteht sehr oft die Notwendigkeit, Koalitionen zu bilden. Dabei müssen naturgemäß Kompromisse zwischen den Partnern gefunden werden. Dadurch wird der Wählerwille oft gut abgebildet und das Land fährt damit grundsätzlich gut. Ebenso sind in vielen Wirtschaftsbereichen die Sozialpartner, Gewerkschaften und Arbeitgeber, in Deutschland eher konsensorientiert. Hoffnung bedeutet also in vielen Fällen nicht die Erwartung eines perfekten Paradieses auf Erden. Wie Karl Popper oben sagte, hat diese Haltung sehr oft zu viel Leid geführt. Gute Kompromisse auszuhandeln und die Zwischentöne schätzen zu lernen, ist ein guter Verstärker von Hoffnung. Auch im Privaten kann es immer wieder eine Herausforderung sein zu überlegen, welche Zwischentöne und Kompromisse gut sind und wo sie zu faulen Kompromissen führen. Da es hier naturgemäß keine allgemeingültigen Regeln gibt, mag es sinnvoll sein, Kompromisse auszuprobieren und zu prüfen, wie sie sich entwickeln. Meistens geht es um weniger als die oben genannten politisch-militärischen Entscheidungen von Churchill oder Kennedy. Meistens steht eher verletzter Stolz als die Freiheit der Welt auf dem Spiel. Das ist der Rahmen, innerhalb dessen oft ein Experimentieren mit dem Konsens sinnvoll ist. Wenn die Positionen in Familie, Beruf, Religion oder Verein erst einmal verhärtet sind und „das Tuch zerschnitten" ist, lässt sich der Weg zurück zueinander oft nur schwer finden. Deswegen kann ein Ausprobieren und mehrfaches Verhandeln von Konsenslinien in vielen Fällen hilfreich sein. Hoffnung auf eine bessere Zukunft ist dann nicht die ausschließliche Erwartung der einen, bestmöglichen Zukunft. Es ist vielmehr das Ausloten, welche Zukunft für alle beteiligten Parteien ein guter Mittelweg sein kann.

Sehr schön wird das im sogenannten *Gelassenheitsgebet* ausgedrückt:

Gott, gib mir die Gelassenheit, Dinge hinzunehmen, die ich nicht ändern kann,

den Mut, Dinge zu ändern, die ich ändern kann,
und die Weisheit, das eine vom anderen zu unterscheiden.

Interessant die hier nicht ganz eindeutige Entstehungsgeschichte. Es sieht so aus, dass dieses Gebet von dem US-amerikanischen Theologen Reinhold Niebuhr vor oder während des 2. Weltkriegs verfasst wurde. Niebuhr wandelte sich in den 1930er-Jahren vom überzeugten Pazifisten zum Unterstützer des Krieges gegen den Nationalsozialismus in Deutschland und später auch gegen die aggressive sowjetische Expansionspolitik. Zitiert wird dieses Gebet auch in Kurt Vonneguts Buch *Slaughterhouse Five Or The Children's Crusade,* in dem er Erlebnisse aus dem 2. Weltkrieg verarbeitet. Deswegen wird Vonnegut auch teilweise als Verfasser benannt. Morgan Housel zitiert in *Über die Psychologie des Geldes* eine Geschichte über Kurt Vonnegut, die das auch verdeutlicht: „Auf der Party eines Milliardärs aus Shelter Island verriet Kurt Vonnegut seinem Kumpel Joseph Heller, ihr Gastgeber, ein Hedgefondsmanager, habe an einem Tag mehr verdient als Heller in all den Jahren mit seinem extrem erfolgreichen Buch *Catch-22.* Daraufhin antwortete Heller: ‚Stimmt, aber ich habe etwas, das er nie haben wird … genug'"[5] (Housel,

---

[5] Housel, Morgan (2024): Über die Psychologie des Geldes; München: Finanzbuch Verlag.

2024, S. 41). Nicht immer in unersättlicher Gier getrieben zu sein und die Dinge, die sich nicht ändern lassen, auch zu akzeptieren, kompromissbereit zu sein, ist eine wichtige Grundlage für Hoffnung. Wenn das nicht gelingt, wird Hoffnung immer enttäuscht werden und zu Frustration führen. Die Zwischentöne im Leben, die gute Kompromisse ermöglichen, sind Grundlage für ein hoffnungsvolles Leben.

6.6 Hoffnungs-Verstärker: Glaube und Spiritualität

Yuval Harari sagt, dass die Menschen früher Hoffnung bei Göttern, Engeln und Heiligen suchten, weil sie die Natur nicht verstehen und beherrschen konnten und Hunger, Krankheit und Kriege wie Naturgesetze über den Menschen zu herrschen schienen. Heute könnten die Menschen das und bräuchten deswegen keinen Gott mehr (vgl. Harari, 2017, S. 9 ff.). Religion ist aber mehr. Es geht nicht nur darum, die Natur in den Griff zu bekommen. Wir brauchen ein Ziel für unser Leben und haben einen Hunger nach Sinn.

Gerade der christliche Glaube ist kein Wellnessgefühl für Weltfremde und Langeweiler. In der ZEIT vom 21. Dezember 2016 ringt Evelyn Finger mit der Frage *Frieden – wie geht das?* – zwei Tage nach dem schrecklichen Anschlag auf den Weihnachtsmarkt am Berliner Breitscheidplatz, wenige Wochen nach der ersten Wahl von Donald Trump zum US-Präsidenten und einige Wochen nach der Abstimmung in Großbritannien für den Brexit. Wahrlich keine einfachen Tage und Wochen. Sie schreibt (Finger, 2016, S. 1): „Vielleicht könnte eine Weihnachtstugend helfen: die Hoffnung wider alle Hoffnung. Jesus verkörpert ja eine Möglichkeit des Friedens, die über das bis dahin Vorstellbare hinausgeht. Der Frieden kommt in Gestalt des Neuen, das erst in der Rückschau erkannt werden kann. Das heißt: Es genügt nicht, immer nur aus den schlechten Erfahrungen der Vergangenheit heraus zu entscheiden. Es genügt auch nicht, Flüchtlinge aufzunehmen, aber sich vor der Frage zu drücken, wie in ihrer Heimat Frieden aktiv zu schaffen sei. Gerade in Nahost, in den alten biblischen Gegenden Syriens oder Ägyptens, tun neue Antworten not. Was hilft gegen Diktatoren, die ihr eigenes Volk bekämpfen? Was hilft gegen Rebellen, die durch kein Friedensangebot zu beeindrucken sind? Was hilft gegen Terror, der sich selbst genügt?"[6] Gegen alle Hoffnungslosigkeit und vielleicht sogar gegen alle Wahrscheinlichkeit den Mut nicht zu verlieren, sondern aktiv, tätig und geradezu provokativ zu hoffen – auch das ist die christliche Weihnachtsbotschaft. Evelyn Finger fährt in ihrem Artikel fort: „Der Dramatiker Heiner Müller hat einmal gesagt: Hoffnung ist etwas für Leute, die unzureichend informiert sind. Man könnte entgegnen: Hoffnungslosigkeit ist etwas für Leute, die zu gut informiert sind und sich nicht vorstellen können, dass noch etwas Besseres kommt – der Triumph der Milde über die Macht, der Klugheit über die Bosheit, des Kindes über den Krieg. Da passt die alte Weihnachtsgeschichte doch in die heutige Welt: Schon zu Zeiten des Jesus von Nazareth war Frieden nicht der Normalzustand, sondern ein wahres Wunder, etwas Verletzliches und Bedrohtes. Deshalb wird der kindliche ‚Friede-Fürst' von den Weisen aus dem Morgenland demütig angebetet. ‚Friede auf Erden' ist ein Himmelsgeschenk, aber

---

[6] Finger, Evelyn (2016): Frieden – wie geht das?; „DIE ZEIT" Nr. 53/71. Jahrgang vom 21. Dezember 2016, Seite 1; Hamburg: Zeitverlag Gerd Bucerius GmbH & Co. KG; https://www.zeit.de/2016/53/bibel-botschaft-frieden-hoffnung

die Menschen müssen erst lernen, seinen Wert zu ermessen." Durch die Jahrhunderte hindurch ist diese Provokation der christlichen Hoffnung immer wieder durch alle kirchliche Erstarrung, Orthodoxie und auch teilweise auch Unterwerfung unter die ungerecht Herrschenden hervorgebrochen und hat Menschen dazu gestärkt, den Frieden und das Gute in der Welt konkret werden zu lassen. Das hat Frauen und Männer wie Elisabeth von Thüringen, Franz von Assisi, William Wilberforce oder Dietrich Bonhoeffer angetrieben, die bis heute Vorbild für den Einsatz gegen Armut, für die Bewahrung der Schöpfung, gegen Sklaverei und gegen Diktatur sind.

Religion hat die Menschen sowohl zu fürchterlichsten Gräueltaten im Namen des Glaubens bewogen: Kreuzzüge, Inquisition, der Dreißigjährige Krieg, die Intifada, der heilige Krieg, die Verbrechen an den Rohingya, die Irisch-Republikanische Armee (IRA) in Nordirland sind nur einige Stichworte, die schnell Bilder und Geschichten wachrufen. Gleichzeitig hat Religion Männer und Frauen auch zu selbstloser Nächstenliebe, bewundernswerter Hingabe und dem konsequenten Einsatz für Recht und Gerechtigkeit bewogen, auch dort, wo das eigene Leben dadurch in Gefahr geriet. In allen Religionen gab und gibt es Beispiele, die abschrecken, und Vorbilder, die ermutigen. Für viele Menschen ist es eine große Kraftquelle, nicht nur den eigenen Horizont zu sehen, sondern ihr Leben etwas Größerem zu widmen, etwas, das außerhalb und über ihnen steht. Dort, wo die Religion den Menschen gute Grenzen setzt und Orientierung in einer komplexen Welt gibt, kann sie zu einem großen Nutzen werden. Unbegrenzte Gier von Menschen und Egozentrik ohne Limit, ohne Normen und Werte verursachen heute und in der Vergangenheit an vielen Stellen auf der Welt großes Elend. Gleichzeitig war und ist gnadenlose religiöse Intoleranz, die Andersgläubige verurteilt und nicht als gleichwertig und gleichberechtigt sieht, Ursache für fürchterliche Kriege und Unterdrückung von Mitmenschen. Religion kann dem Menschen also schützende Grenzen in Verantwortung vor einem Gegenüber außerhalb des eigenen Seins geben, sie kann aber auch zu grenzenlosem Hass auf Mitmenschen führen, wenn diese nicht so glauben wie man selbst.

Hoffnung wird vom Glauben gestiftet, wenn er nicht in der Intoleranz oder in der Enge der Erfüllung scheinbarer religiöser Pflichten verharrt. Hoffnung kann durch Glauben und Spiritualität entstehen, wenn der Glaube Menschen Sicherheit und Kraft gibt. Im jüdisch-christlichen Kontext ist das die Perspektive, dass sich der Gott der Bibel dem einzelnen Menschen als Gegenüber zuwendet. Diese Gewissheit hat Menschen dazu gebracht, sich in Nächstenliebe Kranken und Schwachen zuzuwenden, gegen die Sklaverei zu kämpfen oder für die allgemeinen Menschenrechte einzutreten. Viele Männer und Frauen haben Kraft und Hoffnung aus diesem Glauben gezogen und sich von den Erzählungen der Bibel inspirieren lassen.

Glaube und Spiritualität haben aber in nahezu allen Religionen einen weiteren Aspekt, der Hoffnung geben kann: Meditation oder Gebet helfen Menschen, zur Ruhe zu kommen. Gerade in unserem oft hektischen Alltag kann es eine starke Kraft- und Hoffnungsquelle sein, innezuhalten und das Jagen nach dem nächsten Termin, Meilenstein oder Gewinn für einen Augenblick zu unterbrechen. Die meisten Religionen beinhalten kontemplative Übungen, die helfen, Ruhe zu finden. Hoffnung ist oft auch eine Frage der Perspektive und nicht nur ein rationales, faktengetriebenes Thema. Menschen können in derselben Situation Hoffnung haben oder Hoffnungslosigkeit erleben.

Wie schon vorher zitiert, beschrieb der römische Philosophenkaiser Marc Aurel das in seinen *Selbstbetrachtungen*. In den biblischen Klagepsalmen wird auch dieser

Perspektivwechsel beschrieben. Mitten in einer der Klage über eine Notlage änderte der Dichter seine Blickrichtung und fand in seinem Glauben an Gott Trost und Kraft für die nächsten Schritte. Klagepsalmen dieser Art finden sich zum Beispiel in Psalm 6, 13, 22, 31, 42 oder 130. Das ist ein Grundprinzip der Hoffnung, dass sie genau dort entstehen kann, wo noch nicht alle Probleme gelöst sind und alles schon gut ist. Es gilt gerade das Gegenteil: Dort, wo die Probleme noch groß sind, kann die Hoffnung entstehen, weiterzumachen. Glaube und Spiritualität haben durch alle Jahrhunderte hinweg Männern und Frauen dazu die Kraft gegeben.

6.7 Hoffnungs-Verstärker: Hoffnung als Kompromiss der kleinen Schritte

Immer wieder wurde in diesem Buch darüber berichtet, dass es gelungen ist, bei Problemen der Vergangenheit Verbesserungen zu erzielen, dass aber bei Weitem noch nicht alles gut ist. Teilweise sind die Probleme nur partiell gelöst, wie beim Hunger: In Deutschland ist die Situation im Vergleich zu den erwähnten Hungerwintern nach dem 2. Weltkrieg vollständig gelöst, weltweit besteht das Problem der Unterernährung aber für viele Millionen Menschen auch heute noch. Teilweise erleben wir auch eine Verschiebung der Probleme: Beim Waldsterben konnte der saure Regen der 1970er- und 1980er-Jahre weitgehend verbessert werden, aber durch den Klimawandel wird der Wald durch vermehrte Dürresommer unter Druck gesetzt.

Als Hoffnungs-Verstärker soll daher der Blickwinkel eingeführt werden, genau diese schrittweise Verbesserung im Sinne von „zwei Schritte vor und einer zurück" so wahrzunehmen und zu akzeptieren. Viele Menschen wünschen sich die perfekte Lösung, den einen Schritt, der ein Problem ein für alle Mal beendet. Natürlich wäre es schön, solche durchschlagenden Lösungen oft zu haben. Die Realität ist aber in vielen Fällen anders. Nun kann man sich an der Realität aufreiben und darüber die Hoffnung verlieren. Man kann sie aber auch so sehen, wie sie ist, und trotz aller Unzulänglichkeiten akzeptieren. Ein erster wichtiger Schritt ist das Wahrnehmen beider Seiten: Wer sich nur an den erreichten Ergebnissen freut, ohne die noch offenen Aufgaben zu akzeptieren, gibt sich der Illusion hin, es sei ja alles nicht so schlimm, sondern eigentlich ganz in Ordnung. Wer dagegen nur auf die noch ungelösten Teilaspekte schaut und nicht auch die Freude über das schon Erreichte bewusst erlebt, wird leicht zynisch und zum Aufgeben verleitet. Beides ist schlecht und verhindert, dass konstruktiv an den offenen Herausforderungen weitergearbeitet wird. Das betrifft alle Bereiche des Lebens: Ganz individuell kann es um persönliche Veränderungen von Verhaltensweisen gehen. Niemand wird perfekt sein, sollte aber deswegen nicht aufhören, an sich zu arbeiten, um als Persönlichkeit zu wachsen. Das Akzeptieren von Zwischenschritten betrifft genauso die Familien, das Zusammenleben in der Nachbarschaft oder das Betriebsklima in den Unternehmen: Beim Zusammenleben und -arbeiten von Menschen gibt es immer wieder Rückschläge und Zeiten schlechter Stimmung. Legendär ist die Wutrede von Uli Hoeneß bei der Jahreshauptversammlung 2007 des FC Bayern München: „eure Scheiß-Stimmung, da seid ihr doch verantwortlich und nicht wir [als Vereinsvorstand]"[7]

---

[7] Hoeneß, Uli (2007): Rede auf der Jahreshauptversammlung des FC Bayern 2007; veröffentlicht von TV BAYERN LIVE* am 23.02.2014 auf Youtube.com https://www.youtube.com/watch?v=OgybtUkZpHs; abgerufen am 9.6.25.

(Hoeneß, 2007). Es ist kontinuierliche Anstrengung aller nötig, damit das Zusammenleben und -arbeiten gelingt, mit beidem, Fortschritten und Rücksetzern. Dieses Arbeiten in kleinen Schritten betrifft auch die großen gesellschaftlichen und politischen Themen wie das ständige Reformieren unserer Sozialsysteme, des Umweltschutzes, der Migrationspolitik und nahezu aller anderen Felder. Ebenso bedeutet es für Unternehmen, nicht aufzuhören, Innovationen zu entwickeln, Prozesse zu verbessern und neue Kunden zu gewinnen. Das ist aber nie einfach und oft ein Weg mit manchen Rückschlägen. Wenn aber erst einmal Stillstand eintritt, dann ist Rückschritt in der Wirtschaft unvermeidlich. Es ist ein Hoffnungs-Verstärker, dieses Vor und Zurück wahrzunehmen, zu akzeptieren und nicht aufzugeben. Wer die reine idealistische Wunschvorstellung als einziges Ziel hat, wird verzweifeln oder zynisch werden. Wer sich aber an dem Erreichten freut, daraus Mut gewinnt, um auch die nächsten Schritte anzugehen, wird Veränderung bewirken und damit die Hoffnung rechtfertigen und Kraft für die nächsten Schritte schöpfen.

6.8 Hoffnungs-Verstärker: die richtige Balance finden

Neben dem bisher betonten Blickwinkel des *tätigen Hoffens* soll jetzt noch ein weiterer Aspekt eingeführt werden: Im Buddhismus wird *Hoffnung* teilweise aus einer anderen Perspektive heraus bewertet als in der westlichen oder christlichen Tradition. Hoffnung kann zu Leiden führen, wenn sie auf zukünftige Ereignisse oder Ergebnisse fokussiert ist und sich nicht erfüllt. Anstatt sich allein auf Hoffnung zu verlassen, lehrt der Buddhismus Gleichmut (Upekkhā) – eine innere Haltung des Loslassens und des

Vertrauens in den natürlichen Lauf der Dinge (Gleichmut ist dabei nicht mit Gleichgültigkeit zu verwechseln). Das bedeutet nicht, dass man passiv wird, sondern dass man das Leben mit Akzeptanz und Weisheit betrachtet, ohne sich an eine bestimmte Zukunftsvorstellung zu klammern.

Upekkhā ist die Fähigkeit, inmitten von Freude und Leid, Lob und Tadel, Erfolg und Misserfolg einen klaren und ruhigen Geist zu bewahren. Es ist eine Art inneres Gleichgewicht, das aus Weisheit und Verständnis kommt.

Ein Mensch mit Upekkhā erkennt, dass das Leben voller Veränderungen ist, dass alles vergänglich ist und dass es sinnlos ist, sich an Dinge zu klammern oder sie abzulehnen. Statt in emotionalen Extremen zu schwanken, bleibt der Geist ruhig und unerschütterlich.

Wie äußert sich Upekkhā im Alltag?

In schwierigen Situationen gelassen bleiben:

→ Man reagiert nicht impulsiv oder emotional übertrieben, sondern mit Klarheit und Weisheit.

Nicht an Lob oder Kritik haften:

→ Man freut sich über Lob, wird aber nicht davon abhängig. Ebenso nimmt man Kritik an, ohne sich niedergeschlagen zu fühlen.

Den Wandel des Lebens akzeptieren:

→ Man versteht, dass Glück und Leid, Erfolg und Misserfolg vorübergehend sind und sich immer wieder abwechseln.

Anderen mit einer offenen Haltung begegnen:

→ Man vermeidet Vorurteile, sondern sieht Menschen und Situationen so, wie sie wirklich sind.

Upekkhā hat damit eine gewisse Verwandtschaft zur griechischen Stoa. Auch bei Marc Aurel finden sich viele Passagen, die die Unabhängigkeit des Menschen von den äußeren Umständen als erstrebenswert betonen. Es sind nicht die Dinge und Umstände, die entscheidend sind, sondern unsere Bewertung der äußeren Gegebenheiten, unsere Gedanken über die äußeren Umstände, die uns glücklich oder unglücklich sein lassen.

Im biblischen Kontext findet sich immer wieder der Begriff des *Ruhefindens in Gott,* der Ähnliches beschreibt, aber als wichtige Erweiterung Gott als Gegenüber, als Ansprechpartner mit beinhaltet. Hier hat Hoffnung, wie vorher beschrieben, eine positivere Konnotation. Beginnend mit der alttestamentlichen Exoduserzählung bis zur neutestamentlichen Auferstehungsgeschichte an Ostern und der Hoffnung auf ein Leben nach dem Tod zieht sich der positive Ausblick durch die ganze Bibel.

Im reinen Kapitalismus hat Hoffnung teilweise auch einen etwas schalen Beigeschmack, insbesondere, wenn sie in der Werbung oder in der Arbeitswelt einen manipulativen Charakter mit beinhaltet:

Hier wird Hoffnung häufig als Motivation genutzt:

- Hoffnung auf sozialen Aufstieg („jeder kann es schaffen, wenn er oder sie nur hart genug arbeitet"),
- Hoffnung auf finanziellen Wohlstand (Karriere, Erfolg, „mehr besitzen wollen als andere"),
- Hoffnung durch Konsumversprechen („dieses Produkt wird dein Leben verbessern"),
- Hoffnung auf technologischen Fortschritt (bessere Zukunft durch Innovation).

Diese Form der Hoffnung treibt Menschen dazu an, zu arbeiten, zu konsumieren und sich immer weiter zu verbessern – was das System am Laufen hält. Die Grundziele sind nicht falsch, können aber auch manipulativ eingesetzt werden. Das schöne Bonmot „Von dem Geld, das wir nicht haben, kaufen wir Dinge, die wir nicht brauchen, um Leuten zu imponieren, die wir nicht mögen" wird zwar häufig fälschlich dem Film *Fight Club* des Regisseurs David Fincher aus dem Jahr 1999 zugeschrieben, drückt diesen Zusammenhang aber trotzdem sehr treffend aus. Wenn sich unser Leben primär darum dreht und sich unsere Hoffnung vorrangig darauf richtet, besteht die große Gefahr, Ziele zu verfolgen, die am Ende kaum Glück und Wohlbefinden ins Leben bringen. Der Kapitalismus hat viel Gutes gebracht, Not gelindert und Krankheiten verringert. Er allein bringt aber kein Wertegerüst mit in diese Welt, das Orientierung und Hilfe gibt. Er ist nicht mehr, aber auch nicht weniger als ein sehr effizienter Weg, Wohlstand zu schaffen. Es gelingt ihm aber oft nicht, neben Wohlstand auch Wohlbefinden zu schaffen. Um Hoffnung im Leben zu haben, braucht es aber mehr als nur Geld und Wohlstand.

Wie kann man sich zwischen so verschiedenen Lebensentwürfen entscheiden? Vielleicht geht es nicht um ein Entweder-oder. Vielleicht ist es gut, die Balance zwischen der stoischen und buddhistischen Gelassenheit, christlichem Gottvertrauen und kapitalistischem Streben nach Gewinn zu suchen. Gelassenheit kann im Extrem zu Passivität und Gleichgültigkeit führen. Gottvertrauen kann weltvergessen sein und Kapitalismus kann zur schieren Gier werden. Unterschiedliche Situationen und Lebensabschnitte erfordern unterschiedliche Formen der Hoffnung. Hier die richtige Balance zu finden, gute Entscheidungen zu treffen, was „gerade dran ist", kann dem sehr nahekommen, was seit Jahrtausenden als *Weisheit* bezeichnet wird und was vermutlich ein wichtiger Schlüssel zum Lebensglück ist.

6.9 Hoffnungs-Verstärker: Ziele setzen und positive Zukunft imaginieren

Viktor E. Frankl beschreibt im Kapitel „Analyse der provisorischen Existenz" seines Buches *...trotzdem Ja zum Leben sagen:* „Übereinstimmend hört man aus Berichten und Selbstschilderungen des Erlebens ehemaliger Lagerinsassen immer wieder heraus, dass das Bedrückendste eigentlich die Tatsache gewesen sei, dass der Häftling im Allgemeinen nie weiß, wie lange er noch im Konzentrationslager wird verbleiben müssen. Er kennt keinen Entlassungstermin! Der Entlassungstermin – sofern ein solcher überhaupt zur Diskussion stand (in unserem Lager konnte er z. B. gar nicht zur Diskussion stehen) – war so unbestimmt, dass sich praktisch und erlebnismäßig nicht nur eine unabgrenzbare, sondern eine unbegrenzte Haftdauer ergeben musste"[8] (Frankl, 1977, S. 90). Es gab keine zeitliche Struktur in der aktuellen Situation, die Hoffnung auf eine Verbesserung gegeben hätte. Frankl weitet nun den Betrachtungsraum seiner Überlegung über die Extremsituation des Konzentrationslagers hinaus und stellt fest, dass beispielsweise auch Arbeitslosigkeit oder manche Krankheiten, die keinen prognostizierbaren Genesungstermin haben, dieses Element der Hoffnungslosigkeit enthalten können. Es ist nicht möglich, auf ein planbares Ende, auf ein Ziel hin zu leben. Das kann Auswirkung auf das innere Zeiterleben, die Erlebniszeit, des Menschen haben. Unser Erleben, wie schnell oder langsam die Zeit vergeht, wird davon beeinflusst, weil man nicht auf ein zukünftiges Ziel hinleben kann. In diesem Kontext kann es Hoffnung geben, vorhandenen Handlungsspielraum zu nutzen und sich selbst Ziele zu setzen, so wie sie eben möglich sind. Das wird in vielen Fällen nur Teilbereiche des Lebens betreffen und vielleicht gerade die Problemfelder wie Krankheit oder Arbeitslosigkeit nur bedingt umfassen. Trotzdem kann auch die Strukturierung von Teilbereichen des

---

[8] Frankl, Viktor E. (1977): …trotzdem Ja zum leben sagen; München: Kösel-Verlag.

Lebens helfen, auch für das Gesamtleben Mut und Hoffnung zu stärken. Das bringt Struktur in den Alltag. Ziele können dabei vielfältig sein. Naheliegend ist das in eigenen sportlichen Aktivitäten. Es kann aber auch das Lernen einer Sprache oder eines Musikinstruments sein. Auch hier kann und muss der Gesamtstoff in Teilabschnitte, Kapitel und Lektionen heruntergebrochen werden. Beim Umweltschutz können das messbare persönliche Ziele zur CO_2- oder Abfallreduzierung sein. Beruflich und privat können To-do-Listen dabei helfen. All das sind Möglichkeiten, das Unabgrenzbare zu unterteilen und Erfolge zu erzielen, selbst wenn diese Strukturierung nicht das eigentliche Hauptproblemfeld wie Arbeitslosigkeit oder Krankheit betrifft. Hoffnung bedeutet immer, dass etwas Positives, in der Zukunft Liegendes erreicht werden kann. Die große Wunschvorstellung „Wir sollten das Klima retten" muss dabei zum Beispiel in erreichbare persönliche Ziele zur Reduzierung des eigenen CO_2-Fußabdrucks heruntergebrochen werden, um nicht zur Hoffnungslosigkeit zu führen, weil das Gesamtziel so groß und unbeeinflussbar erscheint. Natürlich ist der eigene, kleine Beitrag allein nicht so wirksam, dass er alles verändert. Das eigene, erreichte Ziel schafft aber ein Erleben davon, dass Wirksamkeit möglich ist.

In einem weiteren Schritt ist es eine große Verstärkung für die eigene Hoffnung, wenn man sich ein inneres Bild der gehofften positiven Zukunft imaginiert und vorstellt. Frankl beschreibt, dass er sich selbst mitten in den Leiden des Konzentrationslagers in einem großen, hell erleuchteten und warmen Vortragssaal gesehen hat, wie er in der Zukunft einen Vortrag über die Psychologie des Konzentrationslagers hält. Diese Imagination seiner Hoffnung, das Lager zu überleben, hat ihm geholfen und Kraft gegeben. Das Imaginieren einer positiven Zukunft ist eine Alternative zum vorher beschriebenen Katastrophisieren. Es ist bis zu einem gewissen Grad in unserer Entscheidung, wie wir über die Zukunft denken.

Von entscheidender Bedeutung für die eigene Hoffnung ist, wie ein Mensch sich in seinem Inneren die Zukunft vorstellt. Wer Pläne für die Zukunft macht und sich Ziele setzt, erkennt oft auch einen Weg, wie diese bessere Zukunft erreicht werden kann. Viele Menschen erleben diese Vorstellung von Zukunft, das Planen von Zielen oder aber Verzweifeln ob der scheinbaren Aussichtslosigkeit in Form einer inneren Stimme oder innerer Dialoge. Das kann sich im pathologischen Bereich als Schizophrenie äußern. Neuere Untersuchungen von Charles Fernyhough von der Durham University deuten darauf hin, dass diese innere Stimme mit der sozialen Kognition, der *Theory of Mind,* also der Fähigkeit des Menschen, sich in andere hineinzuversetzen, zusammenhängt. Die Fähigkeit, Absichten, Ziele und Eigenschaften unseres Gegenübers zu verstehen, ist davon abhängig. Der russische Psychologe Lew Wygotski untersuchte diese Zusammenhänge schon vor rund hundert Jahren und stellte fest, dass Selbstgespräche, die Kinder oft führen, um Probleme zu lösen (das sog. *egozentrische Sprechen*), und die innere Stimme von Erwachsenen ähnlichen Ursprungs sind und dem Menschen konstruktiv dabei unterstützen können, Pläne zu machen und Probleme zu lösen. Die innere Stimme kann sich aber auch destruktiv zeigen und am Handeln hindern (vgl. Rauner, 2025). Dann kann sie ins Katastrophisieren führen, alles schwarzmalen und jede Hoffnung nehmen. Ein konstruktiver innerer Dialog kann aber dabei helfen, sich hoffnungsvoll Zukunft vorzustellen, zu imaginieren und dann umzusetzen. Wenn diese innere Stimme nicht pathologisch ausgeprägt ist, kann man sie bis zu einem gewissen Grad steuern und beeinflussen. Ob wir hoffnungsvoll über die Zukunft denken oder aber uns immer das Schlechteste imaginieren, liegt teilweise in unserer Hand. Es lohnt sich auf jeden Fall, aktiv an positiven inneren Bildern der Zukunft zu arbeiten, um die eigene Hoffnung zu stärken und sich bewusst dafür zu entscheiden, Gedanken über eine gute Entwicklung in der Zukunft zu pflegen und zu fördern. Martin Luther wird das Zitat zugeschrieben: „Du kannst nicht verhindern, dass die Vögel der Sorge und des Kummers über deinem Kopf fliegen. Aber dass sie Nester in deinen Haaren bauen, das kannst du schon verhindern!"

Positive Bilder der Zukunft und Hoffnung haben immer bestimmte Zeithorizonte. Es kann kurzfristig um die unmittelbar bevorstehende Aufgabe gehen und die Hoffnung, diese Aufgabe gut zu erledigen. Mittelfristig kann es um Entwicklungen gehen, die Menschen im Laufe ihres Lebens erwarten oder befürchten, wie Klimawandel oder Artensterben. Im größten Zeithorizont für jedes Individuum geht es um die Frage nach der Hoffnung auf ein Leben nach dem Tod. Hier wird zwangsläufig im naturwissenschaftlichen Sinn immer Ungewissheit herrschen. Im persönlichen ist diese Frage aber nahezu unausweichlich und kann vom reinen Materialismus „Nach dem Tod ist alles vorbei" bis hin zu einer religiösen Hoffnung auf ein Leben nach dem Tod reichen. Interessant ist, dass bei dieser Frage durch die Zeit Veränderungen und Entwicklungen zu sehen sind. Im antiken Griechenland und im frühen alttestamentlichen Judentum war die Vorstellung von einem Leben nach dem Tod eher negativ. Man stellte sich die meisten Menschen in einer Art Schattenreich vor, in der sie zwar noch irgendwie existieren, aber kaum handeln und agieren können. Im Neuen Testament der Bibel ist an vielen Stellen eine große Freude über die Auferstehung Jesu und Hoffnung auf ein persönliches Leben nach dem Tod sichtbar. Im Laufe der Kirchengeschichte verschwand das teilweise wieder. So zitiert Jonas Grethlein (vgl. 2024, S. 97 f.) verschiedene Prediger und Theologen des 13. bis 15. Jahrhunderts, die davon ausgingen, dass fast niemand es schaffen könne, nach dem Tod in den Himmel zu kommen. In der Aufklärung wurde die Hoffnung auf ein Leben nach dem Tod vielfach als Vertröstung der Armen und der unterdrückten Massen durch absolutistische Herrscher angeprangert. Es ist insgesamt also eine wechselhafte Geschichte mit der ganz langfristigen Hoffnung. Trotzdem ist es erstaunlich, dass sie nie verschwunden ist. Auch in unserer technologisierten und kapitalistischen Lebenswelt höre ich von Menschen, die sich selbst als nicht religiös bezeichnen würden, beispielsweise Sätze wie „Von wo auch immer er uns jetzt zuschaut", wenn sie über einen verstorbenen Bekannten sprechen. Die Frage nach dem Leben nach dem Tod scheint uns nicht loszulassen. Wem es gelingt, eine tiefe Hoffnung auf ein Leben nach dem Tod zu haben und zu behalten, kann das zur Kraftquelle im Leben werden. Etliche der in diesem Buch als Hoffnungs-Helden vorgestellten Personen hatten einen religiösen Hintergrund. Sich aber auch an dieses Thema heranzutasten und auch den einen oder anderen zuversichtlichen Gedanken über das eigene Leben hinaus zuzulassen, auch hier positiv zu imaginieren, kann eine große Hilfe sein, Hoffnung für das Leben zu gewinnen. Unter Umständen kann dazu auch ein spiritueller Raum wie eine Kirche unterstützen. Ein paar Minuten zur Ruhe kommen, die Atmosphäre wirken lassen, vielleicht ein Gebet sprechen, die Gedanken auf Gutes und Positives lenken – ähnlich wie beim Sport ist es auch hier wichtig, auszuprobieren (siehe Abschn. 7.2).

6.10 Hoffnungs-Verstärker: gute soziale Beziehungen

Hoffnung ist nicht zwingend mit sozialer Interaktion verbunden: Grundsätzlich kann man auch rein für sich allein hoffen. Trotzdem verstärkt es für viele Menschen die Zuversicht, wenn sie gemeinsam eine Hoffnung teilen können. Das gemeinsame Gespräch über die Vorstellung einer guten Zukunft, vielleicht auch das gemeinsame Schmieden von Plänen oder aber dann auch das gemeinsame Erleben, wie sich Hoffnung schrittweise erfüllt, kann die Zuversicht vergrößern. Folgende Teilaspekte können hierbei eine Rolle spielen:

In Schwierigkeiten und Notzeiten Hilfe und Ermutigung erhalten

Probleme im Leben lassen sich nicht vermeiden und können unterschiedliche Ausprägungen annehmen: Schwere Krankheit, eine zerbrechende Beziehung oder Partnerschaft, Intrigen am Arbeitsplatz oder andere Schicksalsschläge fordern auch unsere Zuversicht heraus. In diesen schweren Zeiten ist es von großem Wert, nicht allein zu sein, sondern Menschen zu haben, die in der Not beistehen und in Gespräch oder tätiger Hilfe zur Seite stehen. Das Erleben, in ein Beziehungsnetz eingebunden zu sein und ein tragfähiges Netzwerk zu haben, gibt Ermutigung und kann die Hoffnung stärken oder neu wecken.

Erfolge gemeinsam feiern

Glücklicherweise besteht das Leben in den meisten Fällen nicht nur aus Notzeiten, sondern beinhaltet auch Erfolge, die man erreichen kann. Das gemeinsame Feiern der Erfolge wirkt sich oft verstärkend auf die erlebte Freude aus, und auch so kann die Zuversicht gestärkt werden, dass sich auch in Zukunft Dinge zum Guten hin wenden können.

Gute Vorbilder geben Orientierung
So wie die Hoffnungs-Menschen aus Kap. 5 Vorbilder sein können, geben auch Menschen aus dem persönlichen Umfeld Inspiration und Orientierung im Leben. Gute Beispiele zu erleben, wie etwas im Leben gelingen kann, ist eine große Hilfe, weil sie konkret zeigen, dass sich Leben zum Positiven hin tätig gestalten lässt.

6.11 Zusammenfassung

Die Hoffnung eines Menschen ist kein Zufallsprodukt oder rein genetisch angelegt, sie kann aktiv gestärkt und gefördert werden. Dabei gibt es aber keine „Patentrezepte", die bei allen Menschen gleich wirken. Es lohnt sich, Hoffnungs-Verstärker wie die eigene Einstellung zu einer Situation, bewusste Dankbarkeit, Glaube, Spiritualität und gute soziale Beziehungen sowie die Wirksamkeit und Umsetzbarkeit auszuprobieren. Diese Verstärker können systematisch helfen, Hoffnung zu fördern und ihr mehr Raum zur Entfaltung im eigenen Leben zu geben.

Literatur

Dreis, A. (2025). Gute Vorsätze; Frankfurter Allgemeine Sonntagszeitung vom 5. Januar 2025, S. 41; Frankfurt: Frankfurter Allgemeine Zeitung GmbH; https://zeitung.faz.net/fas/top-themen/2025-01-05/gute-vorsaetze/1116456.html.
Fayner, J. (2022). Gedächtnis – wozu?; Andy Duke's Jahrbuch Sechs; S. 12–16; Stuttgart: Andy Duke GmbH; https://www.andyduke.com/news/unser-jahrbuch-sechs-ist-da.
Finger, E. (2016). Frieden – wie geht das?; „DIE ZEIT" Nr. 53/71. Jahrgang vom 21. Dezember 2016, Seite 1; Ham-

burg: Zeitverlag Gerd Bucerius GmbH & Co. KG ; https://www.zeit.de/2016/53/bibel-botschaft-frieden-hoffnung.

Frankl, V. E. (1977). *…trotzdem Ja zum Leben sagen*. München: Kösel-Verlag.

Grethlein, J. (2024). *Hoffnung – eine Geschichte der Zuversicht von Homer bis zum Klimawandel; 2024*. München: Verlag C. H. Beck oHG.

Harari, Y. N. (2017). *Homo Deus*. München: C. H. Beck Verlag.

Hermann, C. (2021). Katastrophisieren. In M. A. Wirtz (Hrsg.), *Dorsch Lexikon der Psychologie;* Bern: Hogrefe. https://dorsch.hogrefe.com/stichwort/katastrophisieren.

Hoeneß, U. (2007). Rede auf der Jahreshauptversammlung des FC Bayern 2007; veröffentlicht von TV BAYERN LIVE* am 23.02.2014 auf Youtube.com https://www.youtube.com/watch?v=OgybtUkZpHs. Zugegriffen: 9. Juni 2025.

Holland, T. (2021). *Herrschaft – Die Entstehung des Westens*. Stuttgart: J. G. Cotta'sche Buchhandlung Nachfolger GmbH.

Housel, M. (2024). *Über die Psychologie des Geldes*. München: Finanzbuch Verlag.

Krapinger, G. (2019). *Selbstbetrachtungen Marc Aurel*. Ditzingen: Philipp Reclam jun. Verlag GmbH.

Kraske, M. (2020). Gesunder Optimismus; Psychologie heute compact „Die Seele stärken" Heft 62; 2020, S. 67–70; Weinheim: Julius Beltz GmbH & Co. KG; https://www.psychologie-heute.de/abo-shop/detailseite/40184-psychologie-heute-compact-62-die-seele-staerken.html.

Lermer, E. (2019). *Positive Psychologie; München: Ernst Reinhard*. GmbH & Co KG: Verlag.

Popper, K. (2000). Lesebuch: Ausgewählte Texte zu Erkenntnistheorie, Philosophie der Naturwissenschaften, Metaphysik, Sozialphilosophie. J.C.B. Mohr (Paul Siebeck).

Rauner, M. (2025). Die innere Stimme – Was sie uns sagen will und wie man ihr zuhört; SWR Kultur Wissen vom 16.01.2025 8:00 Uhr; https://www.swr.de/swrkultur/wissen/die-innere-stimme-was-sie-uns-sagen-will-und-wie-man-ihr-zuhoert-104.html. Zugegriffen: 10. Juni 2025.

Watzlawick, P. (1983). *Anleitung zum Unglücklichsein.* München: Pieper Verlag GmbH.

Wilhelm, K. (2020). Vom Segen und Fluch des Hoffens; Psychologie heute compact „Die Seele stärken" Heft 62; 2020, S. 85–89; Weinheim: Julius Beltz GmbH & Co. KG; https://www.psychologie-heute.de/abo-shop/detailseite/40184-psychologie-heute-compact-62-die-seele-staerken.html.

Wittstock, A. (1986). Mark Aurel Selbstbetrachtungen. Reclam.

7

Hoffnungs-Handlungen

7.1 Handeln stärkt Hoffnung

In Kap. 6 wurden Hoffnungs-Verstärker vorgestellt. Dabei handelt es sich um Einstellungen und Lebensweisen, die die Hoffnung stärken können. Es sind also eher die grundlegenden Strukturen eines Lebens, die Hoffnung und Zuversicht fördern können. In diesem Kapitel dagegen werden konkrete Handlungen beschrieben, die sich individuell positiv auf die eigene Hoffnung auswirken können. Oft handelt es sich dabei um Aktivitäten, die die eigene Zuversicht indirekt, in einem Transfer, stärken: Sport zu betreiben oder zu musizieren, sind nicht primär psychologische Kategorien, sie können aber eine Auswirkung auf das Wohlbefinden und damit auf den eigenen psychologischen Zustand haben. Es wird auch beschrieben, dass diese Effekte sehr individuell sind, was daher ein persönliches Testen und Bewerten unterschiedlicher Optionen nötig macht.

7.2 Hoffnungs-Handlung: Sport – nicht die Bestzeiten zählen

Die Zeit nach dem 2. Weltkrieg war für viele Deutsche von Hoffnungslosigkeit geprägt: Der verlorene Krieg und die Erkenntnis, dass sehr viele Deutsche unvorstellbare Schuld auf sich geladen haben, dass Deutschland einen Zivilisationsbruch und Verbrechen sondergleichen begangen hat, lastete schwer auf den Menschen. In den 1950er-Jahren war die Stimmung in Deutschland noch geprägt von Resignation und Schuldgefühlen. In diese Situation kam die Fußballweltmeisterschaft in der Schweiz, an der Deutschland wieder teilnehmen durfte, nachdem man 1950 in Brasilien noch ausgeschlossen war. Sensationell gewann das Team von Sepp Herberger die WM dann auch gegen Ungarn mit 3:2 – das „Wunder von Bern" war geschehen. Der Triumph in Bern wirkte wie ein Ventil, das unterdrückte Emotionen freisetzte. Der Sport bot eine Möglichkeit, Hoffnung und Optimismus trotz der schweren politischen und sozialen Probleme der Zeit zu feiern. Nach Jahren der Isolation und Scham bot der WM-Titel der Bevölkerung ein Gefühl von Stolz und Gemeinschaft. Millionen von Menschen verfolgten das Finale im Radio. Der Sieg schuf ein verbindendes Erlebnis, das über Klassen und Regionen hinweg wirkte. Das deutsche Team galt vor dem Turnier nicht als Favorit. Die 8:3-Niederlage gegen Ungarn in der Vorrunde ließ kaum Hoffnung auf einen späteren Erfolg. Doch im Finale am 4. Juli 1954 besiegte die deutsche Mannschaft die hoch favorisierten Ungarn mit 3:2. Dieser unerwartete Sieg wurde zu einem Symbol für den Mut und die Fähigkeit Deutschlands, aus schwierigen Umständen erfolgreich hervorzugehen. Nun muss es nicht immer eine gewonnene Fußballweltmeisterschaft sein, um den Sport als Hoffnungs-Verstärker zu haben. Im

Persönlichen und Privaten ist es für die meisten Menschen einige Nummern kleiner – trotzdem ist der Sport eine gute Möglichkeit, die eigene Hoffnung und Zuversicht zu stärken.

Hoffnungslosigkeit beginnt oft im Kopf und breitet sich dann in den ganzen Körper aus. Sie kann lähmen und ermüden. Dagegen erleben Menschen immer wieder, dass Sport nicht nur Auswirkungen auf Muskeln, Herzkreislauf, Fettverbrennung und andere physiologische Zusammenhänge in unserem Körper hat, sondern auch glücklich macht. Auch die Werbung oder Medien verstärken diese Annahme. Gordon Sudek und Ansgar Thiel haben den Stand der Forschung in dem Kapitel „Sport, Wohlbefinden und psychische Gesundheit" im Buch *Sportpsychologie* von Julia Schüler (vgl. Schüler et al., 2020, S. 551 ff.) ausführlich beleuchtet und dabei gezeigt, dass die Zusammenhänge nicht immer ganz so einfach sind, wie sie postuliert werden. Der Zusammenhang mit unserem Thema Hoffnung wird bei Sudek und Thiel deutlich, wenn sie über das Konzept der Salutogenese sprechen: Hierunter versteht man einen Ansatz, der Gesundheit nicht nur von Defiziten und Risiken, von den Krankheiten her, denkt, sondern auch die gesunderhaltenden Faktoren betont und zeigt, unter welchen Bedingungen Menschen gesund bleiben. Die Salutogenese beschreibt, dass das sog. Kohärenzgefühl dabei eine große Bedeutung hat. Darunter versteht man ein Vertrauen, dass man dem Leben nicht schicksalshaft ausgeliefert ist, sondern Lösungen erarbeiten kann: Anforderungen im Leben haben eine Struktur und sind grundsätzlich lösbar, Menschen verfügen über die Ressourcen, sie zu lösen, und sind bereit, den Aufwand zur Lösung auf sich zu nehmen (vgl. Schüler et al., 2020, S. 553). Hier ist eine große Nähe zum Konzept der Selbstwirksamkeit von Bandura erkennbar (siehe Abschn. 2.5). Dieses Kohärenzgefühl in der Salutogenese wurde in der Sportmedizin als wichtige Voraussetzung für unser (Wohl-)Befinden erkannt.

Um den Einfluss von Sport auf unser Befinden herauszufinden, wurden seit den 1980er-Jahren Studien mit vielen tausend Teilnehmern durchgeführt. Sudek und Thiel analysieren einige dieser Studien. Insgesamt ergibt sich ein vielschichtiges Bild, dem zufolge der Einfluss des Sports auf unser Wohlbefinden einer erheblichen Bandbreite unterliegt und nicht mit einer einfachen Ursache-Wirkungs-Kette zu beschreiben ist. Das liegt zum einen daran, dass es sehr viele verschiedene Formen von sportlichen Aktivitäten gibt (allein, in der Gruppe, in der Natur oder in der Stadt, zum Spaß oder mit einem konkreten Leistungsziel …), und zum anderen sind die Modelle unseres psychischen Befindens auch äußerst vielfältig. Trotzdem beschreiben die Studien viele Menschen, die einen positiven Einfluss erleben – das aber individuell und in unterschiedlichen sportlichen Herausforderungen. Man muss also selbst ausprobieren und kann nicht einfach ein „Kochrezept" kopieren.

Ein Grund, warum Menschen Sport als positiv für ihr Befinden sehen, könnte auch in der Wahrnehmung von Selbstwirksamkeit im Sinne von Bandura liegen: Das Bewältigen von Aufgaben im Sport, positive Rückmeldungen von anderen und unsere Wahrnehmung von uns selbst können die Hoffnung verstärken, auch andere Probleme erfolgreich angehen zu können.

Sport und Hoffnung sind eng miteinander verbunden, nicht nur emotional, sondern auch auf biochemischer Ebene. Durch körperliche Aktivität werden Endorphine ausgeschüttet, die als natürliche Schmerzmittel wirken und gleichzeitig das Wohlbefinden steigern. Auch Serotonin, ein Neurotransmitter, der die Stimmung positiv beeinflusst, wird durch Bewegung vermehrt freigesetzt und fördert das Gefühl von Zuversicht. Gleichzeitig senkt

Sport das Stresshormon Cortisol, was die mentale Belastung reduziert und Raum für positive Gedanken schafft. Zudem verbessert regelmäßige Bewegung die Durchblutung des Gehirns, was die kognitive Funktion unterstützt und eine optimistischere Perspektive erleichtert. Die biochemischen Prozesse im Körper wirken dabei wie ein Katalysator für Hoffnung, da sie das Gefühl vermitteln, Herausforderungen besser bewältigen zu können. Schließlich stärkt die Aktivierung von Dopamin, dem „Belohnungshormon", durch sportliche Erfolge die Motivation, weiterzumachen und an eine bessere Zukunft zu glauben. Auch hier gilt allerdings, dass diese Auswirkungen individuell sind und sich je nach persönlicher Lage und ausgeübter Aktivität unterschiedlich stark zeigen können.

Diese Vielfalt in den Zusammenhängen zwischen Sport und unserem Befinden führt dazu, dass es sinnvoll sein kann, mit sportlicher Aktivität zu experimentieren, um zu sehen, was individuell Hoffnung gibt und stärkt. Welche Aktivität, Dauer, in welcher Umgebung und welchem Zeitraum führt zu positivem Erleben und stärkt das (Wohl-)Befinden und was raubt eher Kräfte? Persönlich habe ich beispielsweise erlebt, dass in Zeiten starker beruflicher Forderung mit einem starken Fokus auf wirtschaftliche Zahlen es mir beim Joggen nicht geholfen hat, mir bestimmte Zielzeiten zu setzen und darauf hinzuarbeiten. Das waren wieder Zahlen, die die gleichen Trigger wie im beruflichen Umfeld gesetzt haben. In diesen Zeiten war Joggen rein nach Körpergefühl und ohne große Ziele das Angenehmste. Zu anderen Zeiten haben mich die Fitnessfunktionen meiner Sportuhr und alle von ihr berechneten Werte durchaus angespornt und fasziniert.

Als einen weiteren positiver Aspekt von Sport, der auch die eigene Hoffnung unterstützen kann, zitiert Achim Dreis die Neurowissenschaftlerin Friederike Fabritius, dass es oft auch positive Auswirkung auf andere Gewohnheiten hat, wenn wir uns vornehmen, mehr Sport zu treiben: Ernährung und Schlaf verbessern sich häufig, der Stresslevel sinkt in vielen Fällen (vgl. Dreis, 2025, S. 41). Das ist ein gutes und unterstützendes Umfeld, um auch optimistisch und zuversichtlich in die Zukunft zu blicken.

Wichtig ist noch, wie in der Überschrift dieses Abschnitts geschrieben, dass es nicht um Bestzeiten und olympische Rekorde geht: Die Auswirkung von Sport auf unser Wohlbefinden beginnt schon bei der regelmäßigen Bewegung, insbesondere im Freien. Regelmäßiges Spazierengehen – wahrlich keine olympische Disziplin – kann für unsere Zuversicht enorm verstärkend wirken. Bill Bryson schreibt in seinem Buch *Eine kurze Geschichte des menschlichen Körpers* sehr treffend, dass eine Pille, die die gleichen positiven Wirkungen auf Körper und Psyche wie ein regelmäßiger ausführlicher Spaziergang an der frischen Luft hätte, definitiv ein Verkaufsschlager sei (vgl. Bryson, 2020, S. 209). Das bestätigt auch Klaus Wilhelm in seinem Artikel „Vom Segen und Fluch des Hoffens" (vgl. 2020, S. 85–89), wenn er Andreas Krafft von der Universität St. Gallen mit der Aussage zitiert: „Die Beziehung mit der Natur und Erlebnisse in der freien Natur" seien eine der besten Quellen für Hoffnung.

7.3 Hoffnungs-Handlung: Musik

Ein wichtiges Anliegen dieses Buchs ist es, Mut und Hoffnung zu machen: Als Gesellschaft und als Individuen lassen sich auch zukünftige Herausforderungen meistern, wenn die richtigen Veränderungen angestoßen werden. Und das aktiv zu tun: Sich zu Hoffnungs-Handlungen inspirieren lassen und dadurch vom passiven Klagen zum aktiven Gestalten kommen, darum geht es in diesem Buch. Die Beispiele aus der Vergangenheit und auch die

Hoffnungs-Menschen, die Kurzbiografien beeindruckender Frauen und Männer, sprechen dabei eher die rationale Seite im Denken an. Das ist ein wichtiger Teil des Lebens und die intellektuelle Beschäftigung mit einem Problem und möglichen Lösungsstrategien sind äußerst wirkmächtige Hilfsmittel im Leben. Es ist aber nicht alles. Auch wenn man rational versteht, dass es Hoffnung geben kann, bedeutet es noch nicht, dass die Hoffnung auch gefühlt und erlebt wird. Unser Leben ist mehr als intellektuelle Denkübungen. Es besteht auch aus Fühlen, Empfinden und Emotion. Hier kann eine weitere Hoffnungs-Handlung unterstützen: die Musik. Zur Hoffnungs-*Handlung* kann Musik auf zweierlei Weise werden: im Hören von Musik und im aktiven Musizieren. Beides hat seine Bedeutung und kann helfen, Hoffnung zu verstärken.

7.3.1 Musik hören

Musik ist heute allgegenwärtig: beim Autofahren, Einkaufen oder beim Sport – überall kann (und teilweise muss) man Musik hören. Unsere Umgebung scheint fast überflutet mit Klängen und durch diese Inflation hat Musik das Besondere verloren, dass sie noch vor etlichen Jahrzehnten hatte. Streaming-Abos machen es unnötig, CDs oder Schallplatten zu kaufen, und können es damit auch unmöglich machen, das Besondere eines gut gestalteten Tonträgers zu erleben. Um Hoffnung zu wecken, muss Musik aber von der allgemeinen Dauerberieselung wieder zu etwas Wertvollem werden. Erst wenn Songs oder Musikstücke kostbar werden, haben sie die Kraft, Hoffnung zu wecken. Hintergrundberieselung kann das normalerweise nicht. Wie kann es nun gelingen, aus der Vielzahl von Playlists und dem scheinbar unendlichen Angebot an Klängen wieder etwas individuell Wertvolles zu machen? Ein Weg kann es sein, Musik selbst auszuwählen. In der Selektion einzelner Stücke aus dem schier unendlichen Ozean aller Musik bei Streaminganbietern steckt Arbeit und dieser Aufwand kann eine persönliche Playlist wertvoll machen. Bei der Auswahl der Musik kann man den Blick in die Zukunft durch zwei Vorgehensweisen positiv ausrichten: Zum einen verbinden viele Menschen bestimmte Musikstücke mit besonderen autobiografischen Ereignissen, mit persönlichen Hoffnungs-Gründen: ein besonderer Urlaub, ein Familienfest, ein schöner Abend mit Freunden. Wenn es persönliche Erlebnisse gibt, die mit bestimmter Musik assoziiert werden, kann diese Musik zum positiv emotionalen persönlichen Hoffnungs-Grund werden. Durch das Hören genau dieser Musik kann es gelingen, die guten Erinnerungen an dieses positive Erlebnis wieder wachzurufen. Ein Hoffnungs-Grund wird dann nicht intellektuell bewertet, sondern emotional getriggert. Eine solche Playlist kann das Empfinden zum hoffnungsvollen Fühlen und zum zuversichtlichen Denken hinbewegen. Ein anderer Weg für die Selektion der Musik kann es sein, gezielt nach fröhlichen, hoffnungsvollen Stücken zu suchen. Hier sind die bekannten Streamingdienste eine große Hilfe, weil sie viele Selektionskriterien anbieten. Neue Musik zu entdecken, vielleicht sogar in neue Musikstile einzutauchen, kann auch das Fühlen – und Denken – für Neues öffnen. Musik, die von Rhythmus und Tonalität her positiv beeinflusst, wird unter Umständen zu einer großen Kraftquelle, gerade weil Musik nicht primär das intellektuelle Denken, sondern das Fühlen und Empfinden anspricht.

7.3.2 Selbst musizieren

Es gibt eine Vielzahl von Möglichkeiten, selbst Musik zu machen: Vom Singen unter der Dusche bis zum Mitspielen in einem Orchester mit regelmäßigen Proben und Auftritten ist eine große Bandbreite möglich. Selbst musizieren bedeutet in diesem Kontext nicht, ein Instrument auf höchstem Niveau spielen oder opernreif singen zu können. Es geht vielmehr darum, durch das eigene Tun Selbstwirksamkeit zu erleben. Das hat bei Musik immer auch mit Üben zu tun. Erst durch das Wiederholen, Einüben und Reduzieren von Fehlern lässt sich Musik schrittweise besser und schöner machen. Aber auch hier gibt es keine festen Stufen: Schon durch kleine Schritte, die sich auch mit begrenztem Zeitbudget umsetzen lassen, kann man selbst Verbesserungen erfahren. Genau diese Erfahrung kann Hoffnung machen: Wer erlebt, dass nach einigem Üben bestimmte Takte auf dem Instrument besser gelingen oder das eigene Singen schöner klingt, erlebt unmittelbar, dass Handeln und Gestalten möglich sind. Genau darum geht es bei der Hoffnung. Deswegen kann es eine große Hilfe beim Hoffen sein, selbst Musik zu machen und durch das Üben die Erfahrung von Verbesserung und Selbstwirksamkeit erfolgreich zu erleben. Neben dem Verbessern kann auch das gemeinsame Musizieren ein Gefühl von Gemeinschaft wecken. Nicht allein im Leben zu stehen, sondern in eine Gruppe eingebunden zu sein, kann ein starker Hoffnungs-Verstärker sein. Einsamkeit raubt schnell die Hoffnung. Gerade beim gemeinsamen Musizieren, ähnlich wie beim gemeinsamen Sport, erleben Menschen Verbundenheit mit anderen (vgl. Abschn. 6.10). Interessant beim eigenen Musizieren ist, dass es auch für Menschen im fortgeschrittenen Alter möglich ist, mit dem aktiven Musizieren zu beginnen. Natürlich hat eine Person, die schon im Kindesalter begonnen hat, ein Instrument zu lernen, einen uneinholbaren Vorsprung. Trotzdem sind die Musikschulen auch voll mit Erwachsenen, die erst spät begonnen haben, ein Instrument zu lernen oder die eigene Stimme zu schulen. Man wird dann vermutlich kein konzertreifes

Niveau mehr erreichen, aber der Spaß an der Sache und die daraus erwachsende Hoffnung können eine sehr positive Rolle im Leben spielen und viel Lebensfreude wecken. Sport und Musizieren können so zu Ressourcen im Leben eines Menschen werden, die Kraft geben und die Zuversicht stärken.

7.4 Hoffnungs-Handlung: Ernährung und Alkohol

An dieser Stelle wäre es schön, ein bestimmtes Superfood vorstellen zu können, das Menschen bei regelmäßiger Einnahme hoffnungsvoll und froh sein lässt. Ernährung hat zweifelsohne einen großen Einfluss auf unser ganzes Leben: Körper, Gefühle und Intellekt. Täglich werden neue Zusammenhänge entdeckt und das Wissen über die menschliche Physiologie wächst kontinuierlich. Vermutlich kann man viel erreichen, wenn man ein paar einfache Regeln beim Essen beachtet:

- Viel Gemüse und Obst,
- insgesamt nicht zu viel und
- nicht zu dogmatisch und verkrampft

essen sind sicher gute Schritte auf dem Weg zu einer gesunden Ernährung. Aber was hat das mit dem Thema *Hoffnung* zu tun? Dieses Buch ist ja kein Ernährungsratgeber. Ernährung ist viel mehr als die Zufuhr von Kalorien. Essen und Trinken haben auch mit Selbstwahrnehmung und Selbstfürsorge zu tun. Sich selbst Strukturen beim Essen und Trinken zu setzen, ist Teil des tätigen Gestaltens des eigenen Lebens. Auch hier kann man Selbstwirksamkeit erfahren. Welche Lebensmittel tun mir gut und welche vertrage ich nicht? Wann will ich wie viel essen? Wann will ich mir etwas Gutes gönnen und das Leben feiern? Wann übe ich bewusst Verzicht und beschränke mich? Alles Fragen, die Menschen Gestaltungsspielraum geben. Wenn man sich Ziele setzt, die zu groß sind, wird man sich überfordern. Aber das Gute beim Essen und Trinken ist, dass es möglich ist, Ziele flexibel zu setzen. Wenn es gelingt, über umsetzbare Ziele Selbstwirksamkeit zu erfahren, kann das auch die Hoffnung in anderen Bereichen stärken. Ähnlich wie bei der Musik vorher beschrieben, sind die Erfahrung von Selbstwirksamkeit und Gemeinschaft – beides kann auch bei der Ernährung eine Rolle spielen – stärkend für die eigene Hoffnung: Es ist möglich zu gestalten. Die Zukunft ist nicht etwas, das rein passiv erlebt werden muss. Menschen haben Handlungsraum. Auch gerade der Wechsel zwischen Zeiten des bewussten Verzichts (Fasten) und des Genießens und Feierns kann erlebbar machen, dass es auch bei unserer Erwartung der Zukunft Zeiten gibt, in denen Fortschritt sichtbar wird, und andere Zeiten, die vor allem nach Stillstand oder gar Rückschritt aussehen. Ernährung und Musik können das alles erlebbar und nicht nur intellektuell denkbar machen.

Beim Alkohol mehren sich aktuell die Stimmen aus der Wissenschaft, die schon kleine Mengen als schädlich bewerten. Hier macht es sicher Hoffnung, in einem liberalen Staat zu leben, der auch nicht optimales Verhalten nicht sanktioniert. Freiheit zu entscheiden, ist ein hohes Gut. In Bezug auf das Thema dieses Buchs, die Hoffnung, ist es wichtig, dass Alkohol seine Rolle als Genussmittel nicht verlässt und nicht zum scheinbaren Problemlöser wird. Ein Glas Wein oder Bier schaffen keine Hoffnung. Sie lösen keine Probleme. Genießen und das Leben feiern, wenn es Grund zum Feiern gibt – gerne auch mit dem Glas Wein oder Bier –, bringen Freude und Zuversicht ins Leben. Es ist aber für ein hoffnungsvolles Leben sicherlich wertvoll, wenn Genießen nicht kausal mit dem Genuss von Alkohol verbunden ist, sondern nur in zeitlicher Korrelation damit steht. Es kann eine gute Regel sein, bei akuten Problemen bewusst keinen Alkohol zu trinken, um klar zu unterscheiden, wo er als Genussmittel dient und wo er dabei ist, zum scheinbaren Problemlöser zu werden.

7.5 Hoffnungs-Handlung: Solidarität und Barmherzigkeit

Die in Abschn. 4.3 beschriebenen Fakten bei der Gapminder Foundation oder Our World in Data wie verbesserte Bildung oder Gesundheit, die für viele Milliarden Menschen das Leben zum Besseren gewendet haben, beruhen auf einem Menschenbild, dass sowohl die allgemeinen Menschenrechte der Aufklärung hochhält, aber auch die christliche Barmherzigkeit umsetzt. Ein wichtiger Unterschied zwischen den beiden sehr eng verwandten Wertegerüsten ist, dass Menschenrechte und Freiheit der Aufklärung die großen Linien zeichnen: Sie sind wichtige philosophische und gesellschaftliche Schritte, die viele Gesellschaften durchdacht, akzeptiert und in die Gesetzgebung und Gesellschaft integriert haben. Die christliche Barmherzigkeit dagegen ist tätig und dem einzelnen Individuum zugewandt. Im Neuen Testament werden die folgenden Werke der Barmherzigkeit genannt: Diese betonen die konkrete Hilfe für Bedürftige wie

Hungrige speisen,
Durstige tränken,
Fremde beherbergen,
Nackte bekleiden und
Kranke und Gefangene besuchen.

In der kirchlichen Praxis von Diakonie und Caritas ist Barmherzigkeit ein zentrales Motiv für soziales Engagement und karitative Dienste und wendet sich einzelnen konkreten Menschen helfend zu – nicht nur als grundsätzliches Prinzip, sondern in tätiger Nächstenliebe. Tom Holland beschreibt in seinem Buch *Herrschaft*, wie Basilius, der Bischof von Caesarea, im Jahr 369 das erste Krankenhaus gegründet hat. Ebenso erzählt er von der Nächstenliebe und Barmherzigkeit der frühen Kirche, die Verwunderung und teilweise auch Ablehnung bei der paganen Bevölkerung, zum Beispiel auch beim Kaiser Flavius Claudius Julianus (Kaiser ab 361), hervorgerufen hat (Holland 2021, S. 148 ff.). Barmherzigkeit und Hoffnung sind dabei eng verbunden, weil Barmherzigkeit anderen in schwierigen Zeiten Trost und Zuversicht schenkt. Christen schöpfen Hoffnung aus Gottes Barmherzigkeit, die ihnen Vergebung, Liebe und Begleitung verspricht. Taten der Barmherzigkeit werden in der Theologie als Zeichen des Reiches Gottes gedeutet und zeigen, dass eine bessere Welt möglich ist. Hoffnung inspiriert Menschen dazu, barmherzig zu handeln, weil sie an eine positive Wirkung und eine gerechtere Zukunft glauben. Barmherzigkeit stärkt wiederum die Hoffnung, indem sie Mitgefühl und Solidarität in der Welt sichtbar macht. Theologisch gibt die Hoffnung auf Gottes ewige Barmherzigkeit den Gläubigen Mut und Ausdauer im Handeln. So bilden Barmherzigkeit und Hoffnung gemeinsam ein Fundament für ein Leben, das von Liebe, Vertrauen und der Vision eines besseren Miteinanders geprägt ist.

Hoffnung und Barmherzigkeit sind also miteinander verknüpft, ein Lebensstil von humaner Gesinnung kann Hoffnung unterstützen. Wie kann das aber im eigenen Leben geschehen? Ein Krankenhaus zu gründen, wie seinerzeit Bischof Basilius, erscheint heute eher unrealistisch.

Trotzdem hier ein paar Anregungen, wie man im 21. Jahrhundert Nächstenliebe und Solidarität in seinem Leben verankern kann:

Teilen: Mit Geld lässt sich nicht nur der eigene Lebensunterhalt finanzieren und Vermögen aufbauen, das zukünftige Investitionen ermöglicht oder gegen Notfälle absichert. Mit eigenem Geld lässt sich auch Gutes tun. Viele Organisationen sind gemeinnützig tätig und helfen, unsere Welt besser zu machen. Ökologie, Diakonie, Kunst und Kultur, Integration und viele andere wichtige Bereiche unserer Gesellschaft leben von ehrenamtlichem Engagement und Spenden. Ohne diese nicht primär kommerziell ausgerichteten Initiativen wäre unsere Gesellschaft viel ärmer und würde nicht funktionieren. Und für diese gemeinnützigen Aktivitäten sind auch Finanzmittel nötig. Durch Spenden kann jede und jeder diesen Teil unserer Gesellschaft fördern und unterstützen und dadurch zumindest indirekt auch Nächstenliebe in unsere Gesellschaft bringen. Der Finanzberater Nikolaus Braun schreibt: „Völlig unabhängig davon, dass Sie mit Teilen oder Verschenken anderen etwas Gutes tun, Sie tun in erster Linie sich selbst etwas Gutes. Die Psychologin Elisabeth Dunn und der Betriebswirt Michael Norton haben nachgewiesen, dass keine Geldausgabe Menschen so glücklich macht wie Teilen und Schenken. Und das relativ unabhängig davon, ob der Betrag relativ hoch oder eher niedrig ist" (Braun, 2021, S. 220). So kann aus dem zunächst weder guten noch schlechten, sondern neutralen Geld nicht nur ein wichtiger Baustein für unsere Gesellschaft entstehen, sondern auch das eigene Leben Gutes gewinnen. Es kann Hoffnung machen, zu wissen, dass das eigene Geld in der Aktivität des Teilens etwas konkret Gutes bewirkt. Hoffnung ist ja der zuversichtliche Blick in die Zukunft, dass Dinge sich zum Besseren wenden können. Durch die Finanzierung von altruistischen (barmherzigen) Taten lässt sich das konkretisieren.

Ehrenamtliches Engagement: Wie oben schon beschrieben, lebt unsere Gesellschaft von ehrenamtlichem Engagement. In Krankenhäusern und im Umweltschutz, in Kunst und Kultur oder Bildung würde vieles zusammenbrechen, wenn ausschließlich ökonomisch gedacht und gehandelt würde. Dieses Feld unserer Gesellschaft lässt sich nicht nur durch Teilen und Schenken fördern, sondern auch durch die eigene Zeit. Ehrenamtliches Engagement ist im Sportverein, im Schüleraustausch, in der Kirche oder in Parteien und vielen anderen Organisationen und Gruppen möglich und es scheint für jede und jeden Möglichkeiten zu geben, die den eigenen Interessen und Stärken entsprechen. Die positive Auswirkung von ehrenamtlicher Aktivität ist so evident, dass viele Krankenkassen zu dem Thema Informationen auf ihren Webseiten geben. Dabei geht es zum einen um mögliche Aufwandsentschädigungen bzw. um die Frage, ob man während ehrenamtlicher Tätigkeit versichert ist. Es ist aber oft auch zu lesen, dass ein ehrenamtliches Engagement gut für das eigene Wohlbefinden ist:

„Doch nicht nur für Gesellschaft und Mitmenschen sind Ehrenämter von Bedeutung, auch für die Ehrenamtlerin oder den Ehrenamtler selbst kann freiwilliges Engagement Vorteile bedeuten. Beispielsweise:

Entwicklung der Persönlichkeit

Erweiterung des Horizonts

Förderung der eigenen Fähigkeiten und Talente sowie die Möglichkeit, diese auszuleben

Förderung der sozialen Kompetenzen

Bildung neuer sozialer Kontakte"[1] (AOK Gesundheitsmagazin, 2022).

In der Psychologie wird dieser Zusammenhang zwischen „guten Taten" und Wohlbefinden als „Do good feel good"-Hypothese bezeichnet. „Sie beschreibt, dass Menschen sich nach ‚guten Taten' glücklicher (happier) fühlen. Dieses Phänomen wird in der Wissenschaft auch als ‚helper's high' genannt", erläutert Eva Lermer (2019, S. 44).

7.6 Zusammenfassung

Hoffnungs-Handlungen sind Aktivitäten, die die eigene Hoffnung stärken können. Durch Transfer kann das Erleben von Selbstwirksamkeit in einem Bereich wie Sport oder Musik dazu führen, auch in anderen Lebensbereichen Zuversicht zu erfahren. Aktivitäten im Feld von Barmherzigkeit und Solidarität bewirken zum einen bei den handelnden Personen das Erleben von Selbstwirksamkeit und sie können dadurch die persönliche Hoffnung stärken. Im Gegensatz zu Sport, Musik und Ernährung haben Solidarität mit Mitmenschen und Barmherzigkeit auch noch die weitere Ebene, dass sie die Welt zum Guten hin verändern und somit die Hoffnung ein Stück weit umsetzen und erfüllen.

---

[1] AOK Gesundheitsmagazin (2022): Warum ein Ehrenamt glücklich macht; https://www.aok.de/pk/magazin/wohlbefinden/motivation/ehrenamt-finden-diese-taetigkeiten-gibt-es/ vom 2.6.2022 – abgerufen am 05.01.2025; Berlin: AOK-Bundesverband eGbR – Arbeitsgemeinschaft von Körperschaften des öffentlichen Rechts

Literatur

AOK Gesundheitsmagazin (2022). Warum ein Ehrenamt glücklich macht;https://www.aok.de/pk/magazin/wohlbefinden/motivation/ehrenamt-finden-diese-taetigkeiten-gibt-es/ vom 2.6.2022 – abgerufen am 05.01.2025; AOK-Bundesverband eGbR – Arbeitsgemeinschaft von Körperschaften des öffentlichen Rechts.

Braun, N. (2021). *Über Geld nachdenken*. Campus.

Bryson, B. (2020). *Eine kurze Geschichte des menschlichen Körpers*. Goldmann.

Dreis, A. (2025). Gute Vorsätze; Frankfurter Allgemeine Sonntagszeitung vom 5. Januar 2025, S. 41; Frankfurter Allgemeine Zeitung GmbH; https://zeitung.faz.net/fas/top-themen/2025-01-05/gute-vorsaetze/1116456.html

Grethlein, J. (2024). *Hoffnung – eine Geschichte der Zuversicht von Homer bis zum Klimawandel*. Beck.

Holland, T. (2021). *Herrschaft – Die Entstehung des Westens*. J. G. Cotta'sche Buchhandlung Nachfolger GmbH.

Lermer, E. (2019). *Positive Psychologie; München: Ernst Reinhard*. Ernst Reinhard, GmbH & Co KG.

Schüler, J., et al. (2020). *Sportpsychologie*. Springer Verlag GmbH.

Wilhelm, K. (2020). Vom Segen und Fluch des Hoffens; Psychologie heute compact „Die Seele stärken" Heft 62; 2020, S. 85–89; Julius Beltz GmbH & Co. KG; https://www.psychologie-heute.de/abo-shop/detailseite/40184-psychologie-heute-compact-62-die-seele-staerken.html

8

Hoffnung in der deutschen Wirtschaft

Dieses Kapitel gibt ein Gespräch mit Claudia M. Fürst von der Unternehmensberatung Andy Duke GmbH in Stuttgart und Johannes Fayner, Netzwerkpartner von Andy Duke, zum Thema *Hoffnung in der deutschen Wirtschaft* wieder.

Ellwein: „Die Andy Duke GmbH berät Organisationen in komplexen Transformations- und Veränderungsprozessen aller Art. Die Klienten sind größere, auch internationale Organisationen bis hin zu SDAX- und MDAX-Konzernen. Das Repertoire reicht von komplexen Veränderungsarchitekturen, die über eine Zeitspanne angelegt sind, über Kommunikationsprozesse und agile Arbeiten, über Workshopreihen in Teams bis hin zu Einzelcoachings und Supervisionen. Andy Duke begleitet Unternehmen in Veränderungs- und Transformationsprozessen. Was unterscheidet Andy Duke von anderen Beratungsunternehmen?"

Fürst: „Unsere Mission bei Andy Duke ist ganz klar: Ihr unternehmerischer Wille wird Wirklichkeit. Das heißt, es reicht nicht nur, Konzepte zu entwerfen oder Analysen zu liefern. Entscheidend ist, dass wirklich etwas passiert, dass man die Wirkung spürt. Und genau an dieser Stelle spielt etwas eine Schlüsselrolle, das oft unterschätzt wird: Hoffnung, Zuversicht und auch Freude. Wenn nur verkrampft auf Probleme geschaut wird, wird es mit der Umsetzung mühsam und schwierig. Dann verharrt man in einer Art Lähmung oder das Unternehmen oszilliert. Wir nennen das Lageorientierung im Unterschied zur Handlungsorientierung. Wir wollen dagegen gemeinsam mit unseren Klienten diese Energie wieder freilegen, gerade dann, wenn die Umstände schwierig sind. Veränderung braucht immer auch Hoffnung."

Fayner: „Das bedeutet nicht, dass man Trauer oder Verluste, die mit Veränderung verbunden sein können, einfach verdrängen soll. Im Gegenteil, diese Gefühle gehören dazu. Aber trotzdem darf man mutig und mit einem positiven Blick nach vorn gehen. Hoffnung heißt nicht, dass man Schmerz leugnet –, sondern dass man ihn beim Voranschreiten integriert."

Fürst: „Wir sagen unseren Klienten ganz offen: Wir begleiten euch auch durch die dicksten Schwierigkeiten. Ob sich diese Hürden im Rückblick sogar als wertvoll herausstellen oder einfach nur hart bleiben – das zeigt sich oft erst später. Diesen Weg gehen wir gemeinsam."

Ellwein: „Die Medien sind ja heute voll von Begriffen wie „Polykrise" und „alles ist heute ganz schrecklich und wir haben so viel durchgemacht". Sehen Sie das auch in den Unternehmen, bei den Führungskräften, bei den Geschäftsführern, bei den Gesellschaftern? Ist da mehr Resignation als vor 10 Jahren oder kann man das so im Wirtschaftsbereich nicht sagen?"

8 Hoffnung in der deutschen Wirtschaft **195**

Fürst: „So pauschal würden wir das nicht bestätigen. Ich erinnere mich an einen Historiker, der das Jahr 1550 beschrieben hat – da war die Lage hier in unserer Gegend sicher nicht einfacher als heute. Oder ich denke an meine Großmutter, die uns Kindern sagte: ‚Wir haben schon ganz andere Zeiten überstanden.'

1991 kam ich in die Autoindustrie – auch damals war die Lage extrem angespannt. In den Achtzigern gab es auch schon Entlassungen, später hat man wieder aufgebaut. Die Dotcom-Krise kam, 2008 die Bankenkrise. Und immer wieder hat sich die deutsche Industrie neu erfunden.

Wer unternehmerisch denkt, weiß: Wirtschaft verläuft in Wellen. Zehn Jahre Stabilität, wie wir sie erlebt haben, sind geradezu ein Ausnahmefall. Natürlich höre ich heute manchmal Resignation, vor allem, wenn es um die Politik geht – zu viel Regulierung, zu viel Bürokratie, das sind Themen, die frustrieren. Aber operativ-wirtschaftlich sehe ich keine generelle Resignation. Und auch gegenüber politischer Resignation positionieren wir uns bei Andy Duke: Wir geben nicht auf, bleiben voller Zuversicht und Hoffnung. Und vermitteln, dass Freude gerade in schwierigen Zeiten eine Kraftquelle ist."

Fayner: „Ich möchte einen ergänzenden Blickwinkel einbringen: Im Bankensektor und in der Finanzdienstleistungsbranche beobachten wir derzeit eine neue Phase der Arbeitsorganisation. Die Integration von Künstlicher Intelligenz in bestehende Digitalisierungsprozesse führt zu grundlegend veränderten Abläufen, die klassische Anforderungen an Mitarbeitende hinter sich lassen und neue Handlungsmuster erfordern. Diese Veränderungen fordern ein hohes Maß an Anpassungsleistung – insbesondere dann, wenn zuvor unterschätzte Entwicklungen plötzlich in ihrem vollen Ausmaß sichtbar werden und sich die neuen Anforderungen verdichten und druckvoll zeigen."

Fürst: „Ja, die Beschleunigung spüren viele sehr deutlich. Aber man darf nicht erwarten, dass Unternehmen jeden Trend sofort mitgehen können. Entscheidungen brauchen Zeit, Ressourcen sind endlich. Dieses Spannungsfeld zwischen Geschwindigkeit draußen und Anpassungsfähigkeit drinnen empfinden viele als echte Belastung."

Ellwein: „Ich denke, wir sind uns völlig einig, dass im unternehmerischen Bereich Zuversicht wichtig ist und eigentlich auch immer bestanden hat, sonst kann man gar nicht unternehmerisch tätig sein. Können sie aus der psychologischen Sicht noch etwas zu den Ressourcen sagen, die Menschen bei einem tätigen und aktiven Hoffen helfen?"

Fürst: „Unsere Erfahrung – und das deckt sich auch mit vielen Studien – zeigt: Fragt man Menschen in Gruppen, beschreiben sie ihre Lage oft als sehr schwierig. Befragt man sie jedoch einzeln, sind sie viel zuversichtlicher. Es gibt also eine Art gruppendynamischen Negativeffekt, gerade auch in Deutschland.

Deshalb schauen wir bei Andy Duke besonders auf die Interaktionen. In Gruppen schaukelt sich oft das Klagen hoch, ohne dass Lösungen entstehen. Wer dagegen im kleinen Kreis oder im Vieraugengespräch über seine Lage spricht, zeigt häufig viel mehr Vertrauen in die eigene Zukunft.

Wir erleben immer wieder, dass es nicht die einzelnen Menschen sind, die verzweifeln, sondern die Gruppenprozesse, die lähmen. Das spürt man besonders in Meetings oder bei überfrachteten Aufgabenlisten, die kein Ende nehmen. Aber wenn ich dieselben Menschen frage: ‚Glaubst du, dass dein Leben gut weitergehen wird?', antworten viele ganz klar: ‚Ja.'

Deswegen arbeiten wir stark an der Qualität der Zusammenarbeit, an konstruktiven Interaktionen. Hoffnung braucht Austausch, braucht Dialog. Der Buddha hat einmal gesagt: ‚Ärger ist wie Gift, das ich selbst nehme, in der Hoffnung, dass der andere stirbt' – genau dieses Gift wollen wir in Unternehmen neutralisieren."

Ellwein: „Liebe Frau Fürst, lieber Herr Fayner. Ganz herzlichen Dank für dieses Gespräch."

8.1 Zusammenfassung

In der deutschen Wirtschaft herrscht trotz vieler Herausforderungen bei vielen Führungskräften, Geschäftsführern und Gesellschafterinnen eine grundsätzlich zuversichtliche Stimmung. Diese ist Grundelement und -voraussetzung für unternehmerisches Handeln. Trotzdem werden in den Herausforderungen der jeweiligen Konjunkturzyklen auch Ärger und manche Resignation über Randbedingungen sichtbar. Für wirksames unternehmerisches Handeln sind *Zuversicht, Freude* und Hoffnung unabdingbar.

9

Probleme, größer als alle Hoffnung ?

Die bisherigen Abschnitte sind der Versuch und Wunsch, Mut zur Hoffnung zu machen. Es gibt gute Gründe, die Hoffnung nicht aufzugeben, nicht nur als naive Wunschvorstellung, sondern auch evidenzbasiert durch historische Tatsachen. Wir Menschen haben schon so manches Problem gelöst und sind viele gute Schritte gegangen. Es ist nicht alles nur schlecht, und es gibt keinen Grund, nur schwarzzumalen. Ja vielmehr, es gibt auch konkrete Taten, die jede und jeder tun kann, um die eigene Hoffnung zu stärken. Dazu gibt es auch Vorbilder, an denen man sich orientieren kann und von denen man sich ermutigen lassen kann. Das war, kurz zusammengefasst, die Intention und Richtung der vergangenen Seiten und Kapitel.

Aber ist das nicht trotzdem zu optimistisch gedacht? Sind die aktuellen Probleme und Gefahren, in denen sich die Welt und die Menschheit befinden, nicht doch zu groß? Für eine objektive Betrachtung müssen die größten Gefahren bewusst wahrgenommen werden. Es ist wichtig, den Problemen ins Auge zu sehen, um sich nicht mit schönen Worten vertrösten zu lassen. Aus meiner Sicht sind die größten Gefahren aktuell Klimawandel, Artensterben, die Risiken von Künstlicher Intelligenz[1], ein möglicher Atomkrieg und persönliche Schicksalsschläge, z. B. eine unheilbare Krankheit.

Der Klimawandel war lange Zeit ein Thema, das vor allem in der Wissenschaft erforscht und diskutiert wurde, das aber noch nicht wirklich viel Auswirkung auf unser Leben gezeigt hat. Das hat sich in den letzten fünf bis zehn Jahren dramatisch geändert: Klimawandel sind nicht nur Messwerte und Computermodelle, es sind Tote bei Überflutungen durch Starkregen oder Waldbrände, die große Flächen verwüsten. Der Klimawandel ist mitten in unserem Leben angekommen und fordert Opfer. Mit einigem Erschrecken drängt sich dabei die Frage auf, wie es denn wohl weitergehen wird, wenn wir weiter klimawirksame Gase in der Atmosphäre anreichern, wo mit dem aktuellen Istzustand schon unsere gewohnte Welt in Veränderung geraten ist. Diese Sorgen sind gut, weil sie im besten Fall den Handlungsdruck erhöhen. Gleichzeitig wecken politische Veränderungen, zum Beispiel in den USA unter Donald Trump, Ängste, dass die Veränderungen in unserer Umwelt ignoriert werden.

Nicht ganz so unmittelbar erlebbar wie der Klimawandel, aber für die Menschheit sicher von genauso großer Auswirkung, ist das Artensterben. Josef H. Reichholf beschreibt zwar in seinem Buch *Warum die Menschen sesshaft wurden*, dass es schon in der Frühzeit der Menschen große Wildtiere wie Riesenfaultiere oder Elefantenvögel ausstar-

---

[1] Auch bis hin zum Trans- und Posthumanismus als Verbindung von KI, Biotechnologie und anderen Disruptionen, z. B. in unserer Gesellschaftsform als liberale Demokratie.

ben und dass ein möglicher Zusammenhang mit Wanderbewegungen der Frühmenschen bestehen könnte (2016, S. 89 ff.). Das, was wir heute unter Artensterben verstehen, ist aber ein ganz anderer und viel dramatischerer Vorgang. Ein wichtiger Zusammenhang besteht vermutlich zwischen unserer modernen Landwirtschaft mit dem Einsatz von Dünger und Pestiziden, der Rodung von Regenwald für den Anbau von Futtermitteln für die Tierhaltung und der daraus resultierenden Veränderung bzw. Vernichtung natürlicher Lebensräume. Biodiversität ist aber kein romantischer Selbstzweck, sondern notwendige Grundlage für stabile Ökosysteme, eine funktionierende Ökonomie und Gesellschaft.

Neben diesen beiden ökologischen Großrisiken gibt es mit der KI ein technikbasiertes Risiko. In Filmen und Romanen wird typischerweise eine KI thematisiert, die die Weltherrschaft übernimmt und die Menschheit unterdrücken oder ausrotten will. Ob es jemals in diese Richtung kommen kann, ist heute nicht seriös beantwortbar. Heute ist aber insbesondere durch die Entwicklung der großen Sprachmodelle wie ChatGPT das Verhältnis von Wahrheit und Lüge im öffentlichen Raum noch viel unklarer geworden. Durch die sehr einfache und automatisierte Generierung von Texten, Bildern und Videos wurden die Erzeugung von Desinformation und Fake News noch viel einfacher. Beeinflussung von Wahlen oder die Diskreditierung von Personen sind mögliche Auswirkungen. Gleichzeitig ist die Frage offen, wie weit sich die KI entwickeln kann, welche Auswirkung sie in den kommenden Jahren auf Arbeitsplätze und Sozialsysteme haben wird und – ganz weit gedacht – ob sie so etwas wie Bewusstsein entwickeln kann. Eine gute Regulierung, die Raum für Innovation lässt, die aber auch Gefahren Grenzen setzt, ist sicherlich wünschenswert und auch notwendig. Insbesondere im Silicon Valley sind einige der Techmilliardäre Vorreiter und

Unterstützer des Trans- und Posthumanismus. Peter Thiel und andere postulieren dabei eine disruptive Weiterentwicklung oder sogar Ablösung des Homo sapiens durch eine Verbindung von KI und Biotechnologie. Alter und sogar der Tod sollen so überwunden und heutige menschliche Grenzen verschoben werden. Ob und wann diese Visionen Realität werden können, ist schwer abschätzbar. Doch durch die ungeheure finanzielle Macht der Techmilliardäre in einem immer weniger regulierten Umfeld unter der Trump-Administration sind zumindest typische Limitierungen wie Geldmangel oder staatliche Regulierungen weitgehend verschwunden.

Eine weitere Großgefahr ist immer noch ein möglicher Atomkrieg. Neben den Atommächten des Kalten Kriegs sind inzwischen auch Indien, Pakistan und Nordkorea in diesen Kreis aufgestiegen. China zeigt ein zunehmend aggressives Verhalten gegenüber Taiwan und ist zum Systemrivalen der USA geworden. Schon kleine Missverständnisse können zu einer großen, globalen Katastrophe führen. Nur weil die latente Gefahr in den Jahrzehnten des Kalten Kriegs nie zu einer direkten heißen Auseinandersetzung zwischen den Supermächten USA und Sowjetunion geführt hat, ist das keine Garantie, dass das in der Zukunft nicht doch passieren könnte. Es ist zwar ein Hoffnungs-Grund, dass wir Menschen es schon einmal bewiesen haben, dass nicht alles immer zum Schlimmsten führen muss. Gleichzeitig sind die Dokumente erschreckend, die zeigen, wie nah die Menschheit an einigen Momenten des Kalten Kriegs am Abgrund stand (vgl. Abschn. 3.7).

All die bisher genannten potenziellen Katastrophen betreffen die gesamte Menschheit. Die Auswirkungen sind von so weitreichender Dimension, dass diese Risiken nahezu alle Menschen tangieren. Daneben gibt es aber auch das individuelle Leben, das auch von dramatischen Entwicklungen eingeholt werden kann. An dieser Stelle sollen dafür exemplarisch unheilbare Krankheiten genannt werden. Eine solche Diagnose kann Hoffnung rauben und das eigene Leben völlig verändern und bedrohen. Auch wenn davon nicht die ganze Menschheit betroffen ist, sind die Auswirkungen auf das eigene Leben trotzdem voller Schrecken.

All diese Risiken bedrohen uns, und es wäre falsch, davor die Augen zu verschließen, den Kopf in den Sand zu stecken. Diese Redewendung geht auf die falsche Annahme zurück, dass der Vogel Strauß bei Gefahr seinen Kopf unter die Flügel oder in den Sand stecken würde, um die Gefahr nicht sehen zu müssen. Dadurch verschwindet sie aber nicht und würde auch nicht gelöst. Lösen lassen sich Gefahren in den meisten Fällen durch kluges Handeln. Wo immer es möglich ist, konstruktiv tätig zu sein, um Risiken zu minimieren und einen Beitrag zur Verbesserung der Situation zu leisten, stärkt das die Hoffnung und führt zum Erleben von Selbstwirksamkeit. Durch persönliche Entscheidungen und politisches Engagement Einzelner können Klimawandel und Artensterben zwar nicht im Alleingang gelöst werden, aber es ist möglich, positiv zur Entwicklung beizutragen. Andere Risiken wie ein Atomkrieg oder der Einfluss von KI liegen nur sehr wenig in der Hand Einzelner und sie werden wesentlich durch einige wenige Politiker und Unternehmer beeinflusst. Bei den unheilbaren Krankheiten kann man sich zwar über Risikofaktoren informieren und versuchen, sie zu minimieren. Den Ausbruch einer schrecklichen Krankheit sicher verhindern kann man aber nicht. Es bleiben also Risiken, die wir nicht beherrschen und beeinflussen können. Das sind heute andere Gefahren als die, denen die Menschen vor einigen Jahrhunderten ausgesetzt waren. In Europa ist das Risiko, zu verhungern oder an einer an sich heute harmlosen Krankheit zu sterben, sehr gering. Das war noch vor wenigen Jahrhunderten anders. Bei diesen unlösbaren Risiken bleibt letztlich nicht viel mehr, als ihnen bewusst ins Auge zu sehen und sie zu akzeptieren. Sie zu verdrängen, ist keine Lösung. Unbewusst wissen wir um sie. Erst wenn wir sie wahrnehmen und sie auch in ihrem Schrecken akzeptieren, verlieren sie einen gewissen Teil ihrer Macht über uns. Hier spielt das vorher schon zitierte Gelassenheitsgebet eine große Rolle: die Dinge, die geändert werden können, anzugehen. Die Dinge, die nicht beeinflusst werden können, hinzunehmen und seinen Frieden damit zu machen. Auch das ist Teil der Hoffnung. Es muss nicht alles zum Ideal werden. Es ist möglich, auch mit Teilergebnissen zu leben. Ein Teil der Hoffnung kann es auch sein, seinen Frieden mit manchem zu machen, was sich nicht ändern lässt. Dann bleibt immer noch genug übrig für die tätige und aktive Hoffnung. Es bleiben genug Aufgaben, die Welt ein bisschen besser zu machen und Verantwortung zu übernehmen. Aber eine Facette der Hoffnung ist es auch, das Unlösbare auszuhalten und trotzdem nicht aufzugeben.

Hier kommt vielleicht auch wieder die anfangs beschriebene Sichtweise der alten Griechen zum Tragen, dass Hoffnung auch trügerisch sein kann. Es gibt Situationen, die sich durch einen Menschen als Individuum nicht ändern lassen, die sich nur annehmen und ertragen lassen. Das war die heute immer noch wertvolle Erkenntnis der griechischen Stoiker. In der Religion finden wir diese Sichtweise insbesondere im Buddhismus: Er will dazu anleiten, einen Geisteszustand jenseits von Hoffnung und Furcht zu entwickeln. Verlangen kann leicht zu Enttäuschung führen, und daher ist es erstrebenswert, das eigene Verlangen nicht in den Mittelpunkt des Lebens zu stellen. In gewisser Weise sind ähnliche Anklänge auch im Christentum zu finden, weil dort auch nicht das materielle Mehr, sondern die von Liebe getragene Beziehung zu Gott und Mitmenschen als gutes Lebensziel gesehen wird. Dazu kommt im

Christentum noch die Hoffnung auf ein Leben nach dem Tod. Religion und Philosophie können also dabei helfen, das Unabänderliche als Teil des eigenen Lebens zu akzeptieren. Das betrifft sowohl Risiken, die noch nicht eingetreten sind (wie ein Atomkrieg), wachsende Gefahren (Artensterben, Klimawandel) und vielleicht im persönlichen Leben schon manifestierte Ereignisse wie Krankheiten. In vielen Religionen und Philosophien findet sich das Konzept der *Weisheit*, die als erstrebenswert dargestellt wird. Auch mit Randbedingungen leben zu lernen, die nicht mehr „gut" werden, auch Schäden und Verletzungen zu akzeptieren, gehört mit zur Weisheit. In Japan wird das z. B. in der Reparaturmethode *Kintsugi* aus dem Zen-Buddhismus ausgedrückt, bei der z. B. zerbrochene Keramik mit Goldlack wieder geklebt und so zum Kunstwerk wird. Im sog. *Westen* sind viele Werte durch den Kapitalismus, der in seiner Reinform nach immer mehr strebt, geprägt. Wenn das gesunde und sinnvolle Streben nach Wachstum und Fortschritt unersättlich wird, ist das sicher einer der ganz mächtigen Hoffnungs-Zerstörer, weil rein materielles Wachstum nie unbegrenzt sein kann. Schön wird das im Märchen vom Fischer und seiner Frau beschrieben. Man kann aber auch den biblischen Schöpfungsbericht aus der Genesis so interpretieren. Hier ist die seltsame Geschichte von Adam und Eva, die von allen Bäumen des Gartens Eden essen durften, nur vom Baum der Erkenntnis des Guten und Bösen nicht. Es stellt sich die Frage, was dieses ungewöhnliche Verbot für Adam und Eva denn bedeuten soll. Die Frage gewinnt insbesondere an Bedeutung, wenn man *Adam* und *Eva* gemäß dem sprachlichen Befund gleichsam als allgemeine Prototypen für die Menschheit an sich deutet. Man kann diese Geschichte auch so interpretieren, dass im Paradies den Menschen fast alles, fast alle Bäume (Ressourcen) zur Verfügung standen. Das Paradies bietet ausreichend Möglichkeiten für ein gutes Leben

(Wohlbefinden). Es beinhaltet aber auch die Option der Grenzüberschreitung, nach dem unerfüllbaren Wunsch nach immer mehr (Gier), nämlich von dem verbotenen Baum zu essen. Erst der Wunsch nach immer mehr, nach Grenzenlosigkeit, führte zum Verlust des Paradieses. Unbegrenzte Gier nach immer mehr ist somit der eigentliche Sündenfall des Menschen. Diese Erkenntnis findet sich so ähnlich ebenfalls bei den antiken Philosophen und auch in anderen Religionen. Nicht alles um jeden Preis haben zu wollen, das Unabänderliche zu akzeptieren und seinen Frieden damit zu machen – vielleicht ist das ein Teil des (verlorenen) Paradieses. In diesem Sinne verlieren die Menschen auch beim Streben nach einer Utopie – nicht nur nach materiellem Mehr – das Paradies. Vielleicht gehört es zum Paradies, auch mit Begrenzungen, ja in der realen Welt auch mit Schäden und Defiziten, leben zu lernen. Der Versuch, alles perfekt zu haben, alle Ressourcen autonom zu besitzen und zu nutzen, führt zum Verlust des Paradieses. Es ist sicher Teil der Hoffnung, auch um die Grenzen des Hoffbaren und zu Hoffenden zu wissen und sie zu akzeptieren. Gleichzeitig ist diese Interpretation der biblischen Schöpfungsgeschichte auch eine Absage an die heute immer wieder zu hörende Forderung nach vollumfänglichem Verzicht. Die Probleme unserer Welt seien nur zu lösen, indem wir uns vom (Wirtschafts-)Wachstum lösen und verzichten. Der biblische Bericht sagt ja gerade, dass die anderen Bäume (Ressourcen) zur Verfügung stehen und genutzt werden sollen. Die oben beschriebene Interpretation der biblischen Paradieserzählung gibt Hoffnung auf das Maß der Mitte: Unbeschränkte Gier führt zum Verlust des Paradieses, gleichzeitig stehen dem Menschen sinnvoll nutzbare Ressourcen zur Verfügung. In diesem Buch geht es immer wieder um die tätige Hoffnung. Vieles liegt in unserem Verantwortungsbereich, in dem wir gestalten und handeln können und sollen. Es nicht zu tun, hieße, dass wir unserer Aufgabe nicht nachkommen. Im Letzten werden wir Menschen aber immer wieder an Grenzen kommen, die wir nicht gestalten können. Persönlich betrifft das jeden Menschen mit der eigenen Endlichkeit, dem eigenen Tod. Dabei geht es nicht nur um Grenzen, die durch Lernen, Üben und Training verschoben werden können, sondern das Ende unseres Lebens, so wie wir es hier kennen. Ein hoffnungsvolles Leben akzeptiert diese Grenze, ohne zu resignieren. Die christliche Hoffnung geht dabei über den eigenen Tod hinaus und öffnet die Perspektive für ein Leben nach dem Tod. Für viele Menschen ist das eine große Hilfe. Viktor E. Frankl schreibt in seinem Buch …*trotzdem Ja zum Leben sagen*, dass er selbst im tiefsten Leid des Konzentrationslagers Sinn finden konnte, weil er das Leid angenommen hat. Unmittelbar war die Situation nicht zu ändern. Er konnte nicht tätig sein und seine Hoffnung umsetzen. Er schätzte seine Überlebenswahrscheinlichkeit im Lager mit 5 % ein (Frankl, 1977, S. 101). In seinem Bericht ist er ein eindrucksvolles Beispiel für einen Menschen, der trotz der offensichtlichen Ausweglosigkeit nicht resignierte und der Verzweiflung nicht den Sieg überließ.

9.1 Zusammenfassung

Hoffnung ist kein naiver Optimismus, der schlicht denkt, dass schon alles gut wird. Es gibt unzweifelhaft Gefahren für diese Welt als Ganzes, aber auch für jeden Menschen als Individuum, die Leben dramatisch und irreversibel schädigen können. Aus meiner Sicht sind die größten Gefahren aktuell Klimawandel, Artensterben, die Risiken von KI, ein möglicher Atomkrieg und persönliche unheilbare Krankheit oder schreckliche Schicksalsschläge. Handeln und tätig gegen diese Gefahren und Risiken anzuarbeiten, ist wichtiger Teil des hoffnungsvollen Lebens. Ein Teil der Hoffnung ist aber auch, diese Gefahren zu sehen, nicht zu ignorieren und zu lernen, trotz aller Schrecken und Not in einem gewissen Rahmen seinen Frieden damit zu machen. Das kann bis hin zur Hoffnung auf ein Leben nach dem Tod gehen.

Literatur

Frankl, V. E. (1977). *…trotzdem Ja zum Leben sagen*. Kösel-Verlag.

Reichholf, J. H. (2016). *Warum die Menschen sesshaft wurden*. S. Fischer Verlag GmbH.

10

Hoffnungs-Räuber

10.1 Was kann Hoffnung rauben?

Hoffnung kann man haben, wecken, stärken – aber auch verlieren. In den vergangenen Jahren hatte es unsere Gesellschaft mit verschiedenen Krisen zu tun, die Gedanken, Gefühle, aber auch den ganz praktischen Alltag beeinflusst haben und teilweise immer noch beeinflussen: Inflation, die Coronapandemie, Kriege, Bedrohung der liberalen Demokratie, Umweltzerstörung, Wirtschaftskrise sind da nur ein paar Stichpunkte. Morgens kurz in die Nachrichten am Smartphone schauen, um zu sehen, welche Neuigkeiten und Absurditäten es wieder aus dem Weißen Haus gibt – oft gibt es schönere Wege, den Tag zu beginnen. Genauso können Streit in Familie oder Nachbarschaft oder Intrigen am Arbeitsplatz, Krankheiten oder die Angst vor ihnen zu einem Hoffnungs-Räuber werden. In diesem Kapitel werden Hoffnungs-Räuber vorgestellt, die die Hoffnung rauben oder zumindest reduzieren kön-

© Der/die Autor(en), exklusiv lizenziert an Springer-Verlag GmbH, DE, ein Teil von Springer Nature 2025
C. Ellwein, *Hoffnungs-Gründe*,
https://doi.org/10.1007/978-3-662-72048-6_10

nen. Während Hoffnungs-Verstärker die eigene Hoffnung fördern können, reduzieren Hoffnungs-Räuber die Zuversicht. Der Blick auf diese defizitären Elemente des Lebens ist in der Gesamtbetrachtung der Hoffnung wichtig. Nur wer um die Risiken und Ressourcenräuber weiß, kann damit auch umgehen und ihren Einfluss auf das Leben minimieren.

10.2 Hoffnungs-Räuber: Verletzungen

Ein klassischer Räuber unserer Hoffnung können Verletzungen sein, die andere uns zufügen. Wo Menschen miteinander zusammenarbeiten oder -leben, kann nicht nur ein kreatives, liebevolles und konstruktives Miteinander aufblühen, sondern auch ein toxisches Umfeld entstehen. Wohl jeder Mensch hat schon einmal erlebt, dass nahestehende Personen aus Familie oder dem Arbeitsumfeld zu einer Belastung werden. Das kann bis hin zu traumatischen Erfahrungen gehen, die professionelle Hilfe bei der Aufarbeitung benötigen.

Ein solches Umfeld und solche Erfahrungen können die eigene Hoffnung schwächen und rauben. Das liegt daran, dass Hoffnung die Erwartung ist, dass die Zukunft auch gut werden kann. Hoffen ist die eigene Entscheidung, die Zukunft nicht nur passiv zu erwarten, sondern aktiv zu gestalten. Wenn ein Mensch aber häufig Verletzungen durch Dritte erlebt, kann die Erfahrung der Selbstwirksamkeit gestört werden. Es können Zweifel entstehen, ob eine gute Zukunft wirklich möglich ist. Insbesondere wenn sich diese Verletzungen wiederholen und regelmäßig auftreten, kann die eigene Hoffnung dadurch erheblich beeinflusst werden.

Es kann in einem solchen Umfeld helfen, die in Kap. 6 und 7beschriebenen Hoffnungs-Verstärker und Hoffnungs-Handlungen ganz bewusst auszuprobieren. Nicht alle Optionen und Ansätze werden in jeder Situation helfen. Neben den in diesem Buch beschriebenen Ansätzen sind der eigenen Kreativität auch keine Grenzen beim Entwickeln weiterer Handlungen und Verstärker gesetzt. Es ist aber wichtig, die Entscheidung zu treffen, ob man sich von den belastenden Umständen dominieren lassen will oder ob man das eigene Leben selbst gestalten will.

10.3 Hoffnungs-Räuber: Medienkonsum

Der Aphorismus „Bad news are good news" drückt aus, dass sich in den Medien schlechte Nachrichten gut verkaufen (lassen). Katastrophenmeldungen über Erdbeben, Terroranschläge oder politische Unruhen bestimmen oft die Inhalte der Medien. Gleichzeitig führt diese Dominanz schlechter Nachrichten dazu, dass zunehmend mehr Menschen ihren Medienkonsum ganz einschränken, weil sie sich den schlechten Nachrichten nicht mehr aussetzen wollen. Im *Digital News Report 2024* des Reuters Institute an der Universität Oxford berichten Nic Newman und seine Kollegen, dass 39 % der befragten Personen das Hören oder Lesen von Nachrichten manchmal oder oft einschränken. In den Ländern Brasilien, Spanien, Deutschland und Finnland ist der Anstieg dieser Zahl seit der letzten Studie von 2019 besonders deutlich (vgl. Newman 2024, S. 11). Die unterschiedliche Gewichtung von Problemen (schlechte Nachrichten) und erfolgten Lösungen (gute Nachrichten) in vielen Medien wurde auch schon in Abschn. 4.5 am Beispiel des Waldsterbens oder der Luftverschmutzung in Ballungsgebieten durch Feinstaub und Stickstoffdioxid beschrieben.

Neben den journalistisch hochwertigen Medien spielen seit rund 20 Jahren auch die sozialen Medien für viele Menschen eine dominierende Rolle. Hier ist der Bias, die Verzerrung, hin zu einseitigen Nachrichten oder Sichtweisen oft sehr ausgeprägt. Viele Nutzer und Nutzerinnen bewegen sich in mehr oder weniger abgeschlossenen Blasen, die (Vor-)Urteile verstärken. Durch den Fokus auf Negatives und Vorurteile kann die Offenheit im Denken für eine alternative positive Wirklichkeit, d. h. für Hoffnung, zurückgehen. Insofern kann Medienkonsum ein Hoffnungs-Räuber sein.

10.4 Hoffnungs-Räuber: Tatenlosigkeit

In diesem Buch wurde immer wieder die tätige Hoffnung betont – nicht als reines Gefühl oder naiver Optimismus, sondern als aktives Gestalten der Zukunft. Dementsprechend kann Tatenlosigkeit zu einem Räuber unserer Hoffnung werden. Sowohl im privaten Leben als auch in den großen gesellschaftlichen Herausforderungen erscheinen Probleme am Anfang oft unüberwindlich und unlösbar. Das kann zur Tatenlosigkeit führen, die dann wiederum Hoffnung raubt, weil sich ja nichts ändern. Im negativen Sinn entsteht hier eine sich selbst erfüllende Vorhersage. Das angenommene Schlechte bestätigt sich und verstärkt dadurch die Abneigung, Veränderung anzugehen.

10.5 Umgang mit Hoffnungs-Räubern

Wie geht man also am besten damit um, wenn Sorgen und Ängste die Hoffnung bedrohen? Hier ein paar einfache Schritte, um die Hoffnung wieder zurückzugewinnen.

10.5.1 Atemübungen

Es kann in der akuten Situation, wenn die negativen Gefühle sich Bahn brechen, viel helfen, bewusst zu atmen. Tief einatmen und möglichst doppelt so lange ausatmen, wie man eingeatmet hat. Das ganze mehrfach wiederholen. Durch diese Übung können Herzfrequenz und Hirnaktivität beeinflusst werden und Entspannung erreicht werden. Empfohlen wird beispielsweise die 4711 Methode: vier Sekunden lang einatmen, sieben Sekunden lang ausatmen und das Ganze über 11 min beibehalten. Der große Vorteil von Atemübungen ist, dass sie nahezu überall und immer unauffällig angewandt werden können: beim Autofahren, während schlafloser Nächte oder im Meeting – es gibt kaum Grenzen.

10.5.2 Gefühle zulassen

Wir leben in einer Welt, die oft sehr stark auf das Rationale fokussiert ist. Die eigenen Gefühle im Griff zu haben, selbstbeherrscht zu sein, steht hoch im Kurs und ist angesehen. Trotzdem ist es wichtig, die eigenen Gefühle nicht zu unterdrücken. Am richtigen Ort und zur richtigen Zeit die eigene Angst, Wut oder Sorgen auch herauszuschreien oder herauszuweinen kann in Stresssituationen wichtig und hilfreich sein. Dieses Muster der Offenheit den eigenen Gefühlen gegenüber findet sich auch in religiösen Texten wie den Klagepsalmen der Bibel.

10.5.3 Die Situation einordnen

Mit großer Wahrscheinlichkeit ist das, was uns die Hoffnung rauben will, nicht das Ende der Welt. Wir sehen aktuell zwar durchaus Gefahren, die die Welt, wie wir sie kennen, substanziell verändern können. Aber in vielen Fällen geht es dann doch irgendwie weiter. Insbesondere gilt, wenn sich die Gedanken nicht um die ganz großen globalen Katastrophen drehen, sondern uns die etwas „normaleren" Probleme aus Familie, Beruf oder Gesundheit die Hoffnung rauben wollen, dass es sich lohnt zurückzuschauen, was neben den Problemen schon alles an Gutem geschehen ist und welche Herausforderungen auch schon gelöst werden konnten.

10.5.4 Mit unlösbaren Problemen leben lernen

Nicht alles wird gut. Weder im eigenen Leben noch im großen Weltgeschehen. Aber man kann sich daran herantasten, mit ungelösten Problemen leben zu lernen. Es gibt Krankheiten, die sich nicht heilen lassen. Es gibt Umweltzerstörung, die nicht wiedergutzumachen ist. Politisches Vertrauen und Strukturen, die verloren gegangen sind, bleiben es vielleicht für lange Zeit. Und doch gilt immer wieder: Ja, das ist so. Aber der Mensch ist erstaunlich anpassungsfähig. Und ein gelingendes, glückliches Leben hängt – bis zu einem gewissen Grad – nicht an den äußeren Umständen. In erstaunlich vielen und auch widrigen Situationen können Menschen Glück und Zufriedenheit erleben. Im Idealfall ist eine (gewisse) stoische Gelassenheit die Schwester der Hoffnung. Auch dort, wo die Zukunft voraussichtlich nicht im vordergründigen Sinn *gut* wird, kann Leben gelingen (vgl. dazu auch Abschn. 6.4 und Kap. 9).

10.5.5 Probleme teilen

Mit den eigenen Ängsten allein zu bleiben, ist schwierig. Der Volksmund sagt, dass geteiltes Leid nur noch halbes Leid sei. Daran ist viel Wahres. Es ist gut, in Krisensituationen Freunde und Familie zu haben, mit denen die Not besprochen werden kann. Schon im Aussprechen wird manches leichter, und das Wissen und Erleben, dass andere zu einem stehen, kann eine große Hilfe sein. Das ist auch der Grund, warum religiöse Menschen beten, ja warum auch wieder ein Sprichwort sagt, dass Not beten lehre. Über die eigenen Gefühle, Ängste und Hoffnungs-Räuber zu sprechen, hilft.

10.5.6 Vergeben

Vergeben wird von vielen Menschen als Zeichen der Schwäche gedeutet: Man kämpft nicht für die eigenen Rechte und ist zu schwach, um sich durchzusetzen. Zweifelsohne ist es eine große Errungenschaft des modernen Rechtsstaats, jedem Menschen ohne Ansehen der Person Recht verschaffen zu wollen. Das beinhaltet im Straf- und Zivilrecht auch die Bestrafung des Täters. Neben der Abschreckung (General- und Spezialprävention), der Resozialisierung und dem Rechtsfrieden ist in Deutschland auch die Schuldabgeltung ein Strafzweck. Trotzdem kann auch bei einer Bestrafung des oder der Schuldigen der Status quo ante in den meisten Fällen nicht wirklich wiederhergestellt werden. Es bleibt Schaden, der durch Verletzungen, Verbrechen und andere Schuld angerichtet wurde. Hier erkennen Psychologie und Medizin verstärkt den Wert der Vergebung, die auch in fast allen Religionen eine bedeutende Rolle spielt. Vergebung ist der freiwillige Verzicht eines Opfers auf den Schuldvorwurf. Die Stärke dieses Vorgangs liegt darin, dass er unabhängig von der Reue und der Einsicht des Täters oder der Täterin vollzogen werden kann. Vergebung kann eine starke Copingstrategie zur Bewältigung von Verletzungen oder Traumata sein. Da das Opfer hier in die Rolle des Handelnden wechselt und die eigene Zukunft selbstbestimmt, kann Vergebung ein wirkmächtiger Umgang mit Hoffnungs-Räubern wie Verletzungen sein.

10.5.7 Immer wieder neu üben

Hoffnungs-Räuber haben es an sich, dass sie immer wieder neu kommen. Man meint, sie unter Kontrolle zu haben, da schleichen sie sich zu unpassender Zeit und an unerwartetem Ort wieder heran. Es ist ein Kampf, den man immer und immer wieder neu führen muss. Das ist anstrengend, lohnt sich aber auch.

10.5.8 Selbstwirksamkeit bewusst machen

Wie oben im Buch schon erwähnt, sind Selbstwirksamkeit und Resilienz eng mit unserer Hoffnung verknüpft: Wer die Erfahrung gemacht hat, Situationen nicht hilflos ausgesetzt zu sein, sondern sie zum Guten hin beeinflussen konnte (Selbstwirksamkeit in der Vergangenheit), wird leichter auch in der Gegenwart resilient und hoffnungsvoll für die Zukunft. Es liegt also viel daran, diese Erfahrung auch aktiv zu verinnerlichen und abrufen zu können. In unseren Medien werden Probleme häufig als schlechte Nachrichten dargestellt und dann nach einiger Zeit durch eine neue schlechte Nachricht oder ein neues Problem abgelöst. Die oft langwierige Problemlösungsphase und die teilweise als Kompromiss gefundenen Lösungen werden dagegen oft nur kurz berichtet und auch bei den gefundenen Kompromissen deren Defizite und Mängel in den Mittelpunkt der Berichterstattung gestellt. Das entspricht auch der Aufgabe des unabhängigen Journalismus, der auf Probleme und Schwierigkeiten hinweisen soll. Für viele Menschen ist diese Abfolge von schlechten Nachrichten ohne das adäquate Erleben, dass wir Menschen auch Probleme verbessern oder lösen können, aber wenig hilfreich. Deswegen reduzieren zunehmend mehr Menschen ihren Nachrichtenkonsum, wie in der Reuters-Studie dargestellt wurde (siehe Abschn. 10.3). Um aus diesem destruktiven Zirkel herauszukommen, lohnt es sich, bewusst auch gute Nachrichten, Problemlösungen und Verbesserungen auf- und wahrzunehmen. Das betrifft sowohl das eigene Leben beispielsweise mit dem Ansatz der strukturierten Dankbarkeit (siehe z. B. Abschn. 6.4), aber auch gesamtgesellschaftliche und weltweite Entwicklungen.

10.6 Zusammenfassung

Hoffnung ist bedroht und kann von Hoffnungs-Räubern geschwächt werden. Verletzungen, die Menschen erfahren haben, können Hoffnung rauben. Ebenso können übermäßiger Medienkonsum, insbesondere die häufige Konfrontation mit negativen Nachrichten, oder aber Tatenlosigkeit die Hoffnung schwächen. Hier können Strategien wie Atemübungen, Vergeben, aber auch das Akzeptieren des Unabänderlichen helfen, den Einfluss der Hoffnungs-Räuber selbst zu reduzieren.

Literatur

Newman, N., Fletcher, R., Robertson, C. T., Arguedas, A. R., & Nielsen, R. K. (2024). *Reuters Institute Digital News Report 2024*. University of Oxford – Reuters Institute for the Study of Journalism. https://reutersinstitute.politics.ox.ac.uk/sites/default/files/2024-06/RISJ_DNR_2024_Digital_v10%20lr.pdf

11

Ein persönlicher, hoffnungsvoller Ausblick

11.1 Wie darf man hoffen?

In diesem Buch habe ich über vieles nachgedacht und manches angesprochen. Die Rückblicke in die Vergangenheit waren einfach: Der Kalte Krieg ging von 1947 bis 1991, er ist abgeschlossen und es gibt viele Quellen. Hier war es leicht, zurückzuschauen und daraus Hoffnung abzuleiten, weil es gut gegangen ist, weil die Welt nicht im nuklearen 3. Weltkrieg verglüht ist. Das sind Fakten und wir erleben sie täglich. Aber wie geht es weiter? Während ich diese Zeilen schreibe oder Sie diese Zeilen lesen, ist jeweils Gegenwart. Unsere eigene, einmalige Gegenwart, und was die nächsten Stunden und Tage bringen werden, kann man nicht wissen. Man kann es nur hoffen (oder fürchten). Auch an dieser Stelle möchte ich wieder auf die erste Seite der ZEIT verweisen, so wie ich es immer wieder als Beleg für die Hoffnung getan habe. Heute, während ich das schreibe, ist Donnerstag, der 9.

Januar 2025. Donnerstags erscheint die ZEIT und heute lag sie wieder pünktlich in unserem Briefkasten. Heute, in meiner aktuellen Gegenwart, jetzt gerade, lese ich den klugen Text „Noch wach?" von Bernd Ulrich in der Ausgabe 02/2025. Dort schreibt er: „In der westlichen Welt hat der Hegemonieverlust der liberalen, linken, grünen und gemäßigt konservativen Kräfte ein beunruhigendes Tempo angenommen. Die gute Nachricht ist: Es handelt sich dabei keineswegs um einen naturwüchsigen Prozess, es liegt auch nicht daran, dass die Strategie der rechtspopulistischen, libertären und autokratischen Kräfte unwiderstehlich wäre. Nein, der Verlust an Macht, Momentum und Deutungshoheit ist vor allem auf eigene Fehler zurückzuführen, also änderbar"[1] (Ulrich, 2025, S. 1). Genau jetzt, wenn ich diesen Text lese, macht er mir Hoffnung. In wenigen Wochen sind Wahlen in Deutschland, vor ein paar Tagen sind die Koalitionsverhandlungen der Parteien der Mitte in Österreich gescheitert. Justin Trudeau in Kanada hat seinen Rücktritt angekündigt, Frankreich steckt in einer Regierungskrise und in wenigen Tagen wird Donald Trump zum 47. Präsidenten der USA vereidigt – in den letzten Tagen erklärte er, Grönland, Kanada und den Panamakanal möglicherweise auch militärisch übernehmen zu wollen – die Welt scheint ziemlich durcheinander. Wie wird sie wohl aussehen, wenn Sie diese Zeilen lesen, in Ihrer Gegenwart? Da tut es gut, Zeilen wie die von Bernd Ulrich zu lesen: „Nein, der Verlust an Macht, Momentum und Deutungshoheit ist vor allem auf eigene Fehler zurückzuführen, also änderbar." Er schreibt am Ende des Textes dann weiter: „Die Liste der Fehler, die ja

---

[1] Ulrich, Bernd (2025): Noch wach?; „DIE ZEIT" Nr. 2 / 80. Jahrgang vom 9. Januar 2025, Seite 1; Hamburg: Zeitverlag Gerd Bucerius GmbH & Co. KG; https://epaper.zeit.de/webreader-v3/index.html#/950035/1.

zugleich eine Liste der Chancen darstellt, ließe sich noch verlängern. Und beheben" (Ulrich, 2025, S. 1). Das ist es, was ich in dem ganzen Buch immer wieder sagen möchte und auch mir selbst jetzt gerade in meiner Gegenwart am Donnerstag, den 9. Januar 2025, sage: Wir können Dinge ändern. Wir müssen sie anpacken, verbessern, lösen. Wie in der Vergangenheit können wir das auch in der jeweiligen Gegenwart, damit die Welt wieder *in die Fugen* gerät. Der damalige Außenminister Frank-Walter Steinmeier hat schon am evangelischen Kirchentag 2015 in Stuttgart davon gesprochen, dass die Welt *aus den Fugen* geraten sei. Ich möchte meinen Beitrag dazu leisten, dass sie wieder *in die Fugen* gerät, so wie Frank-Walter Steinmeier ein paar Sätze später auch sagte: „Solange wir nicht aufgeben, behält Hoffnung ihren Platz"[2] (Steinmeier, 2015). Diese Hoffnung können wir uns jeden Moment, in jeder individuellen Gegenwart, erhalten und daran weiterarbeiten.

Der mittelalterliche Theologe Thomas von Aquin (1225–1274) definiert vier Kriterien, die Hoffnung ausmachen, wie Jonas Grethlein ausführt (vgl. Grethlein, 2024, S. 110):

- Das, was wir hoffen, halten wir für gut, positiv und erstrebenswert.
- Hoffen bezieht sich immer auf die Zukunft – das Erhoffte ist noch nicht erreicht.
- Das, was wir hoffen, ist schwer zu erreichen.
- Es ist aber erreichbar und nicht unmöglich, utopisch.

---

[2] Steinmeier, Frank-Walter (2015): Rede von Außenminister Frank-Walter Steinmeier am 7.6.2015 beim Deutschen Evangelischen Kirchentag, Stuttgart; online verfügbar unter: https://www.auswaertiges-amt.de/de/newsroom/150607-rede-bm-kirchentag-kofi-annan/272218; abgerufen am 16.02.2025

Diese Kriterien, auch wenn sie vor achthundert Jahren durchdacht wurden, gelten heute auch noch so. Wir wünschen uns Lösungen für den Klimawandel, gegen das Artensterben. Wir hoffen, dass nie Atomkriege diese Welt verwüsten werden und sich die KI als wertvolle und nicht zerstörerische Technologie herausstellt. An die ersten drei Kriterien von Thomas von Aquin kann man schnell gedanklich einen Haken machen. „Gut", „zukünftig" und „schwer erreichbar" – das ist die Hoffnung auf Lösung der großen Probleme sicher. Aber ist es auch realistisch? Ist es erreichbar, diese Probleme zu lösen oder zumindest auf ein erträgliches Maß zu reduzieren? Zunächst einmal gibt es keine grundsätzlichen Diskrepanzen. Klimawandel, Artensterben, Atomwaffen und KI sind alle menschengemacht und – zum heutigen Zeitpunkt – weitgehend reversibel. Das heißt, wir Menschen haben es in der Hand, Richtung und Dynamik unseres Handelns zu beeinflussen, zu ändern. Es gibt keine grundsätzliche Unmöglichkeit, dass sich unsere Hoffnung durch aktives Handeln erfüllt. Trotzdem fühlen viele Menschen heute eine große Resignation, wenn sie an die Zukunft und unsere Gestaltungsmöglichkeiten denken. Es erscheint fraglich, ob wir es schaffen, die entscheidenden Weichen zu stellen. Hoffnungslosigkeit macht sich breit. Ein Unterschied der heutigen Situation zu früheren ist, dass es sich um schleichende Prozesse handelt, von denen wir wissen, sie könnten unsere Zivilisation zerstören. Das Zerstörungspotenzial ist auch bei einer nuklearen Auseinandersetzung apokalyptisch. Allerdings handelt es sich nicht um einen kontinuierlichen, stetigen Prozess: So lange niemand auf den berühmten „roten Knopf" drückt und die ersten Interkontinentalraketen abheben, ist der entstandene Schaden im Prinzip nicht vorhanden. Erst mit dem klar definierten Start des Krieges beginnt sich die vermutlich unaufhaltbare Spirale von Gewalt und Zerstörung zu drehen.

Technisch bezeichnet man so etwas als Sprungfunktion: Zunächst hat sie den Wert „Null" und springt dann zu einem bestimmten Zeitpunkt auf „Eins" beziehungsweise „Zerstörung". Während man sich im Zustand „Null" befindet, ist die Zerstörung „nur" Risiko, nicht aber umgesetzte Realität. Klimawandel und Artensterben sind da anders gelagert. Es handelt sich hier um stetige Prozesse. Jedes Molekül CO_2, das wir in die Atmosphäre emittieren, verändert das Klima. Jedes einzelne Lebewesen, das stirbt, trägt tatsächlich zum Artensterben bei, weil sich die Art aus endlich vielen Individuen zusammensetzt. Dazu kommt, dass wir Menschen typischerweise linear denken. Das, was gestern war, wird so ähnlich auch morgen sein. Wenn man doppelt so viel Input liefert, entsteht auch doppelt so viel Output. Viele Prozesse auf dieser Welt und auch in der Natur sind aber nichtlinear, beispielsweise exponentiell. Ein berühmtes Beispiel sind Seerosen auf einem Teich. Jeden Tag verdoppelt sich die Fläche, die sie bedecken. Nach dreißig Tagen haben sie die Hälfte des Sees bedeckt. Intuitiv denken viele Menschen, dass das Gewässer dann in sechzig Tagen vollständig zugewachsen ist. In Wirklichkeit ist es aber nach 31 Tagen – es fehlt nur noch ein einziger Tag bei einer täglichen Verdoppelung, um das Zuwachsen abzuschließen. In den großen globalen Risiken können solche Nichtlinearitäten Kipppunkte sein, die die Dynamik, z. B. des Klimawandels, sprunghaft ändern. Diese Erkenntnisse um Klimawandel und Artensterben machen Angst und nehmen die Hoffnung.

Schon seit dem Mittelalter gibt es gemeinsam genutzte Güter – die sogenannte Allmende. Während es sich früher vor allem um von allen nutzbaren Wald oder Weideland handelte, sind die Gemeingüter heute beispielsweise die Atmosphäre oder die Biodiversität. Allmende ist grundsätzlich eine gute Idee: Zum einen fördert das Gemeingut den Zusammenhalt und die Verantwortung in einer Gemeinschaft. Zum anderen kann eine zu starke Zersplitterung im landwirtschaftlichen Bereich dazu führen, dass Grund und Boden nicht mehr sinnvoll nutzbar sind. Allmenden haben aber das große Risiko, dass sich Einzelne auf Kosten der Allgemeinheit Vorteile verschaffen und die Allmende überweidet wird (vgl. auch Abschn. 3.2). Wenn zu viele Tiere auf eine gemeinsam genutzte Weide getrieben werden, überfordert das die natürlichen Ressourcen und die Weide kann zerstört werden. Dann verliert der Einzelne seinen kurzfristigen Vorteil und die Allgemeinheit langfristig ihre Ressource, erklärt Rolf Dobelli in seinem Buch *Die Kunst des klaren Denkens*(vgl. Dobelli, 2011, S. 77–79). Daraus kann man als Lösung nur ableiten, dass Kontrolle der Gemeingüter, gemeinsam akzeptierte Rahmenbedingungen, gesellschaftlicher Konsens und technische Innovationen zur Ressourcenschonung für uns und unsere Gemeingüter heute von großer Bedeutung sind. Das stärkt die Hoffnung nicht wirklich, wenn man manche internationale politische Entscheidung betrachtet.

Es gibt aber auch Beispiele, die zeigen, dass wir Menschen auch in solchen Situationen lern- und handlungsfähig sind, wenn lokale Nachteile durch allgemein schädliches Handeln zum Umdenken führen. In China ist die Luftverschmutzung, insbesondere durch Mobilität und Kohlekraftwerke, ein großes Problem. Lungenerkrankungen aufgrund der Luftverschmutzung sind eine häufige Todesursache. Wer vor 20 Jahren in die chinesischen Metropolen wie Beijing, Shanghai oder Shenzen gereist ist, kennt den Smog. Blauer Himmel und Wolken waren eigentlich nie zu sehen und schnell hatte sich auch bei Besuchern und Besucherinnen ein Reizhusten eingestellt. Die Luft war gefährlich. Dieses Phänomen hat aber alle betroffen. Nicht nur die Armen und Wanderarbeiter mussten die schlechte Luft atmen, sondern auch Parteikader, Unternehmerinnen und Militärs. Auch in diesen Familien sind Menschen gestorben. In den 2010er-Jahren hat daher ein Umdenken eingesetzt. Ein erster Schritt war, dass die Zweiräder, Mopeds und Motorräder mit Verbrennungsmotoren in kurzer Zeit durch Elektromotorräder ersetzt wurden. Teilweise waren das gesetzliche Regelungen, teilweise Beschränkungen in der Vergabe neuer Nummernschilder für die Zulassung. In manchen Fällen wurde aber auch entschieden, dass in sechs Monaten kein Benzin mehr für Zweiräder verkauft werden darf. In kurzer Zeit waren diese Motorräder mit Verbrennungsmotor verschwunden und durch Elektroroller ersetzt. Da in China viele Arbeiterinnen und Arbeiter mit Mopeds zur Arbeit fahren, hatte das erhebliche Auswirkungen auf die Luftqualität. Zusätzlich wurden Vorgaben für Fabriken und Kohlekraftwerke erlassen. Teilweise waren diese temporär, z. B. während der ASEAN-Wirtschaftsgipfel. Dort wollte man für die Zeit der Gipfeltreffen einen blauen Himmel haben und hat das meistens auch erreicht. Schrittweise hat sich das Land dann aber weiterentwickelt. Heute fahren sehr viele Elektroautos auf den Straßen der Großstädte (siehe Abb. 11.1). Das hat einerseits wirtschaftspolitische Gründe: Die chinesische Regierung weiß um den technischen Vorsprung insbesondere der deutschen Hersteller beim Verbrennungsmotor. Nun werden elegant die Karten neu gemischt und Nummernschilder für Verbrenner sind mit extrem langen Wartezeiten und hohen Kosten verbunden. Elektroautos – die es vorwiegend von lokalen Herstellern wie BYD oder Nio gibt – werden dagegen unkompliziert zugelassen. Deswegen sieht man heute viele grüne Nummernschilder (Elektro) und zunehmend weniger blaue für Verbrenner. So können die chinesischen Hersteller im Vergleich zu den ausländischen Lieferanten gefördert werden. Diese strategisch kluge Wirtschaftspolitik hat aber auch wieder große Auswirkungen auf die Luftqualität in den Großstädten.

Abb. 11.1 Elektroauto in Shanghai

Das letzte hier erwähnte Element der chinesischen Wirtschaftspolitik ist die Förderung der erneuerbaren Energien. Sowohl bei der Produktion von Solarzellen als auch Windturbinen hat China enorme Überkapazitäten aufgebaut. Heute werden die Produkte dieser Hersteller in China und auch zunehmend international installiert. Eine enorme Menge des Stroms wird nicht mehr in Kohlekraftwerken erzeugt, sondern von Windkraftanlagen von Herstellern wie Envision, Goldwind oder Minyang. Auch hier ist wieder knallharte Wirtschaftspolitik ein Hintergrund: Wir haben uns in Deutschland und teilweise auch in Europa in den 2010er-Jahren vom billigen russischen Gas abhängig gemacht. Die Politiker und Politikerinnen in Beijing wollen jetzt Solarzellen und Windkraftanlagen an die Stelle des russischen Gases setzen und neue Abhängigkeiten schaffen. Nichtsdestoweniger sieht man buchstäblich in den chinesischen Metropolen den Unterschied: Es ist heute normal, dass der Himmel blau ist und Wolken erkennbar sind. Es ist nicht nur eine graue Smogsuppe. Die Luftqualität ist spürbar besser geworden. Ich erzähle das so ausführlich, weil sich hier zeigt, dass auch schleichende Prozesse änderbar sind. Zum einen ist dazu ein gewisser Leidensdruck notwendig: Viele hunderttausend Menschen in China sind an Lungenkrankheiten vorzeitig gestorben. Dieses Elend zu verbessern, war sicher Teilziel der ergriffenen Maßnahmen. Gleichzeitig wurde aber auch eine Chance gesehen und genutzt, sich Wettbewerbsvorteile zu sichern. Man kann jetzt viel und zu Recht über fairen Freihandel, Welthandelsorganisationsregeln (WTO-Regeln), industrielle Überkapazitäten und über die Fertigung von Solarzellen durch Zwangsarbeiter und Zwangsarbeiterinnen sprechen. Es ist bei Weitem nicht alles gut, was gerade in China läuft. Vieles ist gefährlich und menschenverachtend. Trotzdem zeigt sich, dass das schleichende Umweltproblem der Luftverschmutzung aus verschiedenen Gründen angegangen und deutlich verbessert wurde. Die Luftqualität hat viele Analogien zu Klimawandel und Artensterben, teilweise hängen die Themen auch miteinander zusammen. Deswegen empfinde ich es als sehr ermutigend, dass sich auch solche Prozesse beeinflussen lassen. Diese angestoßenen Veränderungen in China waren ja nicht risikolos: Das Wirtschaftsmodell in China ist immer noch vielfach auf billiger Energie und Arbeitskraft aufgebaut. Strom aus Kohlekraftwerken war zumindest am Anfang billig, der Strom aus den ersten Windturbinen eher teurer. Die Arbeitskräfte in den Fabriken sollten nicht widersprechen und nicht aufbegehren. Das Verbot von Mopeds mit Benzinmotor hat sicher nicht nur Begeisterung ausgelöst. Es waren also Risiken da, die kurzfristigen Vorteile und langfristigen Nachteile aufzugeben und auf langfristige Verbesserung und Vorteile zu setzen. Schrittweise sind aber die langfristigen Nachteile der Luftverschmutzung so groß geworden, dass die kurzfristigen Vorteile des billigen Stroms und der billigen Mobilität nicht mehr überwogen haben. Dazu kam noch der Plan, Europa und die USA dort technologisch zu schlagen, wo es möglich erschien, nämlich bei den Elektroautos und nicht bei einem noch besseren Verbrennungsmotor, als er aus Wolfsburg oder Detroit schon kam. Auch hier ist das wahre Leben vielschichtig, wie oben in den unterschiedlichen Aspekten der Veränderung schon gezeigt wurde. Die Beispiele können aber auch Mut und Hoffnung machen, dass auch positive Entwicklungen möglich sind. Der eben beschriebene subjektive Eindruck der besseren Luft in chinesischen Großstädten lässt sich auch in Zahlen fassen. Die Webseite www.ourworldindata.com hat auch hierzu Fakten. Man sieht deutlich den Rückgang an Feinstaub seit dem Maximum im Jahr 2013. Das wird in Abb. 11.2 grafisch gezeigt.

Mit einer gewissen Verzögerung wird das dann auch in der Sterberate aufgrund von Luftverschmutzung deutlich (siehe Abb. 11.3).

An diesem Beispiel wird deutlich, dass bei Veränderungen immer jeweils die kurz- und langfristige Perspektive mit den jeweiligen Vor- und Nachteilen beachtet werden muss. Einen Atomkrieg während des Kalten Kriegs zu beginnen, hätte weder kurz- noch langfristige Vorteile für den Initiator gebracht. Innerhalb von Stunden wäre die Welt im nuklearen Feuersturm weitgehend ausgelöscht worden. Das hat dazu geführt, dass das Gleichgewicht des Schreckens funktioniert hat. Das Wissen um diese Unausweichlichkeit hat zur „Handlung" geführt, keinen Atomkrieg zu beginnen. Das macht übrigens die Optionen eines begrenzten „taktischen" Nuklearschlags und auch die neuen Atommächte wie Indien, Pakistan oder Nordkorea heute so gefährlich. Ein „kleinerer" Nuklearschlag könnte von fanatischen Politikern als lohnendes Risiko angesehen werden. Trotzdem ist bei der Gefahr eines Atomkriegs

11 Ein persönlicher, hoffnungsvoller Ausblick

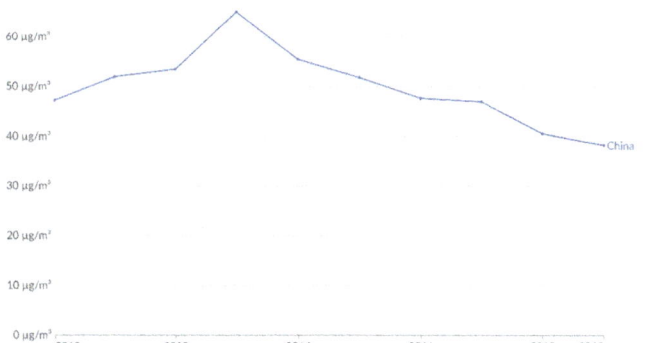

Abb. 11.2 Entwicklung der Luftverschmutzung durch Feinstaub in China (World Health Organization – Global Health Observatory, 2025)[3]

seine Geschwindigkeit ein Schutzmechanismus: Kurzfristige Vorteile stehen nicht im Wettbewerb zu langfristigen Nachteilen.

Das ist bei den langsameren Prozessen Klimawandel und Artensterben anders. Hier kann sich – wie oben im Abschnitt über das Allmendeproblem beschrieben – ein Individuum oder ein Staat dafür entscheiden, sich auf

---

[3] World Health Organization – Global Health Observatory (2025) – processed by Our World in Data. "Exposure to particulate matter air pollution" [dataset]. World Health Organization, "Global Health Observatory" [original data]. Retrieved June 28, 2025 from https://archive.ourworldindata.org/20250624-125417/grapher/pm25-air-pollution.html (archived on June 24, 2025).

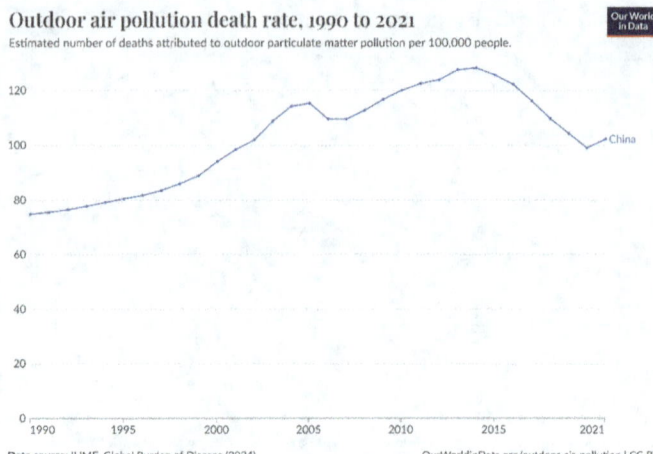

Abb. 11.3 Entwicklung der Sterberate durch Luftverschmutzung in China (IHME, Global Burden of Disease 2024)[4]

Kosten der Allgemeinheit und langfristiger Nachteile kurzfristige Vorteile zu sichern. Das Abholzen des Regenwaldes verspricht für den Großgrundbesitzer in Brasilien kurzfristige Gewinne auf Kosten des Klimas und des Artenschutzes. Gut ist es, wenn wie in China auch lokal Nachteile wie die Luftverschmutzung und die Atemwegserkrankungen in den chinesischen Metropolen entstehen und für Veränderung sorgen. Wo das nicht durch eine unmittelbare natürliche Rückkopplung geschieht, ist es

---

[4] IHME, Global Burden of Disease (2024) – with minor processing by Our World in Data. "Outdoor air pollution death rate" [dataset]. IHME, Global Burden of Disease, "Global Burden of Disease – Risk Factors" [original data]. Retrieved June 28, 2025 from https://archive.ourworldindata.org/20250624-125417/grapher/outdoor-pollution-death-rate.html (archived on June 24, 2025).

Aufgabe der Staatengemeinschaft, die Gemeingüter Luft, Klima, Artenvielfalt etc. durch z. B. Sanktionen und menschengemachte Kosten wie Steuern oder Abgaben für das schädliche Verhalten zu beeinflussen. Das Bereichern einiger weniger an den Allgemeingütern darf nicht tatenlos akzeptiert werden. Erst dann kann auch wieder Hoffnung auf Veränderung wachsen. Trotzdem zeigt das Beispiel aus China, dass Veränderung möglich ist, wenn der Leidensdruck und die Kosten für das kurzfristige Optimieren zu hoch werden.

In diesem Buch wurden viele Gründe für Hoffnung beschrieben und Menschen vorgestellt, deren Beispiel Hoffnung macht. Mich persönlich ermutigt das. Unsere Zeit ist nicht außergewöhnlich schwierig – es gab schon immer Herausforderungen, die die Menschen dann auch gemeistert haben. Wir sind nicht in einer singulären Situation ohne Beispiel, man muss nur in die Vergangenheit zurückschauen, um Mut für die Zukunft zu finden. Allerdings gibt es auch Risiken und die größte Gefahr ist aus meiner Sicht die Tatenlosigkeit. Vielfach sind wir in Europa und speziell in Deutschland in Erstarrung verfallen, lamentieren und analysieren nur noch die Situation. Es werden viele Artikel in Zeitungen geschrieben oder Reportagen veröffentlicht, die beschreiben, wie groß die Probleme sind. Wir sind Weltmeister im Analysieren und Diskutieren und viel zu langsam darin, die Schwierigkeiten anzugehen. Tatenlosigkeit ist sicher nicht überall gleich verbreitet, aber es entsteht leicht der Eindruck, viel mehr Ankündigungen und Analysen über Themen wie Bürokratieabbau, sowohl menschenfreundliche, aber auch konsequente Ordnung der Migration oder Artenschutz zu hören und zu lesen, als die Ergebnisse von mutigen Taten in der Umsetzung zu erleben. Vielleicht brauchen wir hier im großen Politischen ähnliche Experimentierfelder, wie sie in China seit dem Reformer Deng Xiaoping immer wieder eingesetzt wurden: Sonderwirtschaftszonen, in denen man neue Ideen einfach mal ausprobiert. Wenn es funktioniert, wird es übernommen und breiter ausgerollt. Wenn sich ein Vorschlag als nicht gut herausstellt, kann man ihn optimieren oder aber beenden. Nicht alles kann man theoretisch bis ins Letzte bewerten. Warum nicht mit begrenztem Risiko einfach mehr ausprobieren? Das gilt in der Politik, in unseren Unternehmen, aber auch im eigenen Leben und der eigenen Familie. Unkontrollierbare Risiken einzugehen, kann gefährlich sein. Mutiges Ausprobieren dagegen kann viel Gutes bewirken. Tatenlosigkeit und Mutlosigkeit schließlich führen zu Erstarrung und Stillstand. In diesem Buch wurde immer wieder von der *tätigen Hoffnung* gesprochen. Nur im Tun kann sich Hoffnung verwirklichen. Es sind nur sehr wenige Fälle, in denen uns nur ein rein passives Hoffen bleibt. Und selbst dort, wo die eigenen Möglichkeiten ganz gering erscheinen, beispielsweise bei schwerer Krankheit, kann allein das Hoffen schon zum tätigen Hoffen werden: Wer in Krankheit die Hoffnung nicht aufgibt, unterstützt in vielen Fällen das Immunsystem und andere körpereigene Heilungsprozesse. Unbewusst ist auch hier das Hoffen tätig. In den meisten Fällen sind wir aber nicht zur Passivität verurteilt, sondern können zumindest einen kleinen Teil selbst gestalten und im besten Fall führt das tätige Hoffen zur Erfahrung der Selbstwirksamkeit und so zu einem selbstverstärkenden Prozess. Das Gleiche kann aber auch umgekehrt passieren: Tatenlosigkeit führt zur Erfahrung, selbst nichts bewirken zu können, und das verstärkt wiederum die Hoffnungslosigkeit, wird so zum Risiko für die Hoffnung, weil sich ja nichts ändert.

11.2 Wie könnte es denn gehen?

In diesem letzten Kapitel möchte ich mit meiner ganz persönlichen Hoffnung schließen. Das ist ein Zukunftsbild, das mir persönlich Kraft gibt. Es ist nicht durchgerechnet und überall mit Fakten belegt. Die Realität wird mit ziemlicher Sicherheit nicht genauso verlaufen. Aber vielleicht geht ja doch manches in diese Richtung, die ich mir erhoffe.

Wir erleben gerade einen großen Umbruch in der Welt. Wie schon im bisherigen Text beschrieben, ist unsere Weltordnung nach dem 2. Weltkrieg am Ende eines großen Zyklus und das Neue, das gerade beginnt, sehen wir nur teilweise. Technologisch, ökologisch, politisch – überall entstehen neue Kräfte und lauern Gefahren für Individuen, aber auch für die ganze Menschheit. Wie könnte nun eine Zukunft aussehen, in der sich nicht alles zum Schlechtestmöglichen hin entwickelt, die aber auch keine illusorische Utopie ist?

Zunächst einmal erwarte ich im Bereich der Umwelt eine weitere Verschlechterung. Das Klima wird sich weiter erwärmen. Wir werden verstärkt Waldbrände sehen, Starkregen wird Regionen verwüsten und Dürre wird zu anderen Zeiten weiteren Schaden anrichten. Durch Sturmfluten wird der steigende Meeresspiegel nicht nur ein Problem von Zentimetern und nassen Füßen, sondern von Zerstörung und Tod. Meine Hoffnung ist aber, dass wir die kritischen Kipppunkte, die eine nichtlineare Beschleunigung des Klimawandels zum Unbeherrschbaren hin verursachen, weitgehend vermeiden können. Die Reduzierung von klimaschädlichen Emissionen wird aber weiter vorangehen. Das ist auch durch einen amerikanischen Präsidenten Trump und andere nicht aufzuhalten. Während seiner ersten Präsidentschaft erklärte Donald Trump am 1.

Juni 2017 den Austritt der USA aus dem Pariser Klimaabkommen von 2015. Der Eindruck bei vielen war daraufhin, dass jetzt die ganze amerikanische Wirtschaft den Klimaschutz völlig ignorieren und alle Anstrengungen beenden würde. Vier Tage später, am 5. Juni 2017, verschickte Tim Wentz, Präsident der Amerikanischen Gesellschaft der Ingenieure für Heizung, Kältetechnik und Klimatechnik (ASHRAE), eine E-Mail an alle Mitglieder, in der er schrieb, dass diese Industrie selbstverständlich in Richtung Klimaschutz weiterarbeiten werde. Gerade durch den hohen Energieverbrauch von Kälte- und Klimaanlagen und den Einsatz klimaschädlicher Kältemittel kommt dieser Industrie eine Schlüsselrolle zu. Das war dann auch in den vier Jahren von Trumps Präsidentschaft der Fall: Die Entwicklung und Markteinführung von klimafreundlichen technischen Alternativen ging voran und wurde durch Trump kaum beeinflusst. Viele Industrien denken langfristig. Investitionen in Forschung und Entwicklung benötigen Jahre, bis die neuen Produkte die Marktreife erreichen und sich dann schließlich durchsetzen. Daher ist es für Unternehmen wirtschaftlich nicht sinnvoll, alle paar Jahre die Richtung zu ändern und das Produktportfolio neu auszurichten. Heute, Anfang 2025, ist es so, dass große Hersteller von Kühlanlagen für Supermärkte in den USA in rund 60 % ihrer Anlagen klimafreundliche natürliche Kältemittel verwenden. Was jetzt auf den erneuten Austritt Trumps aus dem Pariser Abkommen im Januar 2025 folgt, weiß natürlich aktuell noch niemand. Es ist inzwischen auch deutlich geworden, dass sich Trumps zweite Amtszeit in vieler Hinsicht von seiner ersten Präsidentschaft unterscheidet. Die Angriffe auf Institutionen und Organisationen haben an Schärfe und Brutalität stark zugenommen. Trotzdem ist das ja gerade das Anliegen dieses Buchs: aufgrund von positiv verlaufenen historischen Gegebenheiten begründet den Mut nicht zu verlieren und die Hoffnung nicht aufzugeben. Ich erwarte daher auch unabhängig von den politischen Rahmenbedingungen, dass die Wirtschaft zum großen Teil weiter auf die Reduzierung von klimaschädlichen Emissionen setzen wird. Ebenso wird der Ausbau der erneuerbaren Energien vorangehen. Windräder, Solarzellen, Biogas, Wasserkraft und – hier ist vermutlich noch am meisten ungenutztes Potenzial – die Nutzung von Energie aus den Wellen im Meer werden zunehmend unseren Strombedarf decken. Nicht primär aus ideologischen Gründen, sondern kommerziell durchgerechnet. Insbesondere Strom aus Solarzellen und Windkraft ist heute an vielen Orten konkurrenzlos günstig. Zusammen mit Transport- und Speichermöglichkeiten wird sich daraus eine neue Energieversorgung ergeben. Bei den Speichern sind viele Batteriespeicher in Planung oder Umsetzung. Ebenso erscheint es mir gut machbar, eine Alternative zu den ungeliebten Pumpspeicherkraftwerken im Gebirge, im Meer zu realisieren. Das Fraunhofer-Institut für Energiewirtschaft und Energiesystemtechnik (Fraunhofer IEE) hat ein solches Konzept entwickelt. Dazu werden große Hohlkugeln aus Beton hergestellt und im Meer versenkt, und das Meerwasser aus der Kugel gepumpt, wenn Energie im Überschuss vorhanden ist. Wird Energie benötigt, kann das Wasser über ein Ventil zurückströmen und diese gespeicherte Energie eine Turbine antreiben und Strom erzeugen – unabhängig davon, ob der Wind weht oder die Solarzellen der Sonnenstrahlung ausgesetzt sind. In diesem Feld ist eine Vielzahl von Ideen in der Planung, Erprobung und auch in der Umsetzung. So zeigt der Kapitalismus seine positive und wertvolle Seite: Verschiedene Ideen treten miteinander in den Wettstreit, Kapitalgeber lassen sich überzeugen und finanzieren solche Ideen. Am Ende – wenn es ein bisschen gut läuft – gibt es auch technisch funktionierende und wirtschaftlich erfolgreiche Projekte. Andere werden scheitern. Das ist individuell enttäuschend für alle, die daran beteiligt waren. Insgesamt, für die Gesellschaft und die Menschheit, ist es aber ein großer Gewinn, wenn eine Vielzahl von Ideen so in den Wettstreit miteinander treten. Das ist ökologisch und ökonomisch sinnvoll. Technisch, denke ich, ist es durchaus möglich, unsere Wirtschaft und Gesellschaft weitgehend von fossilen Brennstoffen auf elektrischen Strom umzustellen und so die Emissionen zu senken. Vieles wird elektrisch sehr elegant sein und auch Spaß in der Nutzung machen. Die Kosten werden mit der Skalierung, also den steigenden Stückzahlen, sinken. Parallel zur zunehmenden Wirtschaftlichkeit der erneuerbaren Energien werden auch die politischen Rahmenbedingungen angepasst werden, sodass Klima- und Artenschutz parallel zu anderen wichtigen politischen Zielen wie dem Sozialstaat, einer gut ausgestatteten Bundeswehr oder Investitionen in Infrastruktur nicht untergehen. Das Beispiel der Luftverschmutzung in China zeigt, dass Veränderungen möglich sind.

Nun ist das alles aber viel zu langsam. Wir haben heute schon so viele Treibhausgase in der Atmosphäre, dass wir die Auswirkungen des Klimawandels spüren. Wie soll das erst werden, wenn wir noch 10, 15 oder 20 Jahre weiter klimaschädliche Gase in die Luft emittieren? Ich persönlich bin überzeugt, dass es nicht ausreicht, die Emissionen zu reduzieren. Wir müssen auch CO_2 aus der Luft zurückholen. Das kann über verschiedene Wege geschehen: Zum einen gibt es auch dafür technische Konzepte. Carbon Capture and Storage (CCS) ist ein solcher Ansatz. Dabei werden Treibhausgase auf technischem Weg gebunden, verflüssigt und z. B. in alte Gasfelder in der Tiefe verpresst. Man kann und muss über die damit verbundenen Risiken dabei diskutieren. Man muss aber auch die Risiken sehen, es nicht zu tun. Andere Länder wie Norwegen sind dabei deutlich mutiger als Deutschland. Wenn wir immer nur auf die Risiken von Innovationen schauen, werden wir keine Veränderungen und Verbesserungen erreichen. Es gibt auch andere Wege, beispielsweise indem bestimmte Gesteine feinkörnig auf Landflächen ausgebracht werden. Dieses Gesteinsmehl, etwa aus häufig vorkommenden Silikatgesteinen, reagiert dann mit CO_2 und Wasser. In diesem natürlichen Prozess entsteht im Wasser gelöstes Hydrogenkarbonat, das dann über die Flüsse ins Meer abgeführt wird und dort über Jahrtausende abgelagert wird. So kann CO_2 aus der Luft gebunden werden. Diese technischen Optionen sind es auf jeden Fall wert, bewertet zu werden. Da es sich um neue und bisher eher unbekannte Technologien handelt, müssen aber in sinnvollem Rahmen auch die Technikfolgen abgeschätzt werden. Eine ungefährliche und lange bekannte und bewährte Möglichkeit, CO_2 aus der Atmosphäre zu entnehmen, ist die Aufforstung. Meine Hoffnung ist, dass Holz als Baustoff und zum Heizen noch mehr an Bedeutung gewinnen wird. Dann wären die Aufforstung und die nachhaltige Bewirtschaftung von Wald nicht nur ökologisch, sondern auch ökonomisch noch attraktiver. Wald, insbesondere der Regenwald, spielt sowohl für den Klimaschutz als auch für den Artenschutz eine ganz zentrale Rolle. Meine Hoffnung ist, dass er in den Plänen von Politikern und Unternehmern einen neuen Stellenwert bekommt.

„Wie könnte es weitergehen?", ist das Thema dieses Kapitels. Beim Thema „Fliegen" beschreibt das Frank Littek in seinem Artikel „Streifenfrei fliegen". Dort zeigt er zunächst die Auswirkungen des Flugverkehrs auf das Klima: Der Anteil des Flugverkehrs auf den menschengemachten Klimawandel beträgt ca. 3,5 %. Erstaunlicherweise ist davon der Großteil nicht durch den Ausstoß von CO_2 verursacht, sondern durch die Wirkung der Kondensstreifen in den hohen Luftschichten. Ein Ansatz wäre es nun, primär Verzicht zu fordern. *Flugscham* ist seit einigen Jahren ein stehender Begriff geworden. Und es gibt sicher eine Vielzahl von Flügen, die bei genauerer Betrachtung unnötig sind. Da ist ein Überdenken sinnvoll. Es wird aber immer eine Vielzahl von Flügen geben, die nur schwer zu vermeiden sind; und auch die Möglichkeit für viele Menschen, und nicht nur für eine kleine, exklusive Gruppe, unsere Welt durch Reisen kennenzulernen, ist wertvoll. Littek schreibt in seinem Artikel, nachdem er die Auswirkungen auf das Erdklima beschrieben hat: „Auch wenn diese Einschätzung nichts Gutes verheißt, machen neue Forschungsergebnisse doch Hoffnung. Sie belegen: Es gibt zwei Ansatzpunkte, um den klimaschädlichen Effekt der Kondensstreifen – und damit des Luftverkehrs – deutlich zu verringern"[5] (Littek, 2025, S. 34–39). Im Weiteren führt er aus, dass Änderungen am Flugzeugkraftstoff eine positive Auswirkung haben, und zum anderen, dass schon relativ kleine Modifikationen der Flugrouten die Kondensstreifen deutlich reduzieren können. Meine Erwartung ist, dass auch in diesem Bereich technische Lösungen eine deutliche Verbesserung des Problems bringen werden. Viele Forscher und Forscherinnen sind aktiv, um eine Verbesserung zu erzielen. In diesem Artikel wird deutlich, welche kleinen Änderungen (Flugrouten) unter Umständen schon eine deutliche Verbesserung erzielen können.

Im Artikel „Klimaschutz in gut gelaunt" in der Zeit vom 13. Februar 2025 beschreibt Samiha Shafy am Beispiel Dänemark, wie Klimaschutz gelingen kann, ohne große Proteste in der Bevölkerung auszulösen und ohne

---

[5] Littek, Frank (2025): Streifenfrei fliegen; Bild der Wissenschaft 02/2025; S. 34–39; 62. Jahrgang; Leinfelden-Echterdingen: Konradin Medien GmbH; https://www.wissenschaft.de/bdwplus/streifenfrei-fliegen/

große negative Auswirkungen auf die Bevölkerung zu erzeugen: Langfristiges Handeln in der Politik, parteiübergreifendes Ringen um einen guten Konsens und Technologieoffenheit sind wichtige Bausteine des dänischen Erfolgsmodells. Shafy zitiert die frühere dänische Umweltministerin Connie Hedegaard: „Man müsse den Menschen zeigen, dass Klimapolitik nicht ‚*gloom and doom*' bedeute, nicht Trübsinn und Untergang, sagt Hedegaard"[6] (Shafy, 2025, S. 7).

Das Artensterben erscheint mir noch komplexer als der Klimawandel. Trotzdem möchte ich an dieser Stelle einen Ausblick wagen, warum ich auch hier die Hoffnung nicht aufgebe. Dieser Abschnitt ist dabei kein wissenschaftlicher Fachartikel aus der Biologie, sondern meine persönliche Hoffnung, die sicher an der einen oder anderen Stelle unvollständig ist.

Arten sterben, wenn ihr Lebensraum zerstört wird. Der Schutz der Arten hat also sicher viel mit dem Erhalt von Lebensräumen zu tun und hier spielen natürlich alle Maßnahmen zum Klimaschutz eine große Rolle. Weiter ist aber auch unsere Art der Ernährung Ursache für viele Probleme. Hoher Fleischkonsum bedeutet einen hohen Bedarf an Futtermitteln, die oft in Monokultur angebaut werden. Massentierhaltung, Überdüngung, weite Transportwege in der Lebensmittelerzeugung und im Handel sind oft als problematisch beschrieben worden. Ich will die Litanei der Problembeschreibung hier nicht verlängern, sondern vielmehr überlegen, wie Verbesserungen geschehen könnten.

---

[6] Shafy, Samiha (2025): Klimaschutz in gut gelaunt; „DIE ZEIT" Nr. 7 / 80. Jahrgang vom 13. Februar 2025; Seite 7; Hamburg: Zeitverlag Gerd Bucerius GmbH & Co. KG; https://www.zeit.de/2025/07/daenemarks-umweltpolitik-klimaschutz-emissionen-klimaneutralitaet.

Unsere Ernährungsgewohnheiten und die Frage, was richtig und was falsch sei, führen schnell zu Streit und Diskussionen, die sich einem Kulturkampf annähern können. Darf man noch Fleisch essen? Ist vegane Ernährung der einzig ethisch vertretbare Weg oder sind die Bratwurst und das Schnitzel Teil unseres Wertekanons und sollten gesetzlich geschützt werden? Schnell treffen die Meinungen aufeinander und auch in der Politik wird teilweise mit diesen Fragen Stimmung gemacht. Vielleicht muss man die Frage aber nicht ideologisch beantworten und einander als *Gutmenschen* oder *alte weiße Männer* brandmarken. Ganz neben der Umweltdebatte hat sich rein aus Gesichtspunkten der Selbstoptimierung und Gesundheit herausgestellt, dass *zu viel* Fleischkonsum nicht gesundheitsfördernd ist. Ein höherer Anteil an Obst und Gemüse in unserer Ernährung kann viele Zivilisationskrankheiten in ihrer Auftretenswahrscheinlichkeit drastisch reduzieren. Wenn sich diese Erkenntnis weiter durchsetzt, wären wir einen großen Schritt weiter: Es geht nicht um Verbote, sondern um eigene Vorteile. Es ist nicht nötig, ideologisch Grenzen zu setzen, sondern immer mehr Menschen entscheiden sich zum eigenen Wohl für einen reduzierten Fleischkonsum. Da unsere Ernährungsgewohnheiten mit dem Regenwald in Brasilien ebenso zusammenhängen wie mit der Magerwiese in Deutschland, besteht hier ein großer Hebel. Ich habe die Hoffnung, dass persönliche Vorteile durch eine gesunde Ernährung eher zu Verhaltensveränderungen führen als gesetzlicher Zwang. Ein vorgeschriebener Veggie Day ist vermutlich wesentlich weniger wirksam als der eigene Wunsch nach Vorsorge und Optimierung des eigenen Körpers. An manchen Stellen ist aber eine gute Steuerung durch den Gesetzgeber sinnvoll. Durch Steuern und Aufklärung lassen sich Verhaltensänderungen schrittweise erreichen, ohne die Akzeptanz in der Bevölkerung zu verlieren. Beispiele dafür sind der seit

Jahrzehnten abnehmende Anteil an Rauchern in Deutschland oder aber der Zuckerkonsum in Ländern, die Zucker stärker besteuern.

Neben den beschriebenen drängenden ökologischen Themen ist die Bedrohung unserer liberalen Demokratie ein weiterer Hoffnungs-Räuber. In vielen Ländern gewinnen autokratische Machthaber Einfluss und Ämter. Wohin entwickelt sich unsere Demokratie, wenn die friedliche Machtübergabe nach einer Wahl nicht mehr selbstverständlich ist, wie beim Sturm auf das Kapitol in Washington im Januar 2021? Hier wird die Aussage von Karl Popper, dass es der größte Vorzug der Demokratie ist, die Herrschenden ohne Blutvergießen auszutauschen (vgl. Popper 1980, S. 174), auch im 21. Jahrhundert mit ganz neuer Dramatik erfüllt. Natürlich ist es möglich, dass wichtige Staaten wie die USA ihre freiheitliche Demokratie aufgeben und die EU an den Autokraten in ihr zerbricht. Demokratie war aber schon immer bedroht und fragil. Die Spiegel-Affäre von Franz-Josef Strauß im Herbst 1962 ist ein Beispiel, dass auch in der Bundesrepublik Deutschland Freiheit – in diesem Fall die Pressefreiheit – immer wieder bedroht waren. Hans Gresmann schreibt am 02.11.1962 in der ZEIT: „Es ist, als habe ein greller Blitz das Dämmerlicht unserer politischen Landschaft erhellt. Plötzlich wurde deutlich, wie wenig ins demokratische Bewußtsein dieses Volkes die rechtsstaatlichen Normen eingedrungen sind"[7] (Gresmann, 1962, S. 1), nachdem er beschrieben hat, wie viele Menschen für Strauß und gegen den Spiegel und seine Redakteure Stellung bezogen haben. Er prangert also nicht nur das Vor-

---

[7] Gresmann, Hans (1962): Spiegel-Affäre, Staats-Affäre; „DIE ZEIT" Nr. 44 / 17. Jahrgang vom 2. November 1962; Seite 1; Hamburg: Zeitverlag Gerd Bucerius GmbH & Co. KG; https://www.zeit.de/1962/44/spiegel-affaere-staats-affaere

gehen der Exekutive in Gestalt des Verteidigungsministers, der Staatsanwälte und der Polizei an, sondern auch die unkritische Wahrnehmung in der Bevölkerung. Trotz dieser und ähnlicher Beispiele in Europa hat sich die EU fortentwickelt, ist demokratischer und stärker geworden. Ich gehe davon aus, dass wir insgesamt in der Welt im kommenden Jahrzehnt eine Renaissance des Konservativen erleben. Es ist normaler und wichtiger Teil des demokratischen Diskurses. Dass zwischen eher linken und eher konservativen Strömungen das Pendel in der Demokratie hin- und herschwingt, macht ja gerade ihre Stärke aus. Ich glaube und hoffe aber auch, dass aus konservativ nicht rechtsextrem wird. Vielfach werden diese Grenzen heute im öffentlichen Diskurs verwischt, und es wird nur noch von *rechts* gesprochen, einerlei, ob es sich um menschenverachtenden Rechtsextremismus oder um politisch legitimen und wertvollen Konservativismus handelt. Diese wichtige Bandbreite muss die Demokratie aushalten, ansonsten führt sie sich selbst ad absurdum. Ja, diese Bandbreite macht Demokratie gerade aus. Vielleicht sehen wir aktuell eine stärkere Bewegung des Pendels in den konservativen Raum hinein, nachdem die vergangenen Jahre stark sowohl vom Neoliberalismus als auch von eher linken Denkschulen wie dem sogenannten *Third Way* von Tony Blair, Gerhard Schröder und anderen Sozialdemokraten zu Beginn der 2000er-Jahre oder von einer CDU unter Angela Merkel geprägt wurden, die sich insgesamt ein gutes Stück weit ins linke Spektrum hinein verschoben hat. All das waren aus Sicht der Handelnden nachvollziehbare Entwicklungen. Aber die Welt bleibt nie stehen. Heute erscheint es wichtiger denn je, klar zwischen demokratischem und wertvollem Konservativismus und der Gefahr des Rechtsradikalen zu unterscheiden. Die Gefahr besteht, dass unsere Demokratie erheblichen Schaden nimmt. Die Hoffnung, dass sie aber robust und wehrhaft ist, darf aber auch bestehen bleiben. Wie die Spiegel-Affäre zeigt, gab es auch in der Vergangenheit immer wieder kritische Situationen. Trotzdem werde ich die Hoffnung für unsere Demokratie nicht aufgeben. Es ist aber auch eine tätige Hoffnung. Ähnliche Herausforderungen aus der anderen Richtung hat unsere Demokratie in Deutschland auch zur Zeit der Terroranschläge der Roten-Armee-Fraktion (RAF) aus dem linksextremen Spektrum erlebt und ausgehalten. Demokratie war und ist immer herausgefordert. Sie ist aber auch stark und durchsetzungsfähig.

11.3 Epilog

Immer wieder habe ich, während ich dieses Buch schrieb, darüber nachgedacht, wie ich wohl in fünf Monaten oder in fünf Jahren das heute Geschriebene selbst wieder lesen und bewerten werde. Futur II ist schon eine interessante Zeitform. Der Grundtenor dieses Buches ist positiv und will Zuversicht wecken. In anderen, aber auch in mir selbst. Wird das in einigen Jahren gerechtfertigt erscheinen oder gehen wir gerade auf eine große Dunkelheit zu? Wie wird sich die Demokratie und die Rechtsstaatlichkeit in den USA und in Europa verändert haben? Welche Veränderungen in Natur und Umwelt werden uns dann welche Probleme machen? Wird all das, was ich hier geschrieben habe, dann nur noch naiv klingen?

Wir sind also am Ende wieder ein bisschen an den Anfang zurückgekehrt. Wie wird sich unsere Wirtschaft unter der zunehmenden Bürokratie entwickelt haben? Natürlich weiß ich heute nicht, wie die Welt in fünf Jahren aussehen wird. Vermutlich ist das auch gut so. Ich werde mir aber selbst und allen anderen immer wieder den Satz vom Anfang dieses Buches zurufen: Man kann aktiv an der persönlichen Hoffnung arbeiten. Hoffen, als ob alles gut werden kann. Tätig sein in der Hoffnung, damit es ein bisschen besser wird. Gelassen und stoisch sein, dort wo die Dinge nach dem ersten Augenschein nicht mehr gut werden.

Es ist durchaus wahrscheinlich, dass sich in der kommenden Zeit die Probleme weiter zuspitzen und auch deren Auswirkung deutlicher zeigt. Die nächsten Jahre werden nicht einfach werden. Kurzfristig werden die Probleme wachsen und die möglichen Lösungen noch klein aussehen. Hoffnungsvoll leben bedeutet aber gerade, sich davon nicht schrecken zu lassen, sondern weiter gestaltend tätig zu sein. Gegen alle Wahrscheinlichkeit, gegen den äußeren Anschein, die Hoffnung nicht aufzugeben und zu resignieren. Am Anfang dieses Buches habe ich von den Heldengeschichten gesprochen. Sie lesen sich gut im warmen Wohnzimmer auf der Couch. In der Realität war die Heldenreise aber für alle in diesem Buch vorgestellten Hoffnungs-Menschen schwierig. Entscheidend für ihren Erfolg war in den meisten Fällen nicht ihre Genialität, Stärke oder pures Glück, sondern die Bereitschaft, einfach weiterzumachen und nicht aufzugeben.

Ich halte also an der Hoffnung fest, dass unsere Welt zum Positiven gestaltet werden kann. Dazu werde ich an meinem Platz und in meinem Aufgabenbereich beitragen, soweit das möglich ist. Persönlich erlebe ich dabei den christlichen Glauben als tragend und motivierend. Zum einen in dem tätigen Hoffen jetzt und hier und zum anderen aber auch in der Hoffnung auf ein Leben nach dem Tod.

Literatur

Dobelli, R. (2011). *Die Kunst des klaren Denkens*. Carl Hanser Verlag.

Gresmann, H. (1962). Spiegel-Affäre, Staats-Affäre; „DIE ZEIT" Nr. 44 / 17. Jahrgang vom 2. November 1962; Seite

1; Hamburg: Zeitverlag Gerd Bucerius GmbH & Co. KG. https://www.zeit.de/1962/44/spiegel-affaere-staats-affaere

Grethlein, J. (2024). *Hoffnung – eine Geschichte der Zuversicht von Homer bis zum Klimawandel; 2024.* Verlag C. H. Beck oHG.

IHME, Global Burden of Disease. (2024). with minor processing by Our World in Data. "Outdoor air pollution death rate" . IHME, Global Burden of Disease, "Global Burden of Disease – Risk Factors" [original data]. https://archive.ourworldindata.org/20250624-125417/grapher/outdoor-pollution-death-rate.html. Zugegriffen: 28. Juni 2025.

Littek, F. (2025). Streifenfrei fliegen; Bild der Wissenschaft 02/2025; S. 34 – 39; 62. Jahrgang; Leinfelden-Echterdingen: Konradin Medien GmbH ; https://www.wissenschaft.de/bdwplus/streifenfrei-fliegen/.

Shafy, S. (2025). Klimaschutz in gut gelaunt ; „DIE ZEIT" Nr. 7 / 80. Jahrgang vom 13. Februar 2025; Seite 7; Hamburg: Zeitverlag Gerd Bucerius GmbH & Co. KG ; https://www.zeit.de/2025/07/daenemarks-umweltpolitik-klimaschutz-emissionen-klimaneutralitaet.

Steinmeier, F.-W. (2015). Rede von Außenminister Frank-Walter Steinmeier am 7.6.2015 beim Deutschen Evangelischen Kirchentag. https://www.auswaertiges-amt.de/de/newsroom/150607-rede-bm-kirchentag-kofi-annan/272218. Zugegriffen: 16. Februar. 2025.

Ulrich, B. (2025). Noch wach?; „DIE ZEIT" Nr. 2 / 80. Jahrgang vom 9. Januar 2025, Seite 1; Hamburg: Zeitverlag Gerd Bucerius GmbH & Co. KG. https://epaper.zeit.de/webreader-v3/index.html#/950035/1.

World Health Organization – Global Health Observatory. (2025). processed by Our World in Data. "Exposure to particulate matter air pollution" . World Health Organization, "Global Health Observatory" [original data]. https://archive.ourworldindata.org/20250624-125417/grapher/pm25-air-pollution.html. Zugegriffen: 28. Juni 2025.

Stichwortverzeichnis

A

Able Archer 60
Abolitionismus 49
AfD 56, 71
Aids 84
Alkohol 185
Allmende 223, 229
Angst 44, 46
Äon 68
Appeasementpolitik 152
Arbeitslosigkeit 165
Arteficial Intelligence Act 92
Artenschutz 231
Artensterben 63, 168, 200, 208
Asylkompromiss 72
Atemübungen 213

Atomkrieg 200, 207
Auferstehung 24
Aufklärung 19, 24, 186
Aurel, Marc 138, 148, 158
Automobilindustrie 108

B

Bandura, Albert 26, 178
Barmherzigkeit 18, 43, 186
Berlusconi, Silvio 74
Bildung 24, 91
Bismarck, Otto von 14
Bora, Katharina von 16
BSW 56
Buddhismus 161
Bundeswehr 57

Stichwortverzeichnis

Bürokratieabbau 231

C

Caritas 187
Chemie 109
China 90, 116
Christentum 18
Chronos 68
Computer 108
Cynefin-Framework 142

D

Dankbarkeit 145
DDR 60
Deng Xiaoping 116, 231
Diakonie 187
DSGVO 92
Dürresommer 159

E

Eger, Edith 119
Egozentrisches Sprechen 167
Ehrenamtliches Engagement 189
Einsamkeit 183
Elektronik 108
Elektrotechnik 108
Elpis 10
Emergenz 142
ελπις 10
Erinnerungen 59
Erlebniszeit 165
Ernährung 184

EU 92
Europa 92
Evolutionsbiologie 15
Exodus 22
Extrapolation 28

F

Feinstaub 105
Fernyhough, Charles 167
Forchtenberg 128
Frankl, Viktor E. 118, 164
Frankreich 64
Frauenbewegung 19
Freiheit 19
Fremdenlegion 48
Freude 197
Freundschaft 31
Furcht 10
Fußballweltmeisterschaft 176

G

Gandhi, Mahatma 114, 132
Gapminder Foundation 88
Gefangenendilemma 42
Gefühle 213
Gehirn 146
Gelassenheitsgebet 154, 204
Gemeinschaft 183, 185
Gentechnologie 47
Gewaltloser Widerstand 114
Glaube 155
Gleichmut 161
Globalisierung 108
Götterpantheon 20

Stichwortverzeichnis 249

Gründerzeit 12, 108

H
Hanse 9
Harari, Yuval 155
Heldenreise 18
Hexen 44, 45
Hinduismus 114
Hoffnung, als aktives Gestalten der Zukunft 110
Hoffnung, als Balance zwischen verschiedenen Zielen 164
Hoffnung, als individuelle Emotion 145
Hoffnung, als Inspiration für andere 116
Hoffnung, als kontinuierlicher Kampf um Verbesserungen 86
Hoffnung, als schrittweise Tätigkeit 69
Hoffnung, ambivalent mit Grautönen 117
Hoffnung, autobiografisch 182
Hoffnung, autobiografisch begründet 146
Hoffnung, findet oft in einem ambivalenten Umfeld statt 113
Hoffnung, in der Polykrise 123
Hoffnung, tätige 139, 161, 232

Hoffnung, trotz noch ungelöster Probleme 53
Hoffnung, vs. Optimismus 84
Hoffnung 9
  alttestamentlich 22
  das Unveränderliche hinnehmen 204
  Etymologie 9
  Geschichte der 17
  neutestamentlich 23
  tätige 9
Hoffnung – Gegensatz zu Verzweiflung 47
Hoffnungslosigkeit 156, 165, 177, 222
Hohelied der Liebe 23
Homosexualität 48
Hopen 9
Hunger 52
Hungerwinter 54, 159

I
Imaginieren 166
Individualität 18
Industrialisierung 108
Infrastruktur 57
Internet 108
Irakkrieg 124
ISO9001 Industrienorm 11

J
Johnson, Boris 74
Judentum 18

K

Kairos 68
Kalter Krieg 57
Kapitalismus 163, 235
Katalysator 104
Katastrophisieren 47, 149, 166, 167
Kennedy, J. F. 122
Kinder 15
King, Martin Luther 116, 122
Kintsugi 205
Klagepsalm 159, 213
Klima 87
Klimawandel 63, 105, 159, 168, 200, 207
Kognition 167
Kohärenzgefühl 177
Komplexität 141
Kondratjew-Zyklus 108, 233
Kontrafaktische Geschichtsschreibung 28
Konzentrationslager 118
Kooperation 31, 42, 84, 87, 143
Krankheit 165, 200, 207
Krause, Günther 69
Kriwan 128
Kubakrise 152
Künstliche Intelligenz 47, 109, 200, 207
Künzelsau 128

L

Landwirtschaft 53
Leben nach dem Tod 18, 24
Lichterkette 86
Logotherapie 118
Luftqualität 105
Luther, Martin 15

M

Mandela, Nelson 114
Mao Zedong 116
Marsch auf Washington 133
Menschenrechte 18, 19, 24, 186
Merkel, Angela 14
Messfehler 30
Messwert 29
Migration 87, 231
Mittelniederdeutsch 9
Moral 42
Musik 180
Mutter Teresa 120
Mythologie, griechische 68
Mythos, griechischer 17

N

Nächstenliebe 18, 43
NATO 59
Naturwissenschaft 24
Neuronale Netze 146
Niebuhr, Reinhold 131, 154
NIS2 92

O

Öltanker 101
Optimismus 84, 110
Our World in Data 88

Stichwortverzeichnis 251

P

Pandora-Mythos 22
Parks, Rosa 131
Partei, radikale 56
Politik 14
Polykrise 86, 123
Popper, Karl 25
Positive Psychologie 147
Psalm 148

Q

Quantencomputer 47

R

Rauchgasentschwefelungs-
 anlagen 105
Religion 155
Republikaner, Die 71
Resilienz 26, 119, 139, 141
Rhein 99
Rilke, Rainer Maria 148
Risiko 16, 203, 231, 236
Risikomanagement 11
Rosling, Hans 88

S

Sage, griechische 17
Salutogenese 177
Satyagraha 114
Schäuble, Wolfgang 14, 15, 69
Schmidt, Helmut 138
Schöpfungsbericht 205
Schulbesuch 91
Schüleraustausch 65
Schuman, Robert 94
Schwäbisch Hall 128
Segregation 131
Selbstfürsorge 184
Selbstwahrnehmung 184
Selbstwirksamkeit 13, 26, 110, 139, 177, 183, 184, 203, 210, 232
 Erfahrung der Selbstwirksamkeit gestört 210
Seneca 10
Sinn 118, 155
Sisyphos 100
Sklaverei 18, 19, 21, 49, 158
Solidarität 186
Sonderwirtschaftszone 232
Sowjetunion 58
Soziale Medien 147
Spieltheorie 42
Spiritualität 155
Staat 25
Steiff, Margarete 12, 13
Stickstoffdioxid 106
Stimme, innere 167
Stoizismus 138, 162
Strukturwandel 56
Stuttgart 105
Systemtheorie 28

T

Tatenlosigkeit 231
Technikfolgenabschätzung 47
Teilen 188
Thanatos 101

Theory of Mind 167
Tian'anmen-Platz 117
Tod 168
Tschernobyl 84

U

Upekkhā 162
Utopie 14

V

Vergebung 18
Verletzung 210
Vertrauen 69, 140, 187
Verzweiflung 48
Vietnamkrieg 122
Vishnuismus 114
Vonnegut, Kurt 154
VUCA 141

W

Wahl 73, 75
Waldsterben 84, 102, 159
Warschauer Pakt 59
Watergate-Affäre 123
Weimarer Republik 74
Weisheit 164, 205
Weiße Rose 129
Weltkrieg, Zweiter 54
Weltwirtschaft 87
Werner, Emmy 26
Wiedervereinigung 66
Wirtschaftskrise 56
Wirtschaftswunder 56
Wohlbefinden 27, 145, 164, 189
Wohlstand 164
Wunder von Bern 176
Wutbürger 147
Wygotski, Lew 167

GPSR Compliance
The European Union's (EU) General Product Safety Regulation (GPSR) is a set of rules that requires consumer products to be safe and our obligations to ensure this.

If you have any concerns about our products, you can contact us on

ProductSafety@springernature.com

In case Publisher is established outside the EU, the EU authorized representative is:

Springer Nature Customer Service Center GmbH
Europaplatz 3
69115 Heidelberg, Germany

www.ingramcontent.com/pod-product-compliance
Lightning Source LLC
LaVergne TN
LVHW020136080526
838202LV00048B/3957